HEYNE

Über die Autorin

Silver wurde im Herzen von Pennsylvania geboren und interessiert sich seit ihrer Kindheit für die magischen Künste. »In York, Cumberland und Lancaster ist die Magie noch lebendig«, sagt sie. »Wenn man als magisch denkender und handelnder Mensch von anderen akzeptiert werden will« – so Silver – »lernt man diese am besten erst einmal gut kennen. Wenn man sich erst kennen gelernt und die gegenseitigen persönlichen Werte und Prinzipien schätzen gelernt hat, dann sind unterschiedliche Einstellungen zur Religion nicht mehr so wichtig. Teilen Sie sich anderen mit – das ist wichtig für Sie selbst und für Ihre Arbeit. Das gilt eigentlich für jedermann.«

Silver wurde am 11. September 1956 geboren und ist eine echte Jungfrau. Sie erstellt liebend gern Listen und bringt Ordnung in ihre Umgebung. Sie ist ganz eindeutig eine Frau des 21. Jahrhunderts und lässt sich nicht gern festlegen. »Ich verbringe viel Zeit mit meinen vier Kindern«, sagt sie. »Sie haben in meinem Leben stets Vorrang – alles andere kann warten.«

Silver lehrt verschiedene magische Wissenschaften und unterrichtet in ganz Amerika. Sie ist eine anerkannte Wicca-Priesterin, Oberhaupt des Black Forest Clans in mehreren US-Bundesstaaten und Älteste der Serphant-Stone-Familie. Außerdem ist sie Direktorin der International Wiccan/Pagan Press Alliance. Im Internet ist sie unter der Adresse *www.silverravenwolf.com* zu erreichen.

Silver RavenWolf

Zauberschule der Neuen Hexen

Magie & Macht

Aus dem Amerikanischen von
Mascha Rabben

WILHELM HEYNE VERLAG
MÜNCHEN

HEYNE ESOTERISCHES WISSEN
Herausgegeben von Michael Görden
13/9881

Die Originalausgabe erschien unter dem Titel
TO RIDE A SILVER BROOMSTICK
im Verlag Llewellyn Publications, St. Paul, Minnesota, USA

Umwelthinweis:
Dieses Buch wurde auf chlor- und
säurefreiem Papier gedruckt.

Deutsche Erstausgabe 02/2002

http://www.heyne.de
Printed in Germany 2002
Umschlaggestaltung: FranklDesign, München
Umschlagillustration: Katlyn Breene/Mermade Magickal Arts
Satz: Schaber Satz- und Datentechnik, Wels
Druck und Bindung: Ebner Ulm

ISBN 3-453-19790-9

Für alle, die ihrem eigenen Rhythmus folgen
und es wagen, ihre Träume zu leben …
Ich werde dich ewig lieben, Papa!

Für meinen Mann, Ervin Trayer;
ohne dich hätte ich es nicht geschafft!

Inhalt

Sich auf den Besen schwingen ...

Der »Auftrag« erreicht jeden von uns auf unterschiedliche Weise. Aber es gibt einen Moment, in dem das Wunder der Existenz uns zum ersten Mal in Mark und Bein fährt und uns trotz aller echten und eingebildeten Schatten klarmacht, dass wir aufgerufen sind, das Mysterium zu ergründen. Wir spüren es mit jeder Faser unseres Seins: Dieser Auftrag ist real, kein Fluchtversuch vor der Realität.

SILVER RAVENWOLF

Dies ist ein Arbeitsbuch für die Neuen Hexen. Es beantwortet die meistgestellten Fragen der Novizen und enthält ebenso wichtige Informationen für die ständig wachsende Zahl der allein arbeitenden Einzelgänger wie für die Eingeweihten etablierter Hexenorden. Wenn in diesem Buch von »Hexen« die Rede ist, sind im Übrigen gleichzeitig immer auch »Magier«, »Zauberer« oder »Hexer« gemeint.

Die hier beschriebene Praxis beruht auf den persönlichen Erfahrungen einer Einzelgängerin und propagiert keine bestimmte Tradition. Da die Einsichten und Ratschläge der Autorin weder Lehrsätze aus einschlägigen Büchern wiederholen noch von einem einzigen Lehrer oder Mentor stammen, ist der Text für Praktizierende aller Ausrichtungen relevant (der religiösen wie der wissenschaftlichen oder einer Kombination aus beidem).

Die Entscheidung für den magischen Erkenntnisweg muss jeder allein treffen. Sie bestimmen Ihr Schicksal, niemand sonst. Lassen Sie sich nicht leichtsinnig und vorschnell auf das Studium der Hexerei ein. Einige meiner Leser werden sich irgendwann einem kleinen Zirkel anschließen, andere den großen Wicca-Kirchen, die jetzt überall entstehen. Wieder andere werden ihr Leben lang allein praktizieren. Außerdem gibt es immer ein paar Hexen, die später zu anderen Religionen übertreten.

Wer bereit ist, »den Ritt auf dem Besen« zu wagen, findet alles Notwendige in diesem Buch: die Kernlehren des Alten Wissens, die neuesten Schlagworte und international gebräuchlichen Begriffe – und genug Freiraum, das Tempo und die Art der eigenen Entwicklung als Hexe selbst in die Hand zu nehmen.

Vorwort: Der Auftrag der Göttin

Sommersonnenwende – der längste Tag im Jahr. Der Abend vor dieser Nacht ist unvergleichlich, denn diese Stunden sind von Zauberkraft erfüllt.

Sie stehen in der Mitte einer Lichtung im Wald, fernab von allem Treiben, umringt auf drei Seiten von den dunklen, immergrünen Röcken der Erdmutter. Hinter Ihnen wellt sich ein Kornfeld, das noch ganz am Anfang des Wachstums steht.

Über Ihnen hängt der Mond. Er ergießt sein milchiges Licht auf den Planeten unter ihm und ist dabei so rund und voll wie eine Mutterbrust. Seine glänzende Kugel schwebt im samtschwarzen, mit unzähligen Sternen bestückten Firmament.

Sie holen tief Luft und saugen den süßen Duft des langsam erkühlenden Sommertags ein. Und nun verschmelzen Kornfeld, Dunkelheit, Nachtgeräusche, Wald und Mond mit der Zeit, die nicht existiert.

Sie sehen sich auf der Lichtung um und werden gewahr, dass Sie nur einer unter vielen sind. Alt und Jung, stämmig und zart ... von überall her sind sie gekommen, um in dieser Nacht zur Stelle zu sein, genau wie Sie. Ein Meer von Gesichtern, alle kaum fähig, ihre Vorfreude im Zaum zu halten. Da wird getuschelt und geraunt, kaum hörbar, kaum zu unterscheiden vom Flügelschlagen taumelnder Nachtfalter. Friedliche Eintracht herrscht zwischen beiden Welten ...

Leise rollt etwas Wellengleiches heran, bewegt die Menge. Lautlos formen alle einen Kreis. Eine Wolke eilt dem Mond entgegen ... verbirgt seinen Glanz sekundenlang ...

Im Dunkeln nehmen Männer, Frauen und Kinder einander

an den Händen. Gleich darauf strömt das Mondlicht erneut herab, und Sie hören ein staunendes »Ahh!« durch die Menge laufen, denn in der Mitte des Kreises erscheint mit einem Mal ein Licht – die leuchtend weiße Aura einer Frauengestalt.

Sie ist wie keine andere. Sie ringen um einen Vergleich und finden keinen, weder in diesem Leben noch in den verborgenen Gedächtnisspalten, wo die Fetzen anderer Leben hängen ...

Ihre Haltung ist aufrecht, gebieterisch. Sie hat ihre Arme zum Himmel erhoben und zieht das Mondlicht in ihr Herz, in den Kern ihrer Seele hinein. Sie wird umwogt von schimmernden Stoffen, die kein Mensch gewirkt haben kann. Wie zärtlich das Gewebe ihre Gliedmaßen umspielt, als hätte es ein Eigenleben und küsste die Nacht ...

Wer ist sie? Eine schwarzhäuptige Titanin, die weizenblonde Himmelskönigin, eine Feuer speiende Kriegerin? Strahlt ihre Haut wie pures Gold oder ist sie so schwarz wie Ebenholz? Sie wissen, sie erscheint jedem in der Runde auf andere Weise, es ist, als könnten Sie die Gedanken und Gefühle der staunenden Menge lesen ...

Und damit geht Ihnen auf, dass Sie im Geiste mit allen Lebewesen verbunden sind, weil ihre Präsenz Sie durchdrungen hat. Der Anblick ihres Gesichts verschlägt Ihnen den Atem; Sie spüren einen Anflug von Furcht – Sie werden im Nichts versinken müssen, um den Verstand gebracht. Die Auflehnung durchzuckt Sie und vergeht ... Sie bleiben gefasst vor dieser Schönheit stehen und ertragen den Anblick ...

In ihr Herz hineinzusehen ist ein Gotteserlebnis ... Sie ist die Göttin selbst! O nein, das können Sie nicht ohne Einwände akzeptieren! Ein Streitgespräch entsteht in Ihrem Kopf. Woher wissen Sie, dass Sie eine Gotteserscheinung vor sich haben? Ist sie Aradia, die Königin der Hexen? Ein Mensch? Die Fleisch gewordene Göttin? Die Tochter der Gottheit, die ihr gesamtes Selbst nicht in eine menschliche Form zwingen konnte, wie Sie doch gehört haben?

Trotz aller Zweifel wissen Sie, dass Sie sich seit Urzeiten danach gesehnt haben, sie irgendwann einmal leibhaftig zu sehen; und Sie fühlen sich zu Hause an diesem Platz, obwohl Sie von lauter Fremden umringt sind. In der Tat, hierher gehören Sie!

Und nun richtet sie das Wort an die Runde. Ihre Stimme klingt voll und wahr. Ergriffen sehen Sie zu, wie die Wipfel der Bäume sich vor ihr verneigen, wenn sie den Aufruf ertönen lässt:

> *»Hört mich an. Unter unzähligen Namen bin ich allen sprechenden Wesen bekannt. Ich bin die ewig Junge! Ich bin die Urmutter! Ich bin die Alte mit dem Schlüssel zur Unsterblichkeit! Verborgen im Mysterium, bin ich doch jeder Seele wohl bekannt.«*

Sie senkt ihre Arme und hält sie der Versammlung entgegen. Ein kleines Mädchen stößt einen Schreckensschrei aus. Seine Mutter beeilt sich, den Störenfried aus der Runde zu entfernen.

Doch Aradia gibt der Kleinen einen lächelnden Wink, vollzieht die Geste des Wiegens mit ihren leeren Armen, und plötzlich liegt das Kind darin und schmiegt sich an Aradias Brust. Seine Mutter verscheucht nur noch leeren Raum aus dem Kreis.

Jeder Zweifel an der Wirklichkeit der Erscheinung verfliegt in diesem Moment. Das Kind liegt still und zufrieden in Aradias Armbeuge, während ihr zweiter Arm zum Himmel weist und sie spricht:

> *»Hört mich und erkennt mich. Immer, wenn der Mond sein volles Maß erreicht, sollen meine Kinder zu mir kommen. Versammelt euch einmal im Monat beim vollen Mond an einem geheimen Platz wie diesem und ehrt den Großen Geist, den ich als Hexenkönigin verkörpere!*

Unter meinen wachsamen Blicken werden meine Kinder die Mysterien der Erde und der Naturkräfte studieren und die Kunst der Magie beherrschen lernen. Was unbekannt ist, soll erkannt werden, was verborgen ist, offenbart; auch die verlorenste Erdenseele soll von meinem Licht durchdrungen werden. Aus meinem Kessel sollt ihr Allwissen schöpfen und die Unsterblichkeit erlangen.«

Sie hält inne, um den Kopf des kleinen Mädchens zu streicheln. Dann stellt sie es sanft auf den Erdboden. Es läuft zu seiner Mutter zurück, ein seliges Lächeln in seinem Engelsgesicht.

Langsam gleitet Aradia von einem Menschen im Kreis zum nächsten und blickt aufmerksam in schattenhafte Gesichter. Sie spricht:

»Frei von Knechtschaft sollt ihr sein und tanzen und singen. Musik wird euch beim Gottesdienst erheben, denn ich bin die Herrin der geistigen und sinnlichen Ekstasen!«

Ihre Augen werden größer, leuchtender, und ihre Stimme vibriert vor Kraft, da sie verkündet:

»Ich verlange keine Opfer! Denn seht, ich bin die Mutter aller lebenden Geschöpfe ...«

Sie legt ihre Handfläche auf die Stirn eines Mannes. Sie ruft:

»Schaffe und heile!«

Dann wird ihre Stimme weicher, sie zwinkert einem anderen zu:

»Sei stark und mild zugleich.«

Rasch wendet sie sich an eine alte Frau:

»Sei nobel, doch ehrerbietig.«

Dann berührt sie das Kinn einer hübschen jungen Frau:

»Bring zur Welt, und lass dich neu erfüllen.«

Sie dreht sich mit einem verführerischen Lachen um sich selbst, geht weiter im Kreis, berührt jeden Einzelnen, murmelt Zuspruch und ermuntert alle, ihre Ängste und Hassgefühle zu überwinden.

> *»Und wie der Mond in ewigen Zyklen schwillt und verebbt, um wieder neu zu schwellen; wie die Jahreszeiten in stetigem Wechsel übergehen, von Saat zu Ernte, zu Todesgleiche und Neugeburt ... so werden meine Kinder ihre eigenen Rhythmen erkennen, in beiden Welten zugleich!«*

Ihr Herz schlägt in seinem gottgewollten Rhythmus, während sie weitergeht, nein gleitet – auf Sie zu ... Als Ihnen unversehens klar wird, dass sie Sie auserkoren hat, schlägt Ihr Magen ein paar Purzelbäume. Jetzt steht sie direkt vor Ihnen – nur einen Atemzug entfernt von Ihnen. Ihre Wärme umspült Sie mit Moschusduft, oder ist es Lavendel und Rosenholz? Sie ist so schön, dass Ihre Augen nie wieder sehen werden wie zuvor.

Wie ein Hauch senkt sich die Hand der Hexenkönigin auf Ihre Schulter und sendet einen Strom der Kraft durch Ihre Glieder. Schlagartig werden Sie in Ekstase versetzt, und während alle Kraft in Ihrer Körpermitte zusammenkommt, raunt sie Ihnen etwas zu – vertraulich, doch hörbar für alle:

> *»Und du wirst wahre Worte sagen:*
> *Ich werde lieben und niemandem schaden.*
> *Ich werden leben, sterben und wieder leben.*
> *Ich werde entdecken, erkennen, wissen*
> *und das Verlorene in neuer Form umarmen.*
> *Zum Wohle aller und im Gesetz des freien Willens:*
> *Wie mein Wille ist,*
> *so sei es getan.*
> *Von nun an und immer!«*

Sie sprechen die Worte nach. Alle anderen wiederholen das Gelübde der Hexen. Sie weicht in die Mitte der Lichtung zurück, scheinbar ohne eine Bewegung zu vollführen. Ihr Kraftstrom kursiert in jeder Pore Ihres Wesens.

Panflöten erschallen ... ihr Klang fließt in nebligen Spiralen zu Aradia hin. An ihrer Seite erscheint ein Fabelwesen, halb Tier, halb Mann, schimmernd in changierenden Farben auf einem Untergrund aus Gold. Starke Bronzearme legen sich um ihre Taille, so behutsam, als bestünde seine Gefährtin aus Feenflügeln.

Die gezwirbelten Hörner auf seiner Stirn leuchten von innen. Sein Antlitz erschreckt Sie nicht. Sie wissen, dass er ein Gott ist, das Gegenstück der Königin, die goldene Hälfte ihres silbrigen Seins.

Sie lächeln sich verständnisinnig an. Und allmählich verschmelzen sie zu einem einzigen, strahlend weißen Lichtwesen. Plötzlich verschwindet alles in jäher Dunkelheit.

Beunruhigt blicken Sie zum Himmel auf und sehen, dass der Mond hinter einer Wolke verschwunden ist.

Gleich darauf wird die Lichtung wieder in helles Mondlicht getaucht. Alle starren wie gebannt auf die Mitte des Kreises.

Doch sie ist leer.

ANMERKUNG: Die Vorlage zu diesem Text stammt von Doreen Valiente und wird bei den Gardnerischen Ritualen unter dem Titel *Der Auftrag der Göttin* vorgetragen. Mittlerweile ist dieser Ritus so beliebt, dass er bei heidnischen Zeremonien aller Art zum Programm gehört. Meine Variante enthält die wichtigsten Elemente in Form einer Erzählung für Erwachsene und Kinder. Wir brauchen Texte, in denen die Hexengöttin und ihr Gefährte so beschrieben werden, wie wir an sie glauben, damit die negativen Interpretationen, die noch immer verbreitet werden, verschwinden.

Einleitung

Da Hexen normalerweise keinen Missionseifer an den Tag legen, sehen Sie unsereins nicht an Straßenecken stehen, um vorübereilenden Passanten das *Buch der Schatten* ans Herz zu legen. Auch muss niemand befürchten, dass wir eines Tages mild lächelnd vor der Tür stehen und Sie darauf hinweisen, dass Sie schon Ihr ganzes Leben lang auf dem Holzweg sind. Im Übrigen sei von vornherein festgehalten, dass, wann immer von »Hexen« die Rede ist, damit immer auch männliche »Magier« und »Zauberer« oder »Hexer« gemeint sind.

Obwohl wir also (so hoffe ich wenigstens) unser Heil nicht in der Bekehrung der »Ungläubigen« suchen, heißt das doch nicht, dass wir nicht mehr existieren – auch wenn es manchmal ziemlich schwierig sein kann, einen von uns ausfindig zu machen.

Das gehört zum Vergnügen, denn Zaubern macht grundsätzlich Spaß. In der magischen Zunft wird nicht mit Angst, Zorn und Strafe gearbeitet, und wir kommen auch ohne Kniebeugen vor rachsüchtigen Gottheiten aus. Wie wir es sehen, hat jeder Mensch ein natürliches Recht auf alles, was das Universum zu bieten hat. Und so geht es in diesem Buch vornehmlich darum, Ihnen die unverfälschte Naturform der Hexerei nahe zu bringen.

Ich könnte Ihnen den Mund wässrig machen, etwa mit dem Versprechen, dass Sie nach dem Einüben der Techniken in diesem Buch batzenweise Geld anziehen werden oder Ihren Traumpartner und dergleichen mehr – aber dann wäre ich nicht besser als die Scharlatane auf dem Jahrmarkt, die für wenig Geld einen Blick in die Zukunft versprechen. Mal ehrlich: Wo bekommen Sie heute noch etwas umsonst?

Na ja – bei mir. Ob Sie es glauben oder nicht. Dieses Buch wurde für alle Hexen geschrieben, ganz gleich, ob sie einem etablierten Zirkel angehören, allein praktizieren oder gerade erst anfangen und noch nicht genau wissen, welche Richtung auf diesem schier unendlichen Gebiet sie einschlagen sollen. Ich wende mich an die Einzelperson, oft auch Einzelgänger genannt, um ihr zu erklären, wie die religiösen und wissenschaftlichen Aspekte der Zunft erfolgreich miteinander verknüpft werden können.

Ich spreche offen und unverbrämt über den Lebensstil von Hexen, die nicht nur Rituale vollziehen oder am Wochenende einen Zauberspruch vom Stapel lassen. Zudem ist dieses Buch ein Erlebnisbericht – meiner. Wenn die Hexenkunst für mich nicht funktionieren würde, gäbe es kein Buch. Und bevor Sie den Band durchblättern, um vorab die interessantesten Stellen herauszufinden, weil Sie meinen, dass ich es mal eben so heruntergeschrieben habe, und Sie es sich ebenso leicht machen wollen wie ich, möchte ich klarstellen, dass ich sehr viel Arbeit in dieses Werk investiert habe.

Ja, im Lauf der Arbeit an dem Manuskript geschahen Wunderdinge – die Chancen, dass eine Mutter von vier Kindern ihr erstes Buch bei dem Verlag ihrer Wahl unterbringt, ohne die branchenüblichen Absagen zu erhalten, sind äußerst gering. Aber meine Zauberkräfte oder Träume und Hoffnungen allein haben das Projekt nicht möglich gemacht. In erster Linie ist es der magischen Kraft der Zahllosen, die solche Texte brauchen, zu verdanken, dass dieses Buch erschienen ist.

Mit anderen Worten: Ich bin überhaupt nicht anders als Sie. Ich bin eine normale, alltägliche Person. Na ja, gewissermaßen. Schließlich hält jeder sich für etwas Besonderes, oder?

Ich lebe in der realen Welt, in der es so profane Dinge wie Monatsmieten, Telefonrechnungen, Elektrizitätswerke, Familienkräche, Autopannen und Banken gibt. Ganz zu schweigen von den »Hämmern« wie Kriegen, Kriminalität und zänkischen Nachbarn.

Ich bin der Überzeugung, dass ich mich meiner Imagination bedienen kann, um diese reale Welt energetisch dahingehend zu beeinflussen, dass viele alltägliche Schwierigkeiten entweder verschwinden oder von vornherein verhindert werden - oder noch besser: indem ich Glück und Wohlbefinden für mich selbst und andere schaffe.

Dazu bin ich fähig, und Sie auch ... wenn Sie es wirklich wollen. Das ist der fundamentale Schlüssel. Etwas zu wollen und gleichzeitig zu brauchen, führt zum Erfolg, ohne dass man zwanzig Jahre mit Problemanalysen verbringt. Und wer will schon so lange herumkrebsen, um etwas zu erreichen? Ich für meinen Teil ziehe es vor, gemütlich im Schaukelstuhl zu sitzen und an Dinge zu denken, die ich erreicht habe, anstatt ungelöste Probleme auszubrüten.

Zauberkraft ist dem Menschen von Natur aus gegeben. Solange Magie gewissenhaft praktiziert wird, schadet sie keinem und hilft Unzähligen. Nahtlos fügt sich die Praxis der Magie ins universelle Werden und Vergehen ein. Und dabei können Sie gesund, wohlhabend und glücklich werden. Ich verspreche es!

So sei es.
Jenine E. Trayer
alias Silver RavenWolf

Die Hintergründe

Silver Ravenwolf 1990 ©

Sich auf den Besen schwingen

Der »Auftrag« erreicht jeden von uns auf unterschiedliche Weise. Aber es gibt einen Moment, in dem das Wunder der Existenz uns zum ersten Mal in Mark und Bein fährt und uns trotz aller echten und eingebildeten Schatten klarmacht, dass wir aufgerufen sind, das Mysterium zu ergründen. Wir spüren es mit jeder Faser unseres Seins: Dieser Ruf ist real, kein Fluchtversuch vor der Realität.

Die Entscheidung für den magischen Erkenntnisweg muss jeder allein treffen. Sie bestimmen Ihr Schicksal, niemand sonst. Lassen Sie sich nicht leichtsinnig und vorschnell auf das Studium der Hexerei ein.

Die hier beschriebene Arbeit repräsentiert meinen persönlichen Erfahrungsweg als Einzelgängerin, was heißt, dass ich die Kunst der Zauberei aus verschiedenen Gründen allein ausübe. Ich folge keiner bestimmten Tradition. Die Lehren und Einsichten in diesem Buch stammen weder aus anderen Büchern noch von einem ausgewählten Lehrer. Insofern ist der Text für jeden relevant, egal, ob die Kunst unter religiösen oder wissenschaftlichen Gesichtspunkten praktiziert wird oder einer Mischung von beidem.

In den meisten Fällen nenne ich die Gottheiten der Hexen nicht bei den Namen, die ihnen von verschiedenen Orden und Gruppen weltweit verliehen wurden. So kann jeder seine eigenen Vorstellungen behalten oder finden. Außerdem kann der Text zur Ausbildung von Einweihungskandidaten benutzt werden und bei der Vorbereitung heidnischer Kinder auf die Weihe, die gewöhnlich zur Zeit des Eintritts in die Pubertät mit einem Ritual vollzogen wird.

Der Text enthält nur wenige geschichtliche Daten, weil er als praktisch anwendbares Lehrbuch konzipiert wurde. Ich gehöre zu den Leuten, die gleich zum springenden Punkt kommen und ein Handwerk lernen wollen, ohne dabei von einem Informationsschwall erstickt zu werden. Also war ich sparsam, denn was ich für faszinierend und aufschlussreich halte, mag anderen trocken und langweilig vorkommen.

Aber das soll nicht heißen, dass unsere Vorgeschichte ignoriert werden darf. Um die Magie der Zukunft praktizieren zu können, muss man sich mit der Magie der Vergangenheit vertraut machen.

Im Literaturverzeichnis finden Sie Empfehlungen für die weiterführende Lektüre. Es ist nicht notwendig, all diese Bücher zu lesen; suchen Sie sich einfach aus, was Sie brauchen, aber lesen Sie wenigstens einige dieser Werke, denn sie vertiefen und beschleunigen Ihr Studium.

Im Anhang beschreibe ich einige der wichtigsten Ereignisse in der Geschichte der modernen Hexerei. Warum? Obwohl die politischen Aspekte der Zunft oft als uninteressant abgetan werden, haben sie ihre Auswirkungen, und da wir wissen, dass Ignoranz keineswegs selig macht, sollte man wissen, welche Personen die modernen Hexenorden und Einzelgänger unterstützen.

Nun ist das, was man »Geschichte« nennt, unweigerlich eine Ausgeburt der Geschichtsschreiber. Kein Ereignis wird von jedem identisch interpretiert, noch nicht einmal von den unmittelbar Beteiligten. Die meisten Chroniken wurden von den Siegermächten verfasst, nicht den Unterlegenen.

Jedes Kapitel enthält praktische Übungen, die keineswegs schwierig sind. Dennoch sind alle essenziell und sollten komplett ausgeführt werden. Bitte machen Sie sich die Mühe, sie in der angegebenen Reihenfolge zu praktizieren. Bevor Sie loslegen, rate ich Ihnen, ein Notizbuch zu kaufen, das langjährige Misshandlungen übersteht. Ein Ringordner eignet sich, weil Sie die Seiten nach Belieben neu umschichten können. Später komme ich noch auf verschiedene Arten von Chroniken zu sprechen, das Notizbuch aber wird von Anfang an gebraucht.

Machen Sie, während Sie die Informationen in diesem Buch lesen, sich klar, dass Sie einzigartig sind. Die größten Lektionen erteilt das tägliche Leben, obwohl auch Texte richtungweisend sein können. Bei der Anwendung Ihres neu gewonnenen Wissens erhalten Sie Einblicke in die vielen anderen Welten rings um uns her. Haben Sie Geduld. Forcieren Sie nichts. Lassen Sie alles auf natürlichem Wege zu Ihnen kommen. Und vor allen Dingen: Machen Sie Ihre Arbeit zu einem Vergnügen!

Definitionen

Im Gegensatz zu vielen anderen Mysterienschulen lässt eine Zauberschule Ihnen enorm viel Spiel-Raum – womit ich nicht sagen will, dass Sie sich »kindisch« oder »unvernünftig« verhalten sollen. Keineswegs. Aber ich gehe davon aus, dass der gesunde Menschenverstand sich nicht ohne mentale Kreativität entfalten kann.

Bei unserer ersten Übung geht es um eine Definition des Wortes »Hexe«. Fragen Sie sich, was Sie darunter verstehen. Hier zeigt sich, wie flexibel Sie sind. Wenn ich nach einer Definition von Worten wie »Hexe« oder »Hexerei« gefragt werde, stelle ich gern eine Gegenfrage: »Was verstehen denn Sie darunter?«

Die Antwort zeigt mir, wes Geistes Kind ich vor mir habe, und erlaubt mir, die gröbsten Missverständnisse gleich vom Tisch zu fegen. Danach wird es möglich, dem anderen eine Erklärung zu geben, die er verstehen kann. Das ist übrigens ein Kernsatz: »die der andere verstehen kann«. Erinnern Sie sich daran, wenn Sie in Zukunft aufgefordert werden, Ihr Metier zu definieren. Bombardieren Sie die Leute nicht mit Phrasen und unverständlichen Fakten. Knapp und klar fahren Sie besser.

Bevor Sie weiterlesen, bitte ich Sie, Ihre Definitionen in einem »Brief« mitzuteilen. Selbst für alte Hasen auf dem Gebiet kann diese Übung ein paar Überraschungen beinhalten. Auf die erste Seite Ihres Notizbuchs schreiben Sie, was Hexen Ihrer Meinung nach sind. Und im zweiten Abschnitt lassen Sie Ihre Definition von Hexerei, Magie oder Zauberkunst folgen.

Im dritten Abschnitt bringen Sie Ihre Ansichten über den gesellschaftlichen Status der Zunft zu Papier und die Gründe für ihre allgemeine Ablehnung beziehungsweise ihre wachsende Akzeptanz.

Beenden Sie den Brief mit einem Ziel, das Sie erreichen möchten, bevor Sie dieses Buch zu Ende gelesen haben. Ihr Wunschziel kann spiritueller, mentaler oder materieller Natur sein, ganz nach Belieben. Unterschreiben und datieren Sie Ihren Brief.

Was sind Hexen?

Für Uneingeweihte sind Leute, die sich heutzutage noch als Hexen oder Zauberer bezeichnen, realitätsferne Gesellen, die sich in kleinen Gruppen zusammenrotten, um sich ihren Phantasien (oder was die Allgemeinheit dafür hält) ungestört hinzugeben.

Dazu fallen mir drei Worte ein: Liebe, Glück und Gott. Es gibt noch viele andere, und das ist der springende Punkt: Bei jedem Menschen lösen sie unterschiedliche Assoziationen aus, je nach den eigenen Erfahrungen, Gedankenmustern und Gefühlen. Insofern ist jeder einzigartig und steht für sich. Was für Sie gut und richtig ist, mag für andere völlig verkehrt sein.

Eine Grundregel im Bereich der Magie ist die Anerkennung der persönlichen Ausdrucks- und Entfaltungsfreiheit jedes Geschöpfs. Alle Wesen haben das Recht, ihr Glück nach eigenem Gutdünken zu suchen und zu tun, wozu sie Lust haben – solange sie anderen damit keinen Schaden zufügen. Also wird nicht verlangt, dass Sie Ihre »Wahrheit« der »Wahrheit« eines anderen Menschen anpassen. Und umgekehrt: Sie verlangen nicht, dass die Welt Ihre Ansichten übernimmt.

Unsere Persönlichkeit und unser Verhalten wird von inneren Überzeugungen diktiert. Die Glaubenssätze der Hexen wurden 1974 sehr treffend vom Council of American Witches, dem Rat der Amerikanischen Hexen, auf seinem Frühlingstreffen in Minneapolis, Minnesota, formuliert. Das Manifest mit dem Titel *Prinzipien des Wicca-Glaubens* wird allgemein anerkannt und seither benutzt, um die Allgemeinheit und angehende Schüler zu informieren.

Meiner Ansicht nach enthält dieses Manifest die bisher präzisesten Aussagen über unsere Ansichten und Prinzipien. Leider hat sich der Rat der Amerikanischen Hexen im selben Jahr aufgelöst, was jedoch nicht bedeutet, dass seine Mühe vergebens war. Im Gegenteil, andere Gruppen und Organisationen setzen die Arbeit mit Feuereifer fort.

Ich rate Ihnen, die nun folgende Wiedergabe der Wicca-Glaubenssätze nicht zu überschlagen, selbst wenn Sie schon ein alter Hase sind. Diese Prinzipien sollten jedes Jahr neu bekräftigt werden, sei es bei einem individuellen Ritual oder einem Gruppentreffen. Sie können einen der gesellschaftlich sanktionierten Feiertage wählen, den Tag Ihrer Weihe oder einen anderen für Sie besonders wichtigen Tag.

Die Glaubenssätze der Hexen

Der Rat der Amerikanischen Hexen definiert moderne Magie im Sinne der Erfahrungswelt der westlichen Zivilisation und berücksichtigt die speziellen Bedürfnisse dieses Kulturkreises. Wir sind nicht gebunden an die Traditionen früherer Zeiten und Kulturen und beugen uns keiner Autorität oder Macht jenseits der Göttlichkeit, die sich durch unser eigenes Sein manifestiert.

Wir respektieren alle lebensbejahenden Lehren und Traditionen und sind bereit, von allen zu lernen und das so gewonnene Wissen in der weltweiten Gemeinschaft der Hexen zu verbreiten. Wir bekennen uns zu einer Geisteshaltung der Freundschaft und Kooperation und verpflichten uns, die folgenden Grundsätze gewissenhaft zu befolgen. Mit dieser Geisteshaltung ist keine Duldung im Fall einer Machtübernahme von Seiten destruktiver Kräfte verbunden, ebenso wenig eine Duldung der Verfolgung unserer Mitglieder durch Andersgläubige, deren Überzeugungen im Widerspruch zu unseren eigenen Grundsätzen stehen. Der Ausschluss destruktiver Elemente gestattet uns, jeden aufrichtig interessierten Menschen an dem von uns erarbeiteten Wissen und den damit verbundenen Praktiken teilhaben zu lassen, ungeachtet der Rasse, Hautfarbe, Herkunft oder sexuellen Orientierung, des Geschlechts oder des Alters.

Dementsprechend verlangen wir lediglich, dass unsere Mitglieder folgende Grundsätze anerkennen:

1. Wir vollziehen Riten, um uns dem natürlichen Rhythmus der Lebenskräfte anzugleichen, die von den Mondphasen markiert sind.

2. Wir wissen, dass unsere Intelligenz uns eine einzigartige Verantwortung für unsere Umwelt aufträgt. Wir streben nach

einem Leben im Einklang mit der Natur und im ökologischen Gleichgewicht, das Kreaturen auf allen Entwicklungsstufen des Bewusstseins Wohlbefinden und Erfüllung garantiert.

3. Wir halten eine Macht für universell wirksam, die allgemein verleugnet wird. Da diese Macht um vieles weiter reicht als gemeinhin angenommen, wird sie als »übernatürlich« bezeichnet; wir aber sehen in ihr das naturgegebene, allem innewohnende Potenzial.

4. Die Schöpferkraft im Universum manifestiert sich in Form einer Polarität – zwischen den maskulinen und femininen Kräften. Wir glauben, dass dieselbe Schöpferkraft in allen Menschen existiert und durch den Austausch zwischen dem männlichen und dem weiblichen Prinzip ganz natürlich zum Ausdruck kommt. Wir bewerten keine dieser beiden Kräfte als höher oder niedriger, da beide sich gegenseitig bedingen und unterstützen. Wir schätzen die Sexualität als naturgewollt, als Sinnbild und Verkörperung beseligender Lebenskraft und als eine Kraftquelle bei magischen Praktiken und religiösen Andachten.

5. Wir erkennen sowohl das äußere Weltreich als auch das innere, psychische Weltreich als real an, wie auch immer letzteres bezeichnet werden mag: als Geisteswelt, kollektives Unbewusstes, innere Ebene und so weiter. Auf den Austausch zwischen diesen beiden Welten gründen sich unsere magischen Praktiken und psychische Phänomene aller Art. Wir vernachlässigen keine der beiden Dimensionen des Seins und Bewusstseins, sondern begreifen beide als unabdingbar für ein erfülltes, sinnvolles Leben auf Erden.

6. Wir erkennen keine autoritäre Hierarchie an, dennoch ehren wir unsere Lehrer, respektieren alle, die ihr Wissen und ihre

Weisheit weiter vermitteln, und bestätigen die Verdienste derjenigen, die den Mut hatten, uns zu unterweisen.

7. Wir halten Spiritualität, magische Fähigkeiten und Lebensweisheit für eine untrennbare Einheit innerhalb unseres Wissenssystems, das wir als Zauberkunst, Hexerei oder Wicca bezeichnen.

8. Nicht das Wort »Hexe« macht uns zur Hexe, ebenso wenig wie unsere Herkunft, Ehrentitel, Verdienste oder Einweihungsgrade. Als Hexen fühlen wir uns dazu aufgerufen, die Vitalkräfte in unserem eigenen Inneren zu kontrollieren, um ein harmonisches und weises Leben zu führen, ohne anderen dabei zu schaden.

9. Es ist die Bejahung und Erfüllung des Lebens, die dem Universum, wie wir es kennen, und der Rolle, die wir darin spielen, in der Fortentwicklung von Evolution und Bewusstsein Bedeutung verleiht.

10. Wenn wir das Christentum oder eine andere Glaubensrichtung ablehnen, dann nur insofern, als ihre Institutionen Anspruch auf den »einzigen und alleingültigen Weg« erheben und danach streben oder strebten, Andersgläubigen die freie Ausübung ihrer religiösen Praktiken zu untersagen, diese zu erschweren oder sie gewaltsam zu verhindern.

11. Debatten über die Vorgeschichte der Zunft fassen wir nicht als Bedrohung auf, ebenso wenig wie den Streit um die Herkunft einschlägiger Begriffe oder die Legitimität der Praktiken verschiedener Orden. Unser Augenmerk richtet sich auf unsere Gegenwart und Zukunft.

12. Wir akzeptieren kein Konzept des »absoluten Bösen« und verehren auch kein als »Satan« oder »Teufel« bekanntes Wesen,

wie es die christliche Tradition definiert. Wir streben nicht danach, uns Macht durch die Leiden anderer anzueignen, noch glauben wir, dass wir persönliches Wohlergehen nur durch die Verleugnung anderer Glaubensrichtungen und Ansichten erreichen können.

13. Wir streben im Rahmen der Naturgesetze nach allem, was unserer Gesundheit und unserem Wohlbefinden auf jeder Ebene zuträglich ist.

Nehmen Sie Ihr Notizbuch und notieren Sie Punkt für Punkt, was Ihnen nicht völlig klar ist oder mit welchen Aussagen Sie nicht übereinstimmen und warum. Im Lauf Ihres Studiums haken Sie dann die Punkte ab, die Ihnen mittlerweile klargeworden sind.

Lesen Sie sich die Glaubenssätze durch, sobald Zweifel an Ihrem Werdegang auftauchen. Die meisten von uns halten sich so gewissenhaft an diese dreizehn Grundsätze wie gute Christen an die Zehn Gebote. Vergessen Sie nicht, all Ihre Notizen mit Datum und Unterschrift zu versehen.

Wie bin ich hierher geraten?

Obwohl ich oft erzählen muss, wie ich zur Hexe geworden bin, frage ich mich heute noch, wie es zuging und wann es richtig losging. Aber ich kann das genaue Datum nicht festmachen.

Als kleines Mädchen habe ich öfters Engel gesehen (was meine Eltern natürlich meinen Magenbeschwerden zuschrieben). Außerdem hatte ich dauernd das Gefühl, nicht wirklich dorthin zu gehören, wo ich war. Dann machte ich die obligatorische »Vielleicht-bin-ich-ja-adoptiert-worden«-Phase durch – aber nicht wirklich lang, denn ich bin meiner Mutter nun einmal wie aus dem

Gesicht geschnitten. Nach dem Tod meiner Mutter meinte eine ihrer Freundinnen sogar, dass sie ihr als Geist erschien, als sie mich in einer Bank von weitem sah.

Mit dreizehn vermachte meine Tante mir ihre Tarotkarten, nachdem diese ihr einen gehörigen Schrecken eingejagt hatten. Nein, die Karten hatten ihr nicht gezeigt, dass sie demnächst tot umfallen würde, nur, dass ein Umbruch bevorstand, mit dem sie partout nicht einverstanden war. Also nichts wie weg mit den Dingern!

Als Sybil Leeks Buch *Diary of a Witch* herauskam, verschlang ich es regelrecht. Natürlich wusste ich, wie jeder andere auch, dass Hexerei ein übles Handwerk ist, böses Teufelszeug eben. Doch dieses Buch erzählte mir eine völlig andere Geschichte. Ich erkannte mich darin wieder; aber letztlich war es nur ein Buch, und da man mir die Standardreligion jahrelang eingetrichtert hatte, blieb ich misstrauisch.

Zu jener Zeit stattete ich meinem Großvater einen Besuch ab. Er fütterte mich mit Keksen und erzählte mir dabei, dass einer meiner Vorfahren ein holländischer »Powwow-Hexer« in Pennsylvania gewesen sei. Diese Leute waren für ihre Wunderheilungen bekannt. Jahre später, als ich mehr darüber wissen wollte, leugnete mein Großvater allerdings, je auch nur ein Wort darüber verloren zu haben.

Und damit genug von meiner Lebensgeschichte. Jeder findet seinen Weg zur Zunft auf seine eigene Weise. Es gibt keinen »richtigen« Weg. Meistens tragen Tausende von Erfahrungen im Lauf der Jahre dazu bei, dass man irgendwann an einen Punkt kommt, an dem man ganz einfach feststellt: »He, was die Hexen glauben, glaube ich ja auch! Ich gehöre zu ihnen!«

Nehmen Sie Ihr Notizbuch und schreiben Sie auf, wie Sie dazu gekommen sind, sich ernsthaft für Hexerei zu interessieren. Welche Bedürfnisse treiben Sie momentan? Was haben Sie davon, wenn Sie das Handwerk erlernen? Was befürchten Sie, wenn Sie diesen Weg einschlagen?

Seien Sie absolut ehrlich zu sich selbst. Wenn Sie sich etwas vormachen, verschwenden Sie Zeit und Material und müssen einsehen, dass Sie nicht reif für das Studium der Zunft sind. Sie müssen gewillt sein, sowohl die Sonnenseiten als auch die Schattenseiten des Lebens und Ihrer eigenen Persönlichkeit wahrzunehmen. Und zwar unverfälscht, sonst kommen Sie nicht vom Fleck.

Um überhaupt Fortschritte zu machen, müssen wir uns zunächst einmal mit den inneren Tendenzen vertraut machen, die uns schwächen oder stärken. Lassen Sie sich Zeit bei dieser Innenschau. Schauen Sie sich ungeschminkt ins Gesicht. Sie werden es nicht bereuen, das garantiere ich Ihnen!

Hexenorden geben Einweihungskandidaten ein Jahr und einen Tag Bedenkzeit. Womöglich gefallen Ihnen einige Lehrer nicht, oder gewisse Lehren ... vielleicht gibt es ein Mitglied, das Ihnen auf den Geist geht ... Zwischenmenschliche Beziehungen können ebenso bereichernd wie schmerzhaft sein. Es ist nicht unser Weg, Schmerzen und Leiden auf uns zu nehmen, nur um ein geheimes, verbotenes Wissen zu erfahren, das vielleicht existiert, vielleicht aber auch nicht!

Ebenso gut kann es natürlich sein, dass andere Ordensmitglieder *Sie* nicht ausstehen können. Als einzeln Praktizierender sind Sie solchen Beschränkungen selbstverständlich nicht ausgesetzt. Und wenn Sie sich selbst ausbilden und dann irgendwann entdecken, dass Sie einen anderen esoterischen Wissenszweig bevorzugen, haben Sie keineswegs versagt. Hexerei ist nicht für jeden geeignet, genauso wenig, wie andere Wissensbereiche von jedem erlernt werden können. Als Individuum hat man ein unabdingbares Grundrecht: sich frei zu entscheiden.

Mir gefällt die Idee mit der Bedenkzeit, deshalb schlage ich vor, dass Sie sich nach genau einem Jahr und einem Tag (schreiben Sie das heutige Datum in Ihr Notizbuch) noch einmal durchlesen, was Sie im Lauf Ihrer Arbeit mit diesem Buch in Ihr Notizbuch geschrieben haben. Ich bin sicher, dass Sie amüsiert, überrascht und stolz auf sich selbst sein werden. Selbst wenn Sie sich am Ende gegen die Zunft entscheiden, lohnt es sich, die Notizen nach einem Jahr noch einmal durchzulesen. Was Sie bereits erreicht haben, kann erstaunlich sein.

Unter das heutige Datum schreiben Sie, welches Ziel Sie im Auge haben, und geloben, Ihre Notizen nach einer vollen Umdrehung des Rades erneut durchzulesen.

Zusammenfassung

Dieses Kapitel enthält eine vorläufige Definition der Begriffe »Hexe« und »Hexerei« oder »Zauberkunst«. Die dreizehn Glaubenssätze der amerikanischen Hexen bestätigen, dass moderne Praktizierende durchaus mit dem Rest der Gesellschaft auskommen können. Außerdem zeigen sie, dass wir keine Satansbraten sind, die Bannflüche über dem sprichwörtlichen Hexenkessel zischen oder Fledermausflügel und Krötenbeine in Suppen werfen. Wir denken logisch, wir planen mit weiser Voraussicht und zeigen Anteilnahme am Geschick unserer Mitmenschen.

Wir sorgen uns um unseren Planeten, das Wohlergehen unserer Kinder und anderer Wesen, wie das der Alten, der Tiere und Bäume. Zudem kümmern wir uns um die internationale Politik. Oft sind wir die ersten, die den Mund aufmachen, um für die Rechte aller Lebewesen zu kämpfen, und ehrenamtlich arbeiten, wo Hilfe vonnöten ist.

Mit dem Hexenbesen übernehmen Sie Verantwortung für

Ihre Person und Ihre Umwelt. Da Sie eine Ausnahme sind, müssen Sie ein vorbildliches Leben führen. Sie können sich nicht als Hexe bezeichnen, solange Sie das Studium der Zunft nicht vollkommen ernst nehmen. Das wäre eine Perversion sämtlicher Glaubenssätze unserer Zunft.

Obwohl magische Praktiken enorm viel Spaß machen, sind sie kein Kinderspiel. Die endgültige Entscheidung für diesen Weg muss wohl überlegt sein.

© 1993

Hexe ist nicht gleich Hexe

Verschiedene Arten von Hexen

Hexen entsprechen üblicherweise *nicht* dem gängigen Stereotyp einer buckligen, krummnasigen Alten, und ebenso wenig lässt sich auch der Umgang mit der Zunft in ein Schema pressen. Selbst wenn man einer Tradition angehört, hat jeder Praktizierende enorm viel Spielraum, und es steht jedem frei, die Gottheiten seiner Wahl auf die ihm eigene Weise zu kontaktieren. Das liegt in der Natur der Sache.

»Tradition« bedeutet, dass Wissen, Sitten und Gebräuche von Mensch zu Mensch übertragen werden. In unserem Fall werden locker strukturierte Richtlinien für den Umgang mit den Gottheiten und magischen Kräften auf Neulinge übertragen – Richtlinien, die zum Teil seit langer Zeit überliefert werden und im Lauf der Jahre permanent modifiziert, um den Bedürfnissen des magischen Volks und den Mitgliedern unterschiedlicher Orden gerecht werden zu können.

Hier eine Liste der bekanntesten Traditionen und Orden mit kurzen Erklärungen:

Alexandrische Tradition: In den sechziger Jahren in England gegründet. Alex Saunders nannte sich »König« seiner Hexen. Die Rituale sind abgewandelte Gardnerische Riten.

Britische Traditionelle Hexen (British Traditional Witches): Eine Mixtur aus keltischem und Gardnerischem Glauben. Der heutzutage bekannteste Orden nennt sich »The International

Red Garters« (Rote Strumpfhalter). Die meisten »British Traditionals« haben die Farrar-Ausbildung absolviert, befolgen relativ strikte Regeln und erwerben verschiedene Reifegrade im Lauf ihres Studiums. Ihre Orden lassen sowohl männliche als auch weibliche Mitglieder zu.

Caledonii-Tradition: Vormals »Hekate-Tradition« genannt; schottischen Ursprungs, setzt die einzigartigen Festivitäten der Schotten fort.

Dianische Tradition: Der Name wird auf Margaret Murrays Buch von 1921, *Der Hexenkult in Westeuropa*, zurückgeführt. Eine Mischung verschiedener Traditionen, heutzutage in erster Linie auf die Göttin fokussiert. Gilt in einschlägigen Kreisen als »feministischer« Orden.

Einzelgänger: Hexen, die jeder beliebigen Tradition folgen oder angehören, aber allein praktizieren. Es gibt viele Variationen. Zum Beispiel kann ein Einzelgänger die von einer Tradition oder einem Orden gelernten Praktiken an einen anderen Einzelgänger weiterreichen.

Oder eine »Erbhexe« lehrt die Kunst, ohne die »Lernhexe« dann in die Wicca-Familie aufzunehmen. Viele Einzelgänger lernen aus Büchern, durch Netzwerke und mit Hilfe verschiedener Traditionen – was bedeutet, dass sie allein zurechtkommen müssen. Mehr und mehr Individuen ziehen den Alleingang dem Gruppendasein vor. Hin und wieder werden Einzelgänger auch als »natürliche Hexen« bezeichnet.

Eklektische Hexe: Ein Begriff, der sich wachsender Beliebtheit in Amerika erfreut und bedeutet, dass eine Person kein Anhänger einer bestimmten Tradition, Sekte oder Praxis ist, sondern ihr

Wissen aus unterschiedlichen Quellen schöpft und anwendet, was ihr individuell entspricht.

Erbhexe: Nur, wenn Sie Ausübende der Zunft im Stammbaum haben und gleichzeitig von einem lebenden Verwandten in die Alte Religion eingewiesen wurden, können Sie sich so nennen. Channeling zählt nicht. Wie weit man seinen Stammbaum zurückverfolgen muss, um als Erbhexe zu gelten, ist strittig. In Ausnahmefällen nehmen Familien eine Person in ihre Dynastie auf – gewöhnlich aber nur, wenn keine eigenen Nachkommen vorhanden sind oder wenn die fragliche Person sich außerordentlicher Wertschätzung erfreut. Die Aufnahmezeremonie ist kompliziert und sehr wichtig – schließlich können Sie sich Ihre Verwandten nicht jeden Tag aussuchen. Das lässt sich mit der Einheirat in eine traditionsbewusste Familie vergleichen.

Gardnerische Tradition: Von Gerald Gardner in den fünfziger Jahren in England begründet. Warum nur hält man diesen Mann für so wichtig? Weil er den Mut hatte, die Alte Religion vor dem Aussterben zu bewahren, indem er sich öffentlich in der Presse zur Hexerei bekannte. Trotz des Rummels um Gardner meine ich, dass er wie kaum ein anderer verstand, dass junge Leute die Zunft ebenso nötig haben wie die Zunft eine neue Generation von Praktizierenden.

ANMERKUNG: Die Alexandrische und die Gardnerische Tradition praktizieren nach relativ starren Richtlinien, hüten ihre Geheimnisse eifriger als andere und prüfen Neuankömmlinge sehr sorgfältig. Also können Sie nicht erwarten, dass der Hohepriester schon bei Ihrem ersten Treffen all sein Wissen versprühen wird, falls Sie von einem Zirkel eingeladen werden. Man hält sich vielmehr an altüberlieferte Bräuche.

Keltische Wicca: Verbindet die keltisch-druidische Götterwelt mit Gardnerisch angehauchten Riten und legt das Schwergewicht auf die Elemente, die Natur und die »Alten«. Sie hüten altes Wissen um die Heil- und Zauberkräfte von Pflanzen, Steinen, Blumen, Bäumen, Elementargeistern, dem »Kleinen Volk«, Gnomen und Feen.

Küchenhexe: Selten benutzter Begriff für den »hausfräulichen« Typus, der sich vornehmlich auf die handwerklichen Aspekte der Magie, die Erde und die Elementarkräfte konzentriert. Manche halten solche Klassifizierungen für degradierend. Dennoch hat die Alte Religion irgendwo angefangen – und zwar höchstwahrscheinlich in den Küchen (oder an Feuerstellen), wo Heilkräuter gekocht, Zaubersprüche gemurmelt und Feste gefeiert wurden. Auch heute versammelt man sich an Festtagen unwillkürlich in der Küche, und die Vorstellung, wie Großmutter oder Mutter eine besondere Leckerei für das kranke Kind zubereiten, hat heute noch für viele etwas Magisches.

Piktische Hexerei: Stark naturverbundene schottische Hexenkunst, beschäftigt sich mit dem Tier-, Pflanzen- und Mineralienreich. Es ist eine eher einzelgängerisch orientierte Form der Zunft und beschäftigt sich schwerpunktmäßig mit Magie, nicht so sehr mit der Religion an sich.

Powwow: Keine Glaubensrichtung, sondern ein System von Techniken, die auf der 400 Jahre alten, deutschstämmigen »Elite-Magie« beruhen. Die ursprüngliche Hochburg des Powwow war Süd-Zentralpennsylvania. Heutige Powwows arbeiten nicht mehr mit der Zauberkunst und wissen meist auch nicht einmal mehr um die Ursprünge ihres Glaubens.

Seax-Wicca: 1973 von Raymond Buckland gegründeter Orden. Angelsächsische Einflüsse, vermischt mit dem Glaubenssystem von Buckland, der sein ursprünglich Gardnerisches Gelübde trotz der Gründung dieser neuen Tradition nicht brach. Bucklands Arbeit ist nicht zu unterschätzen, und das nicht nur, weil viele Neulinge seine Lehren aufgreifen, sondern auch, weil er mehrere ausgezeichnete Bücher über die unterschiedlichen Aspekte der Magie veröffentlichte.

Satanische Hexe: Da Hexen nicht an den Teufel glauben, existieren keine Hexen dieser Glaubensrichtung.

Strega-Hexen: Folgen einer Tradition, die um 1353 in Italien mit einer Frau namens Aradia begann.

Teutonische Hexe: Seit alten Zeiten gilt »teutonisch« als Sammelbegriff für die Volksgruppen im germanischen Sprachraum. Kulturell gehören dazu auch das englische, holländische, isländische, dänische, norwegische und schwedische Volk, jedenfalls vom amerikanischen Standpunkt aus betrachtet. Manchmal ist auch von Hexen der »nordischen Tradition« die Rede.

Wicca: Für mich ist das Wort *witch* (»Hexe«) assoziiert mit Mysterium, Heilen, Macht, Andersartigkeit, Ausgewogenheit und Vorgeschichte. Es repräsentiert Wissen, Geheimnisse, die Erde und Verbundenheit mit meiner weiblichen und männlichen Seite. Das Wort *Wicca* vermittelt diesen Gefühlsreichtum nicht für meine Begriffe. Ich assoziiere *Wicca* mit Weben, Kirche, Esoterik und dergleichen. Außerdem klingt es nach dem Versuch, für die Allgemeinheit unser Glaubenssystem schönzureden, damit wir nicht länger mit den Hexen des Aberglaubens in Verbindung gebracht werden. Beide Worte haben Vor- und Nachteile, und keines ist besser als das andere. Es hängt von der jeweiligen Situation ab, ob ich das eine oder andere für passender halte. Jeder möge selbst entscheiden.

Zeremonielle Hexerei: Die Anhänger dieser Tradition praktizieren zeremonielle Magie, komplizierte Rituale, oft mit ägyptischen Anflügen, oder kabbalistische Magie.

Selbstverständlich passt nicht jede Hexe, der Sie auf Ihrem Weg begegnen werden, in die oben erwähnten Kategorien. Zudem wird Ihnen aufgefallen sein, dass die Erklärungen sehr stark meine eigene Meinung reflektieren. Darum schlage ich vor, dass Sie die Namen der verschiedenen Hexenarten und Traditionen mit einer stichwortartigen Definition in Ihr Notizbuch eintragen und nach jedem Begriff genügend Platz lassen, um später einzufügen, was Sie im Lauf der Zeit dazulernen.

»Mischhexen«

Ein weiterer Begriff sei an dieser Stelle erläutert: die *Neuen* Hexen. Damit sind Leute jeden Alters gemeint, die in den letzten Jahren mit der Ausübung der Zunft begonnen haben. Wenn man von Eingeweihten spricht, ist gewöhnlich der Eintritt in eine Gruppe oder einen Orden gemeint, während »Neue Hexe« jeden einschließt, der sich mit Magie beschäftigt.

Heutzutage muss man sich nicht länger festlegen und auf die Praktiken einer bestimmten Schule beschränken. Da gibt es Hexen, die montags beispielsweise eine ägyptische Hathor-Spiegelbeschwörung vollziehen, um schlechte Einflüsse abzuwenden, am Tag darauf Runen legen, um für jemand anderen in die Zukunft zu blicken, und in der Vollmondnacht wie Strega ein traditionelles Ritual zelebrieren, während an den großen Feiertagen wieder andere Traditionen zu ihrem Recht kommen.

Außerdem gibt es Hexen, die auf mehrere Traditionen zurückgreifen und sich als »Druidenhexe« oder »Einzelgänger in der Dianischen Tradition« definieren. Dazu muss man wissen, dass jemand, der das Schwergewicht auf eine bestimmte Tradition legt, nicht unbedingt von den Mitgliedern dieser Tradition eingeweiht wurde.

Die Kombinationsmöglichkeiten sind endlos. Und wenn Sie mit Gardnerischen Studien anfangen, bedeutet das noch lange nicht, dass Sie sich keine Dianischen Lehren zu Gemüte führen oder beides gleichzeitig praktizieren können.

Um in einer Gesellschaft oder Religion zurechtzukommen, muss man die jeweiligen Grundregeln kennen. Die Neuen Hexen müssen sich in einsichtsvolles Schweigen hüllen können, wenn es sinnvoll ist, und den Mut haben, das Wort zu ergreifen, wenn es notwendig wird.

Zusammenfassung

Wenn Sie sich für eine der erwähnten Traditionen interessieren, müssen Sie recherchieren und den Orden Ihrer Wahl sehr gründlich studieren. Meine Definitionen sind stichwortartige Fingerzeige und keineswegs komplett.

Falls Sie jemanden treffen, der sich als Strega-Hexe bezeichnet, sollten Sie die Person um eine Erklärung bitten. Halten Sie nicht den Mund, nur weil Sie fürchten, der andere könnte Sie für ungebildet halten. Kein Mensch kann ein Experte in allen Wissensbereichen sein. Stellen Sie so viele Fragen wie möglich und lernen Sie, offen zu bleiben, wenn Sie mit anderen über die Zunft sprechen.

Mein Vater hat einmal gesagt, dass ich auf Umwegen zu unserer Religion gekommen bin. Vielleicht. Auf jeden Fall bin ich mit meiner Art der Spiritualität glücklich, und er stimmt mir darin zu, dass ich eigentlich ganz normal bin.

Als Neue Hexe muss man wissen, dass man für den Repräsentanten sämtlicher Hexen auf dieser Welt gehalten wird, wenn man sich öffentlich zu erkennen gibt. Überlegen Sie sich Ihre Wortwahl bei der Beschreibung der Zunft und sprechen Sie auf keinen Fall für alle. Wie überall, so gibt es auch beim magischen Volk große Glaubens- und Verhaltensunterschiede.

Die Sprache der Magie

Die gebräuchlichsten Schlagwörter

Wie beim Sport oder in Künstlerkreisen gibt es auch unter Hexen eine »Fachsprache«. Lesen Sie die nachfolgenden Begriffe durch, bevor Sie die Übung am Ende dieses Kapitels machen.

Adept: Ein Mensch mit einem durch langjähriges Studium erworbenen Höchstmaß an Fähigkeiten in einer bestimmten Disziplin. Als Hexe kann man ein Adept in ägyptischer Magie sein, gleichzeitig aber eine totale Niete in praktischer Küchenmagie.

Älteste: Viele Hexenorden haben eine Gruppe von Ältesten, die wie der Aufsichtsrat einer Organisation fungieren und sich durch besondere Verdienste und Fähigkeiten auf verschiedenen Gebieten auszeichnen.

Akasha-Chronik: Ätherische Aufzeichnungen. Der berühmte Hellseher Edgar Cayce machte den Begriff zu Anfang des 20. Jahrhunderts bekannt. Es handelt sich um eine gigantische, feinstoffliche Datenbank, die Informationen über frühere Leben, Heilverfahren und sonstige magische oder spirituelle Zusammenhänge enthält. Nicht mit einem Computer, sondern mit dem eigenen Geist loggen sich Seher und Hexen in diesen kosmischen Datenspeicher ein.

Altar: Eine geweihte Opferstätte, die ausschließlich für magische Praktiken oder religiöse Zeremonien verwendet wird.

Amulett: Gewöhnlich ein Schutzobjekt, das mit Energie aufgeladen wird, um negative Kräfte oder Gedanken abzuwenden. Amulette können aus Federn, Pflanzen, Perlen und so weiter bestehen. Hufeisen und Glücksklee-Anhänger sind sehr beliebte Amulette.

Anch: Ägyptische Hieroglyphe, Kreuz mit einer Schlaufe; Symbol für Leben, Liebe und Wiedergeburt.

Aradia: Italienische Göttin, die ihr Volk im Mittelalter vor den Gewalttaten der Verfechter des patriarchalen Glaubens schützte. Die authentische Aradia war so etwas wie ein »weiblicher Christus« und lehrte um 1353. Sie wurde mehrfach gefangen genommen und floh wieder; dann verschwand sie endgültig. Eine zweite »Aradia« wird in Lelands Buch mit dem gleichnamigen Titel von einer italienischen Zigeunerhexe beschrieben. Die dritte Aradia gilt als Tochter von Diana und Luzifer (dem Sonnengott in der Alten Religion). Sie wird die Königin der Hexen genannt.

Arkana: Die beiden Hälften eines Tarotspiels. Die Großen Arkana (Geheimnisse) bestehen aus 22 Trumpfkarten, denen die wichtigen Ereignisse entnommen werden. Die Kleinen Arkana sind 56 Zahlenkarten, mit denen die Hauptbilder näher erklärt werden oder die weniger bedeutende Ereignisse voraussagen. Siehe auch ⇨ *Tarotkarten.*

Astral: Das Wort hat zahlreiche Definitionen. Einfach ausgedrückt, handelt es sich dabei um eine feinstoffliche, nichtmaterielle Dimension der Realität.

Astralreise/-projektion: Wenn Ihr Energiekörper den physischen Körper verlässt und in die »Traumzeit« der Aborigines oder in Astralreiche reist, spricht man von einer Astralprojektion.

Athame: Ein reiner und geweihter Zeremonialdolch, der von Hexen bei Ritualen benutzt wird; niemals jedoch, um Blut zu vergießen, und selten, um etwas Materielles abzuschneiden.

Austreiben: Unerwünschte Dinge durch Zauberkraft beenden oder Geistwesen vertreiben.

Baalsfeuer: Heutzutage höchst selten. Bei nächtlichen Feuerfesten wie Walpurgis, Mittsommernacht und der Herbst-Tagundnachtgleiche wurde das Baalsfeuer früher als Bestandteil der magischen Rituale entfacht.

Bannen: Mit Hilfe magischer Praktiken etwas beenden oder unerwünschte Wesenheiten austreiben.

Besprechen: Etwas durch einen Zauberspruch erwirken, zum Beispiel Heilungen, energetische Veränderungen.

Beschwörung: Entweder eine Kraft von innen her in sich heraufbeschwören oder sie von außen in sich hineinziehen.

Bilokation: Interessante Praxis. Sie reisen im Astralkörper durch die Alltagswelt und bleiben dabei fähig, Ihren physischen Körper und seinen Zustand wahrzunehmen.

Binden, bannen: Etwas oder jemanden auf magische Weise bewegungsunfähig machen.

***Buch der Schatten*:** Ein relativ neuer Titel für die Sammlung der Informationen, auf die englischsprachige Hexen zurückgreifen. Vergleichbar mit einem »Kochbuch« für angewandte Magie. Der französische Name für diesen Text ist *Grimoire*.

Bolline: Krummdolch mit weißem Griff für praktische Zwecke, wie Kräuter schneiden, einen Ast zum Zauberstab schnitzen, Zeichen in Kerzen ritzen und so weiter.

Chakren: Sieben Hauptenergiezentren im menschlichen Körper. Jedes Chakra wird mit einer Farbe assoziiert: Scheitel oder Krone - weiß; Stirn (drittes Auge) - violett; Kehlkopf - blau; Brustmitte - rosa oder grün; Sonnengeflecht - gelb; Bauch - orange; Geschlechtsteile - rot. Kleinere Energiezentren befinden sich auch in den Händen und Füßen.

Channeling: Das neuere Wort für Mediumismus. Eine esoterische Praxis, bei der Sie einem Geistwesen erlauben, Ihren Körper zu benutzen, um durch Sie zu sprechen oder automatisch zu schreiben. Channeling hat keinen sonderlich guten Ruf, weil es schwer zu beweisen ist und die so gewonnenen Informationen in den meisten Fällen nicht überprüft werden können. Generell werden weit in der Zukunft liegende Dinge vorausgesagt, das Leben nach dem Tode geschildert oder die Struktur anderer Dimensionen und dringende Warnungen an alle Erdbewohner erteilt. Das berühmteste und nachweislich präziseste Medium des 20. Jahrhunderts war Edgar Cayce. Seine Bücher sind durchaus lesenswert. Channeling ist nicht dasselbe wie die Kontaktaufnahme mit Verstorbenen, um Informationen oder Beistand zu erhalten.

Divination, Deuten: Die Fähigkeit, das kollektive Unbewusste mit magischen Mitteln anzuzapfen und Informationen über Wesen, Orte, Dinge und Ereignisse in der Vergangenheit, Gegenwart und Zukunft zu erhalten.

Elemente: Zu den vier gängigen Elementen Erde, Luft, Wasser und Feuer zählen viele Hexen ein fünftes: den Äther (auch

Akasha genannt). Im magischen Kreis wird jedem Element eine Richtung zugeordnet: Osten = Luft; Süden = Feuer; Westen = Wasser; Norden = Erde; Zentrum = Äther oder Akasha.

Erdmagie: Praktische Form der Zauberei, bei der die Kräfte der Erdmutter benutzt werden, um Wunder zu bewirken oder Zeremonien zu vollziehen. Gegenständliche Symbole für Erde und Natur spielen eine tragende Rolle bei dieser Praxis.

Esoterik: Für gewöhnlich ist damit die Mischung von übersinnlich-metaphysischen Praktiken mit einer strukturierten Religionsform gemeint.

Faszination: Ein Wort für geistige Kontrolle über jemand anderen. Fragwürdige Technik, bei der der Geist anderer manipuliert wird, wie bei einem Zauberbann, der jemanden erotisch an Sie bindet. Dies käme einer psychologischen Vergewaltigung gleich und ist unmoralisch. Andererseits kann ich nicht mit gutem Gewissen davon abraten, dieses Werkzeug anzuwenden, wenn Sie (oder ein Freund oder Familienmitglied) akut physisch bedroht werden.

Gaia: Griechische Göttin. Wird heute mit der Erdmutter gleichgesetzt. Umweltschützer benutzen das Wort mindestens ebenso häufig wie Hexen.

Grüner Mann: Ein Name für den Gott der Hexen, dessen Königreich der Wald ist.

Heide: Anhänger einer Naturreligion, auch die Alte Religion genannt.

Hexenverfolgung: Bezieht sich auf die Zeit zwischen 1000 und dem Ende des 17. Jahrhunderts, in der mehr als neun Millionen Menschen gefoltert und verbrannt wurden, weil sie der Hexerei für schuldig befunden wurden. Die Hexenverfolgung erwies sich als enorm ertragreiches Unternehmen, da der gesamte Besitz eines Angeklagten vom Kläger – der Kirche – konfisziert wurde. Die Geschichtsschreibung bestätigt, dass die meisten auf diese Art Ermordeten Frauen und Kinder waren.

Initiation: Einweihung. Im Idealfall ein so tief greifendes Erlebnis, dass die Weltsicht eines Menschen von Grund auf transformiert wird. Eine Widmung darf nicht mit einer Initiation verwechselt werden.

Himmelsvater: Ursprünglich schamanischer Begriff der Indianer, die Luft und Himmel als maskulin betrachten. Ich benutze das Wort im Sinne von »Partner der Erdmutter«.

Hohepriester: Männliche und weibliche Leiter eines Zirkels, die die Rolle der Gottheit in bestimmten Zeremonien spielen.

ANMERKUNG: In den magischen Künsten sind weder Frauen noch Männer dominant. Der Hohepriester und die Hohepriesterin eines Ordens müssen als Team miteinander arbeiten. Abgesehen von der Qualifikation auf ihrem Gebiet brauchen sie Lebenserfahrung, Weisheit und ein hohes Maß an Demut im Umgang mit anderen. Es gibt ein Ritual (der »Große Ritus«), bei dem das Hohepriesterpaar die Energie des Gottes und der Göttin durch einen Sexualakt in sich aufnimmt, welcher entweder geistig oder physisch vollzogen wird. Im letzteren Fall geschieht dies jedoch nicht im Beisein der anderen Ordensmitglieder. In den siebziger Jahren wurden sexuelle Praktiken von manchen

Traditionen noch sehr freizügig vollzogen. Heutzutage herrschen die Angst vor AIDS und konservativere Ansichten vor. Außerdem möchte ich hinzusetzen, dass sexuelle Magie nicht zum Standardprogramm der meisten Hexen gehört.

Jahresrad: Ein Jahreszyklus, beginnend mit der Frühlingsfeier.

Kabbala: Die jüdische Geheimlehre und Mystik.

Karma: Der Glaube, dass die Gedanken und Taten einer Seele entweder abträgliche oder begünstigende Auswirkungen im Lauf mehrerer Lebenszeiten haben. Das Sanskritwort bedeutet: Tat, Werk, das Gesetz von Ursache und Wirkung.

Linker Weg: Ein Begriff, den ich beim Networking mit anderen Hexen gelernt habe. Hexen, die Magie für zweifelhafte oder destruktive Zwecke benutzen, werden dem »linken Weg« zugeordnet, während der »rechte Weg« eine positive Konnotation trägt.

Luftgewand: Manche Traditionen, zum Beispiel die Alexandrische, vollziehen gewisse Rituale nackt. Solche Praktiken haben nichts mit sexuellen Kontakten zu tun. Auch Einzelgänger ziehen es manchmal vor, im Luftgewand zu arbeiten, weil Kleidung sie vom ungehinderten Fluss der Energie abschneidet.

Machtkegel: Energieform, die von einer Gruppe oder einem Einzelgänger mobilisiert und auf ein bestimmtes Ziel gerichtet wird. Der interessanteste Machtkegel der jüngsten Vergangenheit wurde von den britischen Hexen aufgebaut, als sie sich trotz aller Meinungsverschiedenheiten zusammentaten, um Hitlers Streitmächte von ihren Küsten fernzuhalten.

Magie: Die Kunst, in der Sie Ihren Willen und Ihre emotionale Energie benutzen, um Veränderungen in der äußeren und inneren Welt zu bewirken. Magie an sich ist weder gut noch böse, weder positiv noch negativ. Wie die Kräfte angewendet werden, bestimmt, welche Wirkung erzeugt wird.

Magischer Kreis: Ein visionärer Kreis aus blauen Flammen oder weißem Licht, der die Praktizierenden bei Ritualen vor äußeren Einflüssen schützt. Beim Zaubern darf man nie über diesen Kreis hinaustreten, es sei denn, man hat vorher ein Tor in den Kreis geschnitten. Auch darf kein anderer den Kreis im Lauf eines Rituals betreten, außer durch einen extra vorgezeichneten Einlass. Normalerweise wird das Tor mit einem Athame oder Zauberstab in den Kreis geschnitten, was bedeutet, dass es auf dieselbe zeremonielle Weise geschlossen werden muss, wie es geöffnet wurde. Der magische Kreis gilt als Grenzlinie zwischen den beiden Welten und erlaubt uns, zwischen beiden Dimensionen hin- und herzupendeln. Manche malen einen permanenten Kreidekreis auf den Boden oder benutzen Kräuter, Sand, Salz oder eine Kordel, um einen temporären Kreis zu schaffen. Zusätzlich visualisiert der Magier oder Hohepriester auch den blauen oder weißen Lichtkreis. In manchen Orden bereitet ein Mitglied den Kreis vor, bevor die Versammlung stattfindet. Dazu gehören das Reinigen und Weihen der Stelle und das Herrichten sämtlicher notwendigen Gegenstände.

Magische Systeme: Grundregeln des Verhaltens innerhalb von Traditionen, Orden und Sekten; auch Anschauungen über die Götter und ihre Welten.

Makrokosmos: Die äußere Welt rings um uns her.

Mikrokosmos: Die Innenwelt.

Mondblut: Wenn Menstruationsblutungen zur Zeit des Vollmonds oder Neumonds stattfinden (was Sie steuern können), verfügt eine Frau über sehr viel mehr Macht als zu anderen Zeiten im Zyklus – falls sie sich diese Tatsache bewusst macht. Frauen haben sich so lange von der Gesellschaft einreden lassen, Monatsblutungen seien ein Zeichen von »Krankheit«, dass viele sich tatsächlich geschwächt, ermattet und desorientiert fühlen, obwohl diese Zeit ein Segen sein kann! Wenn Sie Ihre Einstellung dazu ändern, kann das Mondblut Ihnen zusätzliche Kraft verleihen. Wer sich dabei zu abgehoben fühlt, braucht sich lediglich zu erden.

Netzwerk: Kontakte mit anderen Hexen, per Post, Telefon oder Computer, um Informationen zur gegenseitigen Unterstützung auszutauschen.

Pantheon: Ruhmeshalle. Gruppe der Gottheiten eines Volks oder einer bestimmten Religion. So gibt es beispielsweise das griechische, römische, ägyptische und keltische Pantheon.

Pendeln: Ein Objekt, das an einem Faden oder einer Schnur hängt, wird benutzt, um Ja- oder Nein-Antworten auf bestimmte divinatorische Fragen zu erhalten.

Pentagramm: Von einem Kreis umgebener, fünfzackiger Stern aus zwei Dreiecken, dessen Spitze nach oben zeigt. Wird bei magischen Praktiken und Zeremonien benutzt oder als Emblem getragen. Die fünf Sternspitzen symbolisieren Erde, Luft, Feuer, Wasser und Äther beziehungsweise den Großen Geist. Pentagramme, deren Spitze nach unten zeigt, gelten als Gotteslästеrung und werden niemals am Körper getragen. Nur bei gewissen Initiationen des zweiten Grades wird ein umgekehrtes Pentagramm benutzt, aber nicht, um Unheil zu bewirken, sondern um einen bestimmten Wachstumsprozess zu kennzeichnen.

Priester: Frauen oder Männer, die sich dem Dienst an der Göttin oder den Gottheiten ihrer Wahl gewidmet haben und allen Menschen dienen. Dabei kann es sich auch um Einzelgänger handeln.

Purifikation: Reinigung von negativer Energie oder negativen inneren Bildern, indem man ein Objekt oder einen Ort mit positiver psychischer Energie auflädt.

Reinkarnation: Die Ansicht, dass man schon früher gelebt hat.

Ritual: Zeremonielle Handlungsabfolge zur Danksagung, Gottesverehrung oder zum Zweck der Zauberei.

Runen: Zeichensymbole verschiedener Herkunft, die wie ein Alphabet benutzt werden können, um die Zukunft vorauszusagen, Visionen auszulösen, Träume im Gedächtnis zu behalten und Kontrolle über die Umgebung zu erlangen. Beispielsweise gibt es skandinavische und germanische Runen.

Sabbat: Feiertag, dem besondere Macht zugesprochen wird. Solche Tage können astrologischer Natur sein, wie Geburtstage, die Mondbluttage einer Frau oder die Jahrestage Ihrer Widmung oder Einweihung.

Siegel: Mit einem Zeichen markierter Gegenstand, den Sie am besten selbst herstellen. Zum Stempeln von Briefen, Kleidungsstücken, Zetteln und so weiter, die Sie mit sich herumtragen, um magische Dinge zu bewirken.

Zauber(spruch): Ein Zauber oder Zauberspruch wird innerlich oder laut gesprochen, aber auch geschrieben, gemalt oder getanzt. Um einen Spruch funktionsfähig zu machen, muss man seine geistige und emotionale Kraft bündeln und längere Zeit unverwandt auf ein Ziel fokussieren können. Sie müssen ein starkes Bedürfnis haben, damit Ihr Zauber wirkt.

Spirale: Von großer Wichtigkeit in der Magie. Die Spirale ist das Symbol des ewigen Lebenskreislaufs, von Tod und Wiedergeburt. Beim Spiraltanz wird das »ewige Streben nach Höherem« zelebriert.

Talisman: Ein Objekt, das mit Energie aufgeladen wurde (zum Beispiel ein Edelstein oder mit Zeichen versehener Zettel), um etwas Erstrebenswertes auf magische Weise zu bewirken.

Tarotkarten: Bildkarten, die benutzt werden, um sich mit dem kollektiven Unbewussten zu verbinden und Ereignisse in der Vergangenheit, Gegenwart und Zukunft »abzulesen«. Wichtige Werkzeuge bei der Arbeit. Das Rider-Waite-Tarot ist das bekannteste.

Vision Quest: Visionssuche. Sie versetzt Sie in einen Zustand, bei dem Sie sich in inneren Welten bewegen können, entweder durch Astralreisen, Bilokation oder Hellsehen.

Hüter: Zeremonielle Magier und manche Hexen arbeiten oft mit Hütern zusammen. Manche sehen diese Hüter in Form von Schauergestalten wie Reptilien, Drachen und so weiter. Ich stelle mir immer die Erzengel Michael, Uriel, Raphael und Gabriel vor.

Weihe: Ein Objekt oder Ort wird mit positiver Energie aufgeladen, zum Beispiel durch einen Segen.

Widmung: Im Gegensatz zu der Einweihungszeremonie, die den Eintritt in einen Orden markiert, ist mit Widmung der individuelle Schwur gemeint, die Zunft zu erlernen und zum Adepten einer magischen Praxis Ihrer Wahl zu werden. Bei einer Widmung verpflichten Sie sich, Neuland zu betreten und Ihre Ausbildung fortzusetzen, ungeachtet der Höhen und Tiefen auf Ihrem Weg.

Wünschelrutengehen: Pendel, Astgabeln oder andere Ruten werden benutzt, um Personen, Plätze, Wasseradern oder Mineralien durch Geisteskraft ausfindig zu machen.

Diese Liste enthält längst nicht alle gängigen Schlagworte. Viele Orden und Zirkel benutzen ihre eigene Terminologie, die keinem Außenstehenden verraten wird.

Tragen Sie die oben erwähnten Begriffe und die Erklärungen dazu in Ihr Notizbuch ein und lassen Sie genug Platz nach jedem Schlagwort, damit Sie neue Informationen und Einsichten hinzufügen können.

Sicher ist Ihnen aufgefallen, dass ich viele Schlagwörter ausgelassen habe. Nähere Ausführungen über Worte wie Esbat, Vollmond und Neumond und so weiter finden Sie im fünften Kapitel.

Zusammenfassung

Dieses Kapitel enthält die international gängigen Schlagwörter, die Sie kennen sollten, aber längst nicht alle. Als ich mit dem Studium anfing, musste ich die Begriffe entweder nachschlagen oder Leute finden, die ich fragen konnte.

Scheuen Sie sich nicht, die Praktizierenden der Zunft mit Fragen zu »löchern«. Wer Sie deshalb für einen Dummkopf hält, ist selbst einer.

© 1993

Religion contra Wissenschaft

Die meisten Leute sind weniger an den religiösen Aspekten der Zauberei interessiert als an ihren praktischen Anwendungsmöglichkeiten und dem Grundwissen. Dazu kommt, dass die Einzelheiten des religiösen Aspekts der Hexerei bis heute weitgehend unbekannt geblieben sind. Wenn es anders wäre, müssten wir uns nicht mit den populären massiven Vorurteilen auseinandersetzen, mit denen wir noch heute konfrontiert werden.

Die angewandten Techniken der Zunft haben etwas Verlockendes, ganz abgesehen davon, dass es viel weniger bedrohlich ist, ein Handwerk zu erlernen, als eine neue Religion und ihre Gebote zu übernehmen. Ich sage »neu«, weil die meisten Vorstellungen über die Spiritualität der Hexen falsch sind; die Wahrheit würde alle althergebrachte Ansichten über den Haufen werfen.

Wer sich unsere Techniken aneignet, kann »erleuchtet« werden und manchmal auch explosionsartige Einbrüche in ein erweitertes Bewusstsein erfahren. Auf einen solchen »Schock« hin sucht man gewöhnlich nach Bestätigung für die eigenen Erlebnisse und findet sie auch – in religiösen Schriften, magischen Texten, im Schamanismus, bei den östlichen Religionen und in vielen anderen Mysterienschulen.

Im Unterschied zu anderen Glaubensrichtungen verlangt niemand, dass Sie alles, woran Sie bisher geglaubt haben, bedenkenlos über Bord werfen. Die Neuen Hexen werden nicht gezwungen, ihren anerzogenen Glauben und alles, was damit zusammenhängt, aufzugeben, damit sie als Mitglieder der weltweiten Hexengemeinde akzeptiert werden können.

Die meisten Neulinge sind so nachhaltig »vorprogrammiert«, dass keiner von ihnen erwartet, sie mögen einen Haufen neuer Götter mir nichts, dir nichts ins Herz schließen. Es leuchtet ein, dass das »Handwerk« zunächst einmal viel reizvoller und verdaulicher ist. Magische Zeremonien und erfolgreich ausgeführte Techniken verhindern den totalen Zusammenbruch der bisherigen Persönlichkeitsstrukturen. Jeder kann alle möglichen Methoden ausprobieren, sie gründlich analysieren und mit Etiketten versehen, wie etwa Telepathie, Sprüche, Astralreisen, Pendeln und so weiter. Auf diese Art erkennt man allmählich selbst, dass man in Kontrolle bleibt, weil jeder seine eigenen Richtlinien definiert und diese bei sämtlichen Experimenten befolgen kann.

Dass ein korrekt programmierter menschlicher Geist fähig ist, Wunderdinge zu vollbringen, ist wissenschaftlich bewiesen. Die magischen Künste bauen auf dieser Erkenntnis auf und arbeiten damit. Darin liegt ihre Anziehungskraft. Als Hexe gehen Sie grundsätzlich davon aus, dass der Mensch sein Schicksal selbst bestimmen kann.

Also beschäftigen Sie sich sowohl mit wissenschaftlichen Grundsätzen als auch mit religiösen Weltbildern. Ich habe festgestellt, dass wissenschaftlich orientierte Hexen im Lauf der Zeit die Religion entdecken. Und religiöse Heilssucher entdecken die wissenschaftliche Grundlage der Kunst (obwohl manche es nur ungern zugeben). Magie ist eine Vereinigung beider Prinzipien.

Sie werden feststellen, dass manche Hexen das Schwergewicht auf den einen oder anderen Aspekt legen, was kein Problem ist, solange sie die andere Hälfte nicht verleugnen. In solchen Fällen müssen Sie einsehen, dass diese Hexen ihr eigenes Metier noch nicht gründlich genug untersucht haben, anstatt zu glauben, dass Sie selbst falsch liegen.

Im Reich der Magie ist genug Platz für jeden. Manche Hexen praktizieren nach rein wissenschaftlichen Richtlinien, was auch

»hohe Magie« genannt wird, und feiern die Festtagszeremonien. Dann gibt es Hexen mit einer vorwiegend spirituellen Ausrichtung, die nur wenige Techniken und Werkzeuge benutzen und nach einer tief empfundenen Kommunion mit den Gottheiten und Engeln ihrer Wahl streben, um Selbstheilungen und Transformationsprozesse zu bewirken. Meistens sind diese Hexen medial veranlagt, offen für Channeling, den Kontakt mit Verstorbenen, die Erkundung anderer Dimensionen, Ufologie und Außerirdische.

Manche streng religiöse Praktizierenden können sich nicht recht mit den technischen Aspekten der Magie anfreunden, obwohl sie – ob sie es zugeben oder nicht – immer auch ein paar Techniken bei ihrer Religionsausübung anwenden.

Viele stürzen sich auf eine Facette der Magie und klammern sich daran. Entweder, weil sie sich nicht von alten Konzepten lösen können, oder weil ein momentaner, innerer Drang sie dazu treibt. Daran ist nichts verkehrt, solange man anderen nicht einreden will, dass deren Richtung verkehrt ist.

Magie bietet jedem etwas, und insofern steht diese Kunst ziemlich allein auf weiter Flur. Ich selbst geriet durch Interesse an psychologischen Zusammenhängen und den Beweggründen für Gemütsregungen an die Hexerei, was dann allmählich zu einer spirituellen Neuorientierung führte, schließlich sogar zu einer persönlichen Hinwendung zur Alten Religion. In Ihrem Fall mag es anders sein. Keiner geht denselben Weg.

Nehmen Sie nur an, was akzeptabel für Sie ist; nicht, was der Hohepriester irgendeines Ordens für richtig hält oder der Einzelgänger, der zwei Städte weiter praktiziert und Sie einmal im Jahr besucht. So viel Freiheit macht den Neuen Hexen manchmal schwer zu schaffen. Sie sind so verzweifelt darum bemüht, »alles richtig zu machen«, um endlich als echte Hexen gelten zu können, dass sie ihre eigenen Ansichten leichtfertig aufgeben.

Umgekehrt bringen manche Neulinge zu viele vorgefasste Meinungen mit und geraten in Schwierigkeiten, weil sie einfach nicht einsehen wollen, dass Meinungsfreiheit ein Grundgesetz der Magie und nicht nur einigen wenigen vorbehalten ist.

Ich habe schon in Zirkeln gesessen, in denen jeder »verteufelt« wurde, der Magie ohne religiöse Richtlinien praktizierte. Ich habe Mahlzeiten mit Einzelgängern eingenommen, denen es im Traum nicht einfallen würde, ihr Studium der Zunft mit Theologie zu verwässern, und jeden Glauben als Illusion bezeichnen. Jeder folgt eben dem eigenen Weg und lernt seine eigenen Lektionen.

Sämtliche Lehren der Welt werden von Vorstellungen und Attitüden begleitet, die so vielfältig sind wie die Persönlichkeiten ihrer Vertreter. Im Angesicht all dieser unterschiedlichen Überzeugungen muss man sich in Nachsicht und Geduld üben – was an sich schon eine wichtige Lektion für angehende Hexen ist.

Jetzt nehmen Sie Ihr Notizbuch und schreiben über die erste der folgenden Seiten »Wissenschaft«, über die zweite »Religion« und über die dritte »Religion contra Wissenschaft«. Und nun notieren Sie Ihre Gefühle zu diesen drei Themen in knappen Worten. Vergessen Sie nicht, jede Eintragung mit Datum und Unterschrift zu versehen. Nach einem Monat lesen Sie alles noch mal durch, dann zwei Monate später wieder. Beurteilen Sie, ob Sie Ihre Ansichten inzwischen geändert oder vertieft haben, und notieren Sie etwaige neue Ideen.

Ihre persönlichen Feiertage

Die Annäherung

Das erste Jahr Ihrer magischen Praxis kann verwirrend sein, weil Freunde und Familie die herkömmlichen Feiertage zelebrieren, Sie sich inzwischen jedoch eines Besseren besonnen haben. Aber keine Sorge: Als Hexe können Sie die allgemein gültigen Feste Ihrer Geburtsreligion ebenso feiern wie Ihre privaten Hexenfeste und Gedenktage.

Meine Familie ist weit verzweigt und kinderreich. Ich bin eine Hexe, mein Mann ist Heide, und mein Vater ist ein Christ. Also feiern wir Weihnachten am 25. Dezember, wenn der Weihnachtsmann den amerikanischen Kindern die Geschenke bringt, aber auch den Sabbat der Wintersonnwende zwischen dem 20. und 23. Dezember. Ja, manche dieser Feste liegen eben eng beieinander und schaffen mehr Arbeit, aber die Mühe lohnt sich für meine Begriffe.

Womöglich streichen Sie die allgemein gültigen Festtage irgendwann völlig von Ihrer Liste, oder Sie feiern Ihr Leben lang doppelt und dreifach. In der Magie spielt das keine Rolle. Alle positiven Formen der Religiosität sind begrüßenswert. Wir feiern den ersten Januar beispielsweise nicht mehr als den ersten Tag des Jahres, weil unser Jahr am 31. Oktober mit dem Samhainfest nach Halloween beginnt.

Nach einer Umdrehung des Rades wird Ihnen wahrscheinlich bewusst, dass Sie einen Ihrer Hexen-Jahrestage verschlafen haben. Jedenfalls ging es mir so. Macht nichts. Man kann nicht erwarten, dass alte Gewohnheiten so schnell von einem abfallen und durch völlig neue ersetzt werden. Die Götter der Hexen werden Sie sicher nicht mit Donner und Blitz treffen, nur weil Sie ihre Festtage ignorieren. Und wenn Sie keine Lust haben, Jahrestage irgendeiner Art zeremoniell zu begehen, brauchen Sie göttliche Rache natürlich auch nicht zu fürchten. Außerdem werden Sie den korrekten astrologischen Moment, an dem Feste im Hexenkalender zelebriert werden, mit Sicherheit noch öfter verpassen. Die Oma hat Fieber, und Sie müssen sich um sie kümmern, oder Ihre Eltern kommen aus Madagaskar angerauscht, und Sie haben versprochen, sie vom Flughafen abzuholen, also können Sie nicht einfach sagen: »Ach, tut mir Leid, aber ich bin zum Hexentum übergetreten und habe keine Zeit, weil ich heute Nacht nackt im Hinterhof unter dem Vollmond tanzen muss!«

Im ersten Jahr des magischen Praktikums halte ich es für ratsam, Stillschweigen über Ihre Neuorientierung zu bewahren, es sei denn, Sie sind absolut sicher, dass die Freunde oder Verwandten, denen Sie sich als Hexe zu erkennen geben, keine Probleme damit haben. Wenn Sie verheiratet sind oder mit Ihrem Partner zusammenleben, wird er oder sie die Veränderungen im Lauf des Jahres ohnehin bemerken und Sie zur Rede stellen. Deshalb empfehle ich Ihnen, diese Hürde zuerst zu nehmen und den Rest der Welt später. Später wird dieser magische Moment, in dem Sie sich öffentlich zur Magie bekennen, noch ausführlich zu besprechen sein.

Wenn Sie völlig neue Festtage zelebrieren, kann das Unverständnis Ihrer Mitmenschen eine Phase der Verunsicherung einleiten. Und wenn Sie an den »offiziellen« Festivitäten teilnehmen, fühlen Sie sich einsam und deprimiert, weil Sie nicht länger an ihren Sinn glauben ... Oder es kommt Wut auf, weil Sie spüren, wie unerbittlich der Rest der Welt darauf besteht, Ihnen ihre Feiertage in den Rachen zu schieben, während Ihre Gefühle und Überzeugungen offenbar nicht gelten.

Nach der zweiten Umdrehung des Rades können die offiziellen Feste akutes Unbehagen bei Ihnen auslösen, wenn Sie zum Mitfeiern gezwungen werden, besonders um die Weihnachts- und Neujahrszeit. Als weiser Mensch behalten Sie Ihre Ansichten jedoch für sich, bis Sie den Grund für Ihren Widerstand und Zorn in sich selbst entdeckt haben.

Die Bereitschaft, andere Überzeugungen zu respektieren, muss sich erst entwickeln, das gehört zum Studium. Sie brauchen die Praktiken Andersdenkender nicht zu übernehmen, um Verständnis zu haben. Bald wird es Ihnen egal sein, was andere treiben, weil Sie Ihre eigene Realität ungleich spannender finden und sich an Ihren eigenen Feiertagen freuen.

Sie sollten nun allmählich ein paar Besorgungen machen. Folgendes werden Sie brauchen:

1. **Einen großen Wandkalender:** Obwohl jeder Kalender, in den Sie Eintragungen vornehmen können, für unsere Zwecke geeignet ist, empfehle ich einen speziell für das Zaubervolk konzipierten Kalender, der die Mondphasen und die magischen wie die »normalen« Feiertage aufführt.

2. **Einen Almanach:** Solche Jahreskalender erscheinen im Allgemeinen gegen Ende August und enthalten die genauen Zeiten der Mondphasen. Sie können einen Bauernalmanach benutzen, aber es gibt auch Spezialausgaben für das magische Volk.

Außerdem können Sie sich einen kleinen Taschenkalender zulegen, in dem Sie die Daten ankreuzen, die Bedeutung für Sie haben. Markieren Sie Ihre Festtage eine Woche im Voraus, damit Sie alles Notwendige rechtzeitig besorgen können.

In den großen Wandkalender tragen Sie ausführliche Angaben ein. Wenn Sie nicht mit den Mondzyklen vertraut sind, können Sie die Spanne der absteigenden und aufsteigenden Phasen mit einem Leuchtstift markieren. Und falls Ihnen auch die drei Tage vor und nach dem Vollmond wichtig sind, können Sie diese mit einer anderen Farbe kennzeichnen.

Nach einer Weile spüren Sie das Herannahen dieser Tage automatisch und freuen sich auf sie, wie vorher vielleicht auf die traditionellen Feiertage. Aber ab jetzt schaffen Sie sich Ihre eigene Tradition.

Die solaren Feiertage

Die acht bedeutendsten, jährlich wiederkehrenden Feiertage der Hexen werden Sabbate genannt und mit dem Sonnengott assoziiert – was nicht heißt, dass die Göttin an einem solaren Feiertag ignoriert wird. Viele Sabbatrituale zelebrieren das göttliche Paar; Sie können Ihre eigenen Gottheiten hinzufügen, sobald Sie gelernt haben, welche Gottheiten zu den jeweiligen Riten und Zaubersprüchen passen.

Unsere acht Sabbate repräsentieren Geburt, Tod und Wiedergeburt im Jahreslauf. Wir beginnen mit der Wintersonnenwende, auch Julfest genannt, weil dies der erste Feiertag im Jahr der Hexen nach dem Neujahrsfest (Samhain) ist.

Julfest oder Wintersonnenwende

Der kürzeste Tag im Jahr und damit auch die längste Nacht; meistens der 20. oder 21. Dezember. Die Zeit, in der die zunehmende Sonne die abnehmende Sonne verbannt. Die teutonische Version der Julzeit fällt zwischen den 20. und 31. Dezember, beginnt in der »Mutternacht« und endet zwölf Tage später in der »Julnacht«. Daher kommt der alte Spruch von den »zwölf Weihnachtstagen«. Bei den Pecti-Wita wird das Julfest am 22. Dezember gefeiert und Feill Fionnain genannt. In der Caledonii-Tradition wird es Alban Arthan genannt und ist kein Feuerfest. In manchen Traditionen heißt es, dass der Stechpalmenkönig (der Aspekt des Gottes, der den Tod repräsentiert) in der Julzeit vom Eichenkönig besiegt wird (die wiedergeborene Form des Sonnengottes, die manchmal auch »das göttliche Kind« genannt wird).

Fast immer ist Jul ein Feuer- und Verbrennungsfest. Die für diese Jahreszeit noch immer gebräuchlichen Farben Rot und Grün sind heidnischen Ursprungs, und der Brauch, einen Tannenbaum aufzustellen, ihn mit brennenden Kerzen zu schmücken und Geschenke auszutauschen, ist ebenfalls eine heidnische Sitte. Nach einem Festmahl wird der Julbaum angezündet und das Julscheit (ein geweihtes Holzscheit) verbrannt – bis auf ein Stück, das aufbewahrt wird, um das Julscheit des nächsten Jahres anzuzünden und dem Haus das ganze Jahr über Schutz zu gewähren.

»Besprochene« Bienenwachskerzen können Glück und Wohlstand für das kommende Jahr erwirken. Bei Sonnenuntergang kann man sie auf den Esstisch stellen, bis sie heruntergebrannt sind. Ein weiteres Kerzenpaar kann auf die Anrichte gestellt und zu Beginn der Julzeremonien angezündet werden.

Auch das Rentier erinnert an den Gehörnten Gott der Alten Religion, und wenn Sie keine passende Weihnachtskarte für eine Familie mit Christen und Heiden finden, liegen Sie mit Rentieren im Winterwald genau richtig. Viel von dem allgemein üblichen Weihnachtsschmuck ist ein Überbleibsel ursprünglich heidnischer Sitten und kann bei Ihrem Jul- oder Sonnwendfest verwendet werden.

Lichtmess (2. Februar)
Gewöhnlich eine Kerzenmesse. Es gibt viele Abwandlungen: Imbolc (keltisch), Imbolg Brigantia (Caledonii-Tradition, Feier am 1. Februar), Candelaria (mexikanisches Lichterfest). In all diesen Festen findet man Anklänge an den alten Brauch, den Winter mit magischen Kräften auszutreiben.

Meine Familie geht im Oktober auf den Markt und kauft drei Getreideähren in verschiedenen Farben, symbolisch für die drei Stadien der Göttin – Jungfrau, Mutter und weise Alte. Die Ähren werden in meinem magischen Kabinett getrocknet, zur Faschingszeit mit Frühlingsbändern umwunden und in unserer Zeremonie benutzt. Sie können Ihre Ähren auch im Herbst aus dem Fenster hängen, mit einem Zauber für Wohlstand und Schutz besprechen und sie nach der Wintersonnenwende im Garten vergraben.

Wenn man die Sabbate mit den Jahreszeiten assoziiert, vergisst man sie nicht so leicht. Unsere drei Frühjahrsfeste sind Lichtmess, Ostara und Beltane. An Lichtmess wird der Wechsel vom Alten zum Neuen begrüßt. Ostara weckt die Fruchtbarkeit der Erde zu neuem Leben, und an Beltane wird die menschliche Liebeslust und Fruchtbarkeit heraufbeschworen. Ignorant, wie ich war, hat es eine Weile gedauert, bis mir auffiel, dass sich sechs dieser Sabbate in Dreiergruppen bündeln lassen.

Man kann Lavendel und weiße Kerzen zu Lichtmess verbrennen. Auch ist dies die Zeit für den legendären Frühjahrsputz, bei dem das Haus und die ganze Umgebung geläutert wird. Viele Hexen räumen ihr magisches Kabinett auf und sehen nach, was in den kommenden Monaten gebraucht werden könnte. Der Lichtmesssabbat zelebriert die noch ungeborenen, gerade erst unter der Eisdecke erwachenden Lebenskeime und begrüßt alles Neue.

Ostara oder Frühlings-Tagundnachtgleiche (um den 21. März)

Auch Alban Eiler (Caledonii-Tradition) genannt. Wenn Nacht und Tag im Frühling gleich lang sind, wird dieser Sabbat gefeiert. Alles ist noch in der Schwebe: Es ist weder Winter noch Frühling. Jetzt werden Samen »besprochen«, die später gesät werden sollen, Eier bemalt und als magische Talismane auf den Altar gelegt. Der Osterhase ist eine abgewandelte heidnische Fruchtbarkeitsfigur. Die zu dieser Zeit benutzten Farben Lindgrün, Hellgelb und Rosa sind ebenfalls traditionell überliefert.

Weibliche Hexen besorgen sich zu dieser Zeit einen neuen Besen und Männer einen Zauberstab. Beide müssen rituell geweiht werden. Mit dem Besen wird der magische Kreis reingefegt, und weil er so wichtig ist wie ein Haustier, erhält er auch einen Namen. Sie können die Zeremonie der Namensverleihung in Ihr Frühlingsfest einbeziehen.

Hörnchen und Kuchen werden gebacken und bei Sonnenuntergang serviert, oder noch besser: Sie bereiten ein Frühstücksfest für den Sonnenaufgang dieses Tages vor.

Beltane oder Walpurgis (30. April)

Dieses Fest, auch Walburga (teutonisch), Rudemas (mexikanisch) Tana (Strega) und Bealtinne (Caledonii) genannt, wird in der Nacht des 30. April oder am 1. Mai gefeiert, manchmal auch am 5. Mai. Dies ist im populären Volksglauben die Nacht, in der die Hexen zum Blocksberg reiten; ursprünglich war es das letzte der drei Fruchtbarkeitsfeste der Alten Religion: ein Anlass für Tänze um den Maienbaum, den Ausdruck von Liebe, Lust und Paarungsfreude, denn dieser Sabbat zelebriert die göttliche Vereinigung des Herrn mit der Herrin. Ein Tag, an dem zwei Hälften miteinander verbunden werden, um jene Einheit zu schaffen, der eine dritte Kraft oder Wesenheit entspringt. Für mich steht dahinter ein Fest, an dem Menschen- und Naturkinder wie Feenwesen gewürdigt werden.

Pastellfarbene Bänder repräsentieren Anmut, Zärtlichkeit und Liebreiz, doch die traditionellen Farben für den Maifeiertag sind Rot und Weiß – Sinnbilder für den Blutstrom der reinen Jungfrau beim ersten Liebesakt. Diesem Naturvorgang zu Ehren können Sie einen Baum in Ihrem Vorgarten mit Bändern und Symbolen schmücken.

Wenn Sie wollen, dekorieren Sie Ihr Haus mit Blumen und weißen Schwimmkerzen. Blumen, die Sie kurz vor Sonnenuntergang gepflückt haben, können an die Haustür gehängt oder in Körben im Haus verteilt werden. Streuen Sie Blütenblätter kreisförmig vor Ihren Altar und fegen Sie sie später zeremoniell zusammen; dann besprechen Sie sie mit einem Schutzzauber und verstreuen sie um Ihr Haus.

Sommersonnenwende oder Mittsommer (um den 21. Juni)

Dieser Sabbat wird auch Mittsommernacht genannt, obwohl die beiden Ereignisse astrologisch gesehen nicht immer zur selben Zeit stattfinden. Die Pecti-Wita zelebrieren Feill-Sheathain am 5. Juli. Die Hexen der Caledonii-Tradition nennen ihr Fest Alban Hefin und würdigen den königlich-aktiven Aspekt des Gottes dabei.

Dies ist der längste Tag im Jahr und für mich der Tag, an dem die Macht des Sonnenkönigs in all ihrer Strahlkraft zelebriert wird. An diesem Feiertag hat meine Magie oft die größte Macht, besonders wenn es darum geht, geschäftliche Erfolge und alles, wozu männliche Durchsetzungskraft benötigt wird, auf energetischen Ebenen in die Wege zu leiten.

Sonnenblumen und andere rote und goldgelbe Pflanzen, Kerzen und Symbole eignen sich als Altarschmuck. Sie zelebrieren

Leidenschaft, feurige Triebkraft und ihre erfolgreiche Umsetzung in Konstruktivität. Winden Sie einen Kranz aus Efeu und miteinander verschlungenen, roten (symbolhaft für Sexualität) und gelben (Reichtum, Gold) Federn, wenn Sie Lust haben, und hängen Sie ihn vor Ihre Haustür.

Am Abend der Mittsommernacht ziehen viele Hexen hinaus in Wald und Feld, um Naturgeister und Feen anzurufen.

Lammas oder Erntedank (1. August)

Lammas wird auch Lughnasadh (keltisch), Cornucopia (Strega) und Thingtide (teutonisch) genannt. Dies ist das erste von drei Erntefesten in Hexenkreisen. Lammas wird am 2. August zelebriert; die Kelten feiern am 7. August und ehren den Sonnengott. Dies ist der Beginn der Erntezeit, wo das erste Korn und andere Erdfrüchte eingetragen werden.

Traditionell wird Brot gebacken und der Altar mit den ersten geernteten Gemüsen dekoriert. Es ist die Zeit, wo eingeweckt wird, Marmelade gekocht und das magische Kabinett mit Kräutern aufgestockt, bevor der Frost kommt. Bei Ihrem Ritual können Sie Ihre Kräutersammlung mit Energie aufladen. Auch wird das Haus jetzt für den Herbst vorbereitet und mit neuen Gardinen, Tischdecken und so weiter versehen.

Mabon oder Herbst-Tagundnachtgleiche (um den 21. September)

Wird auch Mabon (keltisch), Alban Elfed (Caledonii) und Winterfinding (teutonisch) genannt. Winterfinding dauert von der Stunde der Tagundnachtgleiche (um den 21. September) bis zur Winternacht (15. Oktober), dem Neujahrstag der Wikinger. Die Caledonii ehren den »Lord der Mysterien«. Bei diesem zweiten Erntedankfest wird die Fülle des Korns und der Früchte, die kurz vor dem ersten Frost geschnitten werden müssen, gefeiert.

Wenn die Bäume in Ihrer Gegend sich verfärben, können Sie ihre Blätter in geschmolzenes Paraffin tauchen und sie dann auf Wachspapier legen. Nach dem Trocknen können Sie magische Zeichen einritzen und die Blätter in einem großen Glas oder einer Schale mit Ihrem Schutzsiegel aufbewahren oder Ihr Haus damit schmücken.

Die gebräuchlichen Farben für Kerzen und so weiter sind Braun, Orange, Gold und Rot. Stoffe in Herbstfarben und -mustern können Sie für Altardecken verwenden und Flusskieselsteine, die Sie im Sommer gesammelt haben, zu verschiedenen Zwecken besprechen.

Samhain oder Halloween (31. Oktober)

Totengedenktag der Hexen, auch Schattenfest (Strega), Martinmas oder Old Hallowmas (schottisch/keltisch) genannt. Dies ist unser Neujahrsfest und der letzte unserer drei Erntesabbate. In Amerika wird Halloween mit gruseligen Kostümen und von Haus zu Haus ziehenden Kindern gefeiert. Das Fest des heiligen Martin (Martinmas) findet am 11. November statt. Es heißt, dass der Schleier zwischen dem Diesseits und dem Jenseits in der Nacht von Samhain am durchlässigsten ist. Beim Sabbat werden die Geister der Toten geehrt, Rituale der Kontaktaufnahme mit Verstorbenen vollzogen und Dinge erblickt, die in der Zukunft oder in den Tiefen der Innenwelt liegen. Schwarze Kerzen brennen zum Zeichen, dass negative Einflüsse verbannt werden.

Dieser Sabbat ist mir der liebste von allen – kein Scherz. Ich besorge Kürbisse zum Aushöhlen, setze Kerzen hinein und veranstalte ein Familienfest mit all den einschlägigen Dekorationen und gespenstischen Kostümen. Schon im September fange ich mit den Vorbereitungen für Samhain an, nähe die Kostüme für meine Kinder mit der Hand und kaufe mir einen neuen Hausbesen, der unbedingt schwarz sein muss.

Am ersten Oktober schmücke ich Haus und Garten mit Skeletten, Totenköpfen, Hexenutensilien und Spinnennetzen. Kurz vor dem 31. Oktober binde ich einen Luftballon an meinen Besen, klebe einen spitzen Hexenhut darauf und hänge das Gebilde an unsere Haustür. Ich versehe das Ganze mit einem Schutzsegen, damit es unser Haus vor den Streichen schützt, die an Halloween in unserem Land üblich sind.

Beim Abendbrot lassen wir einen Platz am Esstisch für die Toten frei.

Die folgenden Feiertage sind Feuerfeste und werden manchmal auch als Jahresquartale bezeichnet:

- Julfest/Wintersonnenwende/Alban Arthan
- Frühlings-Tagundnachtgleiche/Ostara/Ostern/ Alban Eiler
- Sommersonnenwende/Mittsommer/Alban Hefin
- Herbst-Tagundnachtgleiche/Mabon/Winter Finding/Alban Elfed

Die folgenden Sabbate nennt man auch Zwischenquartale:

- Lichtmess/Imbolc/Lupercus/
- Imbolc Brigantia/Candelaria
- Beltane/Walpurgis/Maifeiertag/Tanna/Whitsun
- Erntedank/Lammas/Lughnasadh/Cornucopia/Thingtide
- Samhain/Halloween/Totengedenktag/Schattenfest/Martinmas/Old Hallowmas

Bei einem Sabbat wird nicht unbedingt und in jedem Fall gezaubert. Jeder Orden und Zirkel pflegt da ganz unterschiedliche Bräuche.

Ich rate Ihnen, die acht großen Sabbate und ihr Datum in Ihr Notizbuch einzutragen und anzumerken, an welchem Tag sie im kommenden Jahr stattfinden. Lassen Sie genug Platz nach Ihren Stichwortdefinitionen, sodass Sie später neue Informationen hinzufügen können.

Esbate

Esbat ist der Name für die Tage und Nächte, an denen Hexen ihr Handwerk ausüben und zur Sache kommen. Im Gegensatz zum Sabbat, zum Feiertag, ist der Esbat ein Arbeitstag. Man kann Esbate auch als Mondritual bezeichnen, denn gewöhnlich finden Esbate bei Vollmond oder Neumond statt. Zunächst wird die für ein bestimmtes Ritual günstigste Mondphase bestimmt. Obwohl die Mondenergie in der Regel der Göttin zugeordnet wird, machen Sie nichts falsch, wenn Sie auch einmal den Gott bei einem Esbat verehren. Es gibt Mondrituale für beide Gottheiten.

Mit der Energie des Vollmonds können Sie unter anderem unerwünschte Einflüsse aus Ihrem Leben verbannen, magischen Schutz erwirken, etwas freisetzen oder voraussehen, für die Zukunft planen oder sich zeitlich zurückversetzen.

Es heißt, dass unsere magischen Kräfte sieben Tage lang am stärksten sind, und zwar in den drei Tagen vor dem Vollmond, in der Vollmondnacht selbst und drei Tage nach dem Vollmond. Manchmal vergeht ein Mondzyklus, bevor ein Zauber wirksam wird und Resultate zeigt.

Die Neumondenergie brauchen Sie für Ihr persönliches Wachstum, Heilungen und um neue Projekte energetisch zu segnen. Beim nächsten Vollmond wird sich der Erfolg einstellen, wenn korrekt gezaubert wurde.

Zwischen dem Neu- und dem Vollmond liegt die zunehmende Mondphase. In dieser Zeit können Sie etwas magisch anziehen, speziell in den Tagen zwischen dem Neumond und dem ersten Mondviertel.

Zwischen dem Vollmond und dem Neumond liegt die abnehmende Mondphase. In dieser Zeit verbannen wir alles, was wir nicht länger mit uns herumschleppen wollen, wie negative Gefühle, schlechte Gewohnheiten, Krankheiten und Niedertracht.

Die drei Tage vor dem Neumond gelten als »dunkle Mondphase«. Zu dieser Zeit sehen Sie keine Mondsichel mehr. Traditionell wird jetzt nicht mehr gezaubert. Sie gönnen sich eine Ruhepause; wenn Sie wollen, gehen Sie in Meditation oder auf eine Visionssuche – aber nicht, um etwas Magisches zu erreichen (doch da die Göttin Hekate zu dieser Zeit regiert, sollten Sie ihre magischen Kräfte, wenn Sie sie brauchen, jetzt anwenden).

Dank der speziellen Erdrotation hat das Jahr nicht zwölf, sondern dreizehn Vollmondnächte. Außerdem gibt es den Erntemond, womit der Vollmond, der um das keltische Erntefest Mabon herum fällt, gemeint ist. Die Bauern der alten Zeiten nutzten die Gelegenheit, Getreide beim Licht dieses Vollmonds bis spät in die Nacht hinein einzubringen. Sie können in dieser Nacht um Gegenleistungen oder zusätzliche Schutzmächte bitten.

Von einem »blauen Mond« ist die Rede, wenn zweimal innerhalb eines Monats Vollmond ist, weil der Mond 28 Tage braucht, um einen Zyklus zu vollenden, während Kalendermonate oft 31 Tage haben. Ein solcher blauer Mond wird von Hexen zur Neuorientierung benutzt: Sie nehmen sich bestimmte Ziele vor und machen sich ihre Erfolge und Niederlagen seit dem letzten blauen Mond in einer meditativen Rückschau bewusst.

Ich empfehle Ihnen, Ihre Ziele auf eine Karteikarte zu schreiben und sie an Ihren Schlafzimmerspiegel zu heften oder neben den Wecker zu stellen, sodass Sie die Karte jeden Morgen und Abend sehen. Sie müssen sie nicht täglich neu lesen, nur im Gesichtskreis haben, damit Ihr Unterbewusstsein mit den Botschaften arbeiten kann.

Esbate sind Arbeitsfeiertage, an denen Sie Energie aufbauen, etwa Gegenstände »besprechen«, Heilungen bewirken und kleinere Probleme lösen. Das bedeutet nicht, dass Sie den Gott und die Göttin an solchen Tagen links liegen lassen, selbst wenn momentan alles glatt geht und auch die Probleme Ihrer Freunde bis auf weiteres aus dem Weg geräumt worden sind.

An einem Vollmond-Esbat ziehen Hexen gewöhnlich »den Mond herab«. In Hexenorden wird die Energie des Mondes vom Hohen Priester herabbeschworen. Einzelgänger können (und sollten) ihre inneren Batterien mit diesem Ritus selbst aufladen. Dabei nehmen Sie die göttliche Kraft des Universums in sich auf und lassen sich innerlich stärken und ermächtigen. Sie affirmieren die Macht der Herrin mit diesem Akt und ziehen sie in Ihren Körper hinein (siehe auch Kapitel 16, ab Seite 258).

Zusammenfassung

Im ersten Teil dieses Kapitels wurde die Adjustierung besprochen, die gewöhnlich mit der Hinwendung zu den Praktiken der Alten Religion verbunden ist. Die acht wichtigsten Sabbate nennen wir:

- Julfest oder Wintersonnenwende
- Lichtmess
- Ostara oder Frühlings-Tagundnachtgleiche
- Beltane oder Walpurgis
- Sommersonnenwende oder Mittsommer
- Lammas oder Erntedank
- Mabon oder Herbst-Tagundnachtgleiche
- Samhain oder Halloween

Hier wurde die amerikanische Variante dieser Festivitäten beschrieben, von denen sich die Praktiken europäischer Hexen in dem einen oder anderen Punkt unterscheiden mögen. Wie man sieht, folgt jede Gruppe und Tradition ihren eigenen Vorstellungen.

Der persönlichen Kreativität jedes Einzelnen sind demnach keine Grenzen gesetzt. Solange Sie die Festtage Ihren inneren Bedürfnissen entsprechend zelebrieren, können Sie sicher sein, dass Ihre Magie lebensnah und wirksam bleibt.

Der zweite Teil dieses Kapitels enthält eine kurze Beschreibung der Esbate und Mondphasen.

Jetzt nehmen Sie Ihr Notizbuch und schreiben Ihre Ansichten über die Praktiken auf, die in den verschiedenen Mondphasen vollzogen werden. Dann überlegen Sie sich, was Sie in Ihrem Leben durch Zauberei verändern wollen, und notieren, in welcher Mondphase Sie diese Wunschziele am besten in Angriff nehmen.

Wahrscheinlich ist Ihr »Wunschzettel« recht lang; darum rate ich Ihnen, so lange darüber nachzudenken, bis Sie verstehen, welche Wünsche auf ein und dasselbe Problem oder Grundbedürfnis zurückgeführt werden können. Ihr größtes Problem nehmen Sie zuerst in Angriff.

Nach einer Weile werden manche Wünsche nicht mehr wichtig sein, also streichen Sie sie von Ihrer Liste. Wenn wiederum ein Wunsch in Erfüllung geht, tragen Sie das Datum ein. Lesen Sie Ihre Wunschliste an einem blauen Mond noch einmal durch.

Der Mensch und die Götter

Wählen Sie Ihre eigenen Götter

Eine der wichtigsten Entscheidungen auf Ihrem Weg betrifft die Auswahl der Gottheiten, mit denen Sie arbeiten. Das Schlüsselwort hier ist *mit*. Als Hexe spreche ich von Zusammenarbeit. Die Zunft ist keine Religion der Unterwerfung. Wenn Sie demütig vor einer Gottheit im Staub liegen wollen, legen Sie dieses Buch lieber gleich beiseite.

Das heißt nicht, dass Sie einem göttlichen Wesen keine Dankbarkeit und Verehrung entgegenbringen und keine personifizierten Götter um Hilfe bitten dürfen, wenn Not am Mann ist. Nur die allgemein üblichen Selbstkasteiungen und Kratzfüße sind unangebracht. Wer solche Beziehungen zu höheren Mächten pflegen will, findet genug Religionen, die neue Anhänger mit offenen Armen willkommen heißen.

Den Gottwesen, mit denen wir Kontakt aufnehmen, müssen Sie nicht Ihre eigene Würde zum Opfer bringen. Sie haben kein Interesse daran. Sie sind Lichtträger und Energiespender und erfüllen dementsprechende Funktionen. Religiosität, wie Hexen sie verstehen, ist ein wechselseitiger Austausch mit dem Göttlichen – was bedeutet, dass Sie lernen müssen, Ihre persönlichen Schwingungen so weit anzuheben, dass Sie eine Vereinigung mit einem Gottwesen, und im Idealfall sogar mit der Allmacht, ertragen und sich davon durchfluten lassen können.

Ebenso wenig, wie Sie einen beliebigen Arzt aus den Gelben Seiten anrufen, wenn Sie krank sind, blättern Sie ein Zauberbuch durch und rufen die darin erwähnten Gottheiten an. Sie machen vielmehr die jeweils geeigneten Spezialisten ausfindig, und zwar nicht im Eiltempo. Sie ziehen Erkundigungen über den betreffenden Arzt ein, prüfen seinen Ruf, sprechen mit anderen Patienten, und irgendwann lassen Sie sich einen Termin geben, um den Arzt Ihrer Wahl persönlich aufzusuchen. Im Bereich der Magie gilt dasselbe.

Wozu braucht man überhaupt Hilfe »von oben«?

Dies ist *meine* Theorie, und ich behaupte nicht, dass sie richtig oder allein selig machend ist – ich finde sie nur ziemlich einleuchtend und praktikabel.

Stellen Sie sich die Weltordnung in Form eines Stammbaums vor: Über der Krone mit all ihren Göttern, Lichtwesen und Menschen schwebt eine Kugel aus reinem Licht. Diese Sphäre repräsentiert die Allmacht. Die Allmacht ist die Grundessenz sämtlicher Erscheinungsformen auf jeder Ebene des Daseins. Sie ist die Urquelle, eine formlose Urkraft, nicht greifbar, doch hinter allen Dingen existent.

Das menschliche Gehirn hat Schwierigkeiten mit dem Konzept einer allumfassenden Uressenz. Im *Krieg der Sterne* wurde diese Idee in den Terminus der »Macht« verpackt – einer Macht, die keinen anderen Namen hat und nie näher erklärt wird. Aufschlussreich war, dass gerade die jungen Fans in aller Welt das Konzept einer an keinen Glauben gebundenen Allmacht offenbar mühelos verstanden und sofort in ihren Wortschatz aufnahmen.

Ironischerweise erscheint dieses formlose »Nichts«, das einfach nur da sein und mächtig vor sich hinleuchten soll, den meisten Erwachsenen noch immer so unwirklich und abstrakt, dass sie sich nur schwer damit anfreunden können. Sie brauchen bildhafte Vorstellungen von Göttern und Göttinnen mit wenigstens halbwegs menschlichen Zügen – Figuren, die ihnen selbst entfernt ähneln. Vermutlich, weil sie dann leichter »zu fassen« sind.

Wie dem auch sei, direkt unter dem Symbol der Allmacht in meinem Weltbild befinden sich die höchsten Zweige des Weltenbaums. Sie erstrecken sich in gleicher Länge links und rechts vom Stamm und repräsentieren den Gott und die Göttin, den Herrn und die Herrin. Separat, doch ebenbürtig, geht dieses Paar direkt aus der Uressenz des Alls hervor, und wenn es sich vereinigt, kehren beide in die Allmacht zurück. Da beide Gottheiten sämtliche Facetten aller Gottheiten repräsentieren, die jemals existierten, gebe ich ihnen keine individuellen Namen. Dennoch haben sie individuelle Attribute.

Für mich repräsentiert die Göttin Eigenschaften wie Logik, Schöpferkraft, Intelligenz, Diplomatie, Anteilnahme und Weisheit. Der Gott repräsentiert Stärke, sexuelle Leidenschaft, Lebenslust, die Früchte irdischer Bestrebungen. Manche nennen ihn den Gehörnten Gefährten der Göttin, was nicht bedeutet, dass er ihr unterlegen ist. Er versinnbildlicht die Strahlkraft der Sonne, sie die Strahlkraft des Mondes.

Manche Hexen bezeichnen das göttliche Paar als Erdmutter und Himmelsvater, um die männlichen und weiblichen Aspekte des Liebespaars leichter mit den irdischen und kosmischen Erscheinungsformen der formlosen Urkraft assoziieren zu können. Im Zustand der Verschmelzung ergeben Gott und Göttin eine einzige Kraft: die Allmacht. Und wenn der individuelle Geist eines Menschen mit der universellen Allmacht verschmilzt, ist das Magie. Es bringt die Liebe hervor, nach der alle Menschen so verzweifelt suchen, ohne sie je vollends oder lange genug erleben zu dürfen. Um daher zu erlangen, wonach wir uns sehnen, müssen wir in die unteren Zweige des Weltenbaums klettern, wo das Reich der Götter angesiedelt ist.

Diese Gottheiten repräsentieren spezielle Kräfte und Eigenschaften. Mit ihrer Hilfe richten wir unsere Energie auf bestimmte Ziele. Um diesen Fokus beizubehalten, konzentrieren wir uns unverwandt auf eine personifizierte Gottheit, die wir ohne Schwierigkeiten visualisieren können. Hier also kommen die Götter ins Spiel.

Zum Beispiel Selene: In der Dianischen Tradition steht diese Göttin für die Lösung eines Problems. Also konzentriere ich mich auf Selene, wenn ich ein weltliches Problem habe. Ich richte meine Energie auf sie – verbal, mental und physisch. Ich mache mir bewusst, was Selene mir bedeutet, ich fokussiere meine Aufmerksamkeit auf sie und trage ihr meinen Wunsch so intensiv wie irgend möglich vor. Ich verbinde mich mit ihrer Essenz und nehme ihre Ausstrahlung in mich auf. In der Magie hängt alles davon ab, wie stark ich mir etwas wünsche, wie groß mein Bedürfnis ist, und inwieweit ich diese Wunschkraft konzentriert auf ein Ziel richten kann. Die Kraft eines Wunsches bestimmt das Endergebnis.

Und nun klettern wir den Stamm entlang nach unten. Die Wurzeln des Weltenbaums repräsentieren Sie selbst. Aus Ihnen gehen Gedanken und gefühlsmäßige Überzeugungen hervor, die feinstoffliche und materielle Formen annehmen. Die Gottheiten wurden dazu ersonnen, Ihre Bedürfnisse zu erfüllen. Sie selbst halten sie am Leben.

Jetzt schreiben Sie in Ihr Notizbuch, welche Vorstellungen Sie sich von dem höchsten göttlichen Paar machen: Wie sehen die beiden aus? Haben sie blonde Haare? Schwarze? Braune? Welche Körperformen sehen Sie? Welche Augenfarbe? Wie sind Gott und Göttin bekleidet? Tragen sie Kronen? Sind sie von einer Aura umgeben? Haben sie unterschiedliche Persönlichkeiten?

Begeben Sie sich an einen ruhigen Ort, legen Sie Musik auf und schließen Sie die Augen. Stellen Sie sich vor, Sie träfen die beiden Höchsten zum ersten Mal. Forcieren Sie nichts, lassen

Sie sie auf sich zukommen und mit Ihnen sprechen. Danach schreiben Sie auf, was Sie erlebt haben und was jeder von euch gesagt hat. Versehen Sie den Eintrag mit einem Datum.

Die Entscheidung für ein Pantheon

Die Gottheiten auf den unteren Zweigen des Weltenbaums sind Angehörige eines Pantheons, das seinerseits wie ein Stammbaum verzweigt und in jedem magischen System verschieden angelegt ist.

Ein Pantheon ist eine Hierarchie von Göttern, an die bestimmte Kulturkreise glauben, weil sie ihren Vorstellungen und Bedürfnissen entspricht. Sie brauchen kein Pantheon, damit Ihr Zauber wirkt. Manche Hexen arbeiten ausschließlich mit dem Herrn und der Herrin. Anderen ist auch das suspekt. Niemand wird dazu gezwungen, die Vorstellungen anderer zu übernehmen. Selbst wenn man von Hexeneltern großgezogen wurde, löst man sich irgendwann auch von ihren Ansichten.

Die Vereinigung mit dem Göttlichen ist eine grundsätzlich individuelle Erfahrung. Als Einzelgänger haben Sie das Privileg, Ihr eigenes Pantheon zu schaffen und mit den Gottheiten Ihrer Wahl zu arbeiten, wann und wie Sie es für richtig halten. Aber Sie können sich an den Pantheons anderer Völker orientieren: zum Beispiel dem der Römer, Griechen, Ägypter, Kelten, Indianer, Mayas oder Afrikaner. Außerdem gibt es höchst interessante Hierarchien im Feenreich und anderen Astralwelten.

Ich selbst habe mit den Gottheiten der Dianischen Tradition angefangen, weil sie mir am besten gefielen. Die fünf wichtigsten sind Diana (Mutter der Aradia), Selene, Hekate, Cernunnos und Pan. Obwohl ich mittlerweile auch andere Lichtträger kenne, arbeite ich weiterhin mit den Dianischen Gottwesen.

Wichtig ist, dass Sie den Gottheiten des Pantheons Ihrer Wahl treu bleiben, solange Sie das Handwerk lernen. Außerdem gerät das magische Gleichgewicht ins Wanken, wenn man eine x-beliebige Mixtur von Lichtträgern bei einem Ritual herbeizitiert. Nach langjährigen Erfahrungen mit unterschiedlichen Systemen kann man die Gottheiten unter Umständen vermischen. Aber wer sich mit wem verträgt, wird man erst allmählich lernen.

Jetzt gehen Sie in die nächste große Bibliothek, sehen sich in esoterischen Buchläden um und nutzen das Internet oder sonstige Kontakte, um mehr über die Gottheiten zu erfahren, die Ihnen instinktiv gefallen. Fragen Sie das weltweite Zaubervolk, mit welchen Lichtträgern es arbeitet und welche persönlichen Erfahrungen es dabei gemacht hat.

Im Ernst – Sie können persönlich mit einer Gottheit in Kontakt treten! Nachdem ein Unglück passiert war, saß ich eines Nachts weinend (auch Hexen dürfen negative Emotionen durch Tränen aus ihrem System schwemmen) auf den Stufen meiner Veranda und versuchte, mich innerlich zu sammeln. Zu der Zeit studierte ich das ägyptische Pantheon, und siehe da: Als ich den Kopf hob, bot sich mir ein äußerst denkwürdiger Anblick. Direkt über mir türmte sich der größte und plastischste Katzenschatten, den ich je gesehen habe. Der Schatten umfing mich wie ein Schutzschild. Und auf einmal war mir klar, dass Bast sich auf eine mir verständliche Weise zu mir gesellt hatte.

Mein Verstand suchte nach einer logischen Erklärung für diese Erscheinung, denn es handelte sich eindeutig nicht um den Schatten einer lebenden Katze ... Und dann fiel mir ein, dass die Umstände, unter denen sich Magie und spirituelle Reaktionen bemerkbar machen, keine Rolle spielen. Wichtig war nur, was in mir vorging und welche Energie ich in diesem Moment absorbierte. Danach tauchte dieser Schatten nie wieder auf, wie oft ich auch zur selben Stunde auf derselben Treppenstufe lauerte!

Der nächste Schritt bei der Kontaktaufnahme mit Lichtträgern besteht darin, dass Sie die Götter des Pantheons Ihrer Wahl visualisieren und mit ihnen sprechen. Wie bei der vorherigen Übung setzen Sie sich an einen Platz, wo Sie mindestens eine halbe Stunde lang ungestört bleiben; doch von nun an kommunizieren Sie mit nur einer Gottheit. Erklären Sie den genauen Grund für Ihre Kontaktaufnahme. Lassen Sie die Gottheit wissen, warum Sie ausgerechnet sie zuerst kontaktieren. Forcieren Sie nichts; lassen Sie alles spontan auf sich zukommen.

Tragen Sie die Gottheiten, die Sie erforschen, und die jeweiligen Pantheons in Ihr Notizbuch ein. Geben Sie jedem magischen System und jeder Gottheit innerhalb des Systems eine neue Seite und lassen Sie genügend Platz für weitere Einträge. Datieren Sie sämtliche Anmerkungen.

Beim Studium der Pantheons sollten Sie folgende Fragen im Hinterkopf behalten:

1. Wann erreichte der Glaube an dieses Pantheon seine Hochblüte? Wo entstand dieser Glaube, und wie weit war er verbreitet? Wie lange herrschte dieser Glaube vor?

2. Wie viele Gottheiten gehören zu diesem Pantheon (ungefähr)? Welche Gottheiten galten als die mächtigsten?

3. Welche Völker übernahmen diesen Glauben? Wie lebten sie? Welche Berufe übten sie aus, welche Kleidung trugen sie? Welche Sitten und Gebräuche herrschten zu der Zeit?

4. Welche Stellung bezog die Regierung gegenüber der jeweiligen Religion? Wie wurde das Volk von den Religionsführern behandelt? Welche Wirkung hatte die Religion auf das tägliche Leben seiner Anhänger?

5. Welche Symbole repräsentieren das Pantheon? Gab es ein Alphabet oder magische Sprachformeln?

Schreiben Sie eine kurze Zusammenfassung des jeweiligen Pantheons mit eigenen Worten in Ihr Buch.

Beim Studium der Gottheiten versuchen Sie, folgende Fragen zu beantworten:

1. Welchem Pantheon oder magischen System gehört diese Gottheit an?
2. Welcher Rang wurde ihr im Götterreich zugeschrieben und warum?
3. Welche physischen Merkmale kennzeichnen die Gottheit? Wie ist ihre Persönlichkeit charakterisiert? Welche Werkzeuge benutzt sie?
4. Hat diese Gottheit ein männliches oder weibliches Pendant?
5. Welche Festtage werden mit dieser Gottheit assoziiert? (Gegebenenfalls markieren Sie sie in Ihrem Kalender.)

Schreiben Sie eine Zusammenfassung Ihrer Ansichten über die Gottheit ins Notizbuch und erklären Sie, bei welchen Anlässen Sie diese Essenz kontaktieren wollen und warum.

Und jetzt kommen wir zum Handwerk! Sie basteln sich Ihren eigenen Weltenbaum, um den Gottheiten Ihrer Wahl auf diese Art näher zu kommen. Sie können die Umrisse des Stammbaums auf die Rückseite eines Posters malen und es über Ihren Altar hängen. Oder Sie nehmen Nadel und Faden und sticken einen Baum auf eine Decke ... was auch immer.

Mit der Zeit wird Ihre Zuneigung für gewisse Gottheiten wahrscheinlich wachsen, sodass Sie ihnen einen Platz in Ihrem Weltenbaum geben. Möglicherweise dauert es Jahre, bis Ihr Werk vollendet ist.

Der Glaube an eine »heilige Dreifaltigkeit« ist weit älter als die christliche Version dieses Konzepts. In vielen magischen Systemen wird die Göttin als dreifaltiges Wesen in den Gestalten von Jungfrau, Mutter und weiser Alter betrachtet.

Die Jungfrau repräsentiert Jugendfrische, Jagdfieber, die Neugier auf das Leben und die Magie. Vom menschlichen Standpunkt betrachtet, ist dies das Alter zwischen Pubertät und Mitte zwanzig. Die Jungfrau ist ungebunden. Ihre Farben sind licht und hell, so wie Weiß, Rosa oder Hellgelb.

Die Mutter repräsentiert Nahrung, Fürsorge und Fruchtbarkeit. Sie ist in ihren Blütejahren, auf dem Höhepunkt ihrer Macht. Sie verteidigt ihre Schützlinge und sorgt für ausgleichende Gerechtigkeit. Diese Frau wird normalerweise von einem Partner unterstützt, und sie ist zwischen dreißig und Mitte vierzig. Ihre Farben sind wärmer als die der Jungfrau, so wie Grün, Kupfer, Rot, Violett und Königsblau.

Die weise Alte hütet uralte Weisheit, sie ist scharfsinnig und erteilt klugen Ratschlag. Sie behütet die Jungfrau ebenso wie die Mutter und deren Kinder. Ihre Logik ist unschlagbar, und ihre Rache kann furchtbar sein. Sie steht an der Schwelle des Totenreichs. Als Mensch wäre sie 45 Jahre oder älter, obwohl sich ihr Alter nicht so leicht bestimmen lässt wie das der Jungfrau und Mutter. Manche Frauen gehen zu früh in das Stadium der weisen Alten ein und tauschen die Freuden und Pflichten des Mutter-Archetypus übereilt gegen die schwereren Aufgaben der archetypischen weisen Alten ein. Ihre traditionellen Farben sind Schwarz, Grau, Lila, Braun und Nachtblau.

In manchen Hexenorden übernehmen verschiedene Frauen die Rollen der Dreifaltigen Göttin. Ein junges Ordensmitglied vertritt die Jungfrau; die Hohepriesterin repräsentiert normalerweise die Mutter, und eine ehemalige Hohepriesterin repräsentiert die weise Alte.

Gewöhnlich übernimmt der Hohepriester die Rolle des Gefährten der Gottesmutter und stellt sich in den Osten des magischen Kreises. Der Jungfrau wird ein junger Mann gegenüber gestellt und der weisen Alten ein ehemaliger Hohepriester.

Da wir Hexen die Mutter für den Ursprung aller Lebewesen halten, wird sie in ihrer dreifaltigen Gestalt verehrt; das bedeutet jedoch nicht, dass ihr göttlicher Gefährte weniger wichtig sei.

Sind Götter und Göttinnen real?

Diese Frage kann nicht endgültig beantwortet werden. Letztlich muss jeder selbst entscheiden, inwieweit innere Anschauungen real sind. Philosophisch gesehen ist selbst jede Wahrnehmung der so genannten Realität eine Illusion.

In der Magie wird gelehrt, dass Gedanken Formen sind. Und alle Formen sind, bei genauerer Betrachtung, Energie. Demnach ist jede Gottheit so real, wie Sie glauben. Wie jeder weiß, können wir uns mit kränkenden Gedanken tatsächlich krank machen – wir haben die Freiheit, physische Krankheiten zu manifestieren.

Wenn Sie aber wissen, dass Sie negative Dinge durch Gedanken ins Leben rufen und zur materiellen Realität machen können, erhebt sich doch die Frage, warum Sie keine positive Realität ins Leben rufen – zum Beispiel einen persönlichen Kontakt mit einer Gottheit?

Wie bereits erwähnt, glauben Hexen nicht an den christlichen Teufel. Dennoch sehen wir, dass das Böse existiert und diverse Formen annehmen kann.

Für Unvorbereitete ist der Anblick unseres Gottes, wie er gewöhnlich dargestellt wird, oft ein Schock. Er sieht nämlich dem Satan, der – wie wir von Kindesbeinen an gelernt haben – Menschenseelen frisst, verteufelt ähnlich! Diese Gestalt ein Leben lang zu hassen und sie dann plötzlich zu akzeptieren, ist natürlich ein harter Brocken. Anstatt die Novizen unter Ihnen mit Fakten und historischen Daten aufzuklären, erzähle ich Ihnen deshalb lieber eine Geschichte.

Der alte Gott

Vor dem Mittelalter hatten die Völker Europas verschiedene Religionen, die später als »heidnisch« bezeichnet wurden. Das war ganz normal und natürlich für sie, denn schon ihre Vorfahren hatten dies viele Menschenalter lang getan.

Sie zelebrierten überlieferte Rituale und verehrten ihre alten Götter und Göttinnen, bis die Verfechter des Glaubens an einen einzigen, männlichen Gott dazwischenfunkten, weil sie es unerträglich fanden, dass nicht jeder ihre Überzeugungen teilte. Schließlich hatten sie Recht und jeder Andersgesinnte Unrecht, Amen!

Mit Feuereifer versuchten die Reformierer, ihre neue Religion durchzusetzen, doch ohne nennenswerte Erfolge. Zum einen hatte der neue Gott keine ebenbürtige Gefährtin, und außerdem gestattete er keinem seiner Anhänger ein Leben, wie man es von den alten Gottheiten gewohnt war. Selbst Feste durften nicht mehr anständig gefeiert werden, denn der neue Gott war jeglichem Sinnesgenuss abhold.

So ging sein Ruf ziemlich schnell den Bach hinunter, und die Verfechter des maskulinen Gottes zogen aus, um andere Volksstämme zu bekehren. Die Glaubenskrieger trugen weiße Tuniken mit riesigen, blutroten Kreuzen auf ihrer Brust, ließen ihre Frauen und Kinder zu Hause sitzen und ritten jahrelang in weite Fernen, um andersgläubige Erzfeinde in Grund und Boden zu metzeln und den Rest zu zwingen, ihren Gott zu lieben.

In Persien angelangt, stießen sie auf einen schaurigen Gott, der dort verehrt wurde. Erstaunlicherweise glich er dem alten Gott der europäischen Volksstämme in mancherlei Hinsicht. Auch er war dunkelhäutig, zur Hälfte ein Tier und hatte Hörner und einen Ziegenschwanz.

Aha, dachten die Kreuzritter und rieben sich die Hände. Jetzt wissen wir, wie die Alte Religion gestürzt und von unserer ersetzt werden kann!

Wieder nach Europa zurückgekehrt, erklärten sie den Menschen, dass der alte Gott in Wirklichkeit der Satan aus der Bibel sei, die ihn als gehörnt und mit einem Schwanz versehen beschrieb. Satan wiederum sei in Wirklichkeit kein anderer als der gefallene Engel Luzifer aus der Bibel, den Gott in die Hölle verbannt habe! Und, mal ehrlich: Wer einen gefallenen, satanischen Engel für Gott halte, sei doch nicht normal, oder?

Die Menschen waren verwirrt. Vor dem Auszug der Kreuzritter hatte Satan ihrer Ansicht nach weder Schwanz noch Hörner gehabt. Nur Pan, der alte Gott, wies diese Attribute auf. Aber auf einmal sollten beide gehörnt *und* teuflisch sein? Jawohl, sagten die Verfechter des neuen Glaubens und zogen los, um allenthalben zu verkünden, dass die Anhänger von Pan in Wahrheit zu Satan beteten und den Herrscher des Höllenreichs verehrten. Und so wurde dieser Mythos in alle Lande verbreitet ...

Aber nun beenden wir seinen Siegeszug!

Ich habe diese Geschichte bewusst trivialisiert. Mit unserem heutigen Verständnis ist es kaum nachvollziehbar, wie eine religiöse Doktrin eine sehr viel ältere Religion so sehr in den Hintergrund drängen konnte, dass die Wahrheit kaum noch zu finden ist. Und das im Zeitalter der Aufklärung, der Erleuchtung!

Kinder finden diese Geschichte sehr hilfreich. Und falls Sie mit dem christlichen Glauben aufgewachsen sind, nehme ich an, dass Ihre Ängste sich jetzt gelegt haben. Satan und Pan, unser alter Gott, sind nicht identisch und waren es zu keiner Zeit. Jedenfalls nicht, wenn Sie uns fragen.

Liste der Göttinnen

Diese Liste enthält die beliebtesten Göttinnen der Hexen, erhebt aber keinen Anspruch auf Vollständigkeit.

Aphrodite: Griechisch; Göttin der Erotik, Liebe und Leidenschaft. Aphrodite hilft Ihnen, die Kraft der Liebe zu erlangen.

Aradia: Römisch; Königin der Hexen, Tochter der Diana. Ein enorm mächtiges Wesen. Beschützerin aller Hexen.

Arianrhod: Walisisch; Göttin der Sternenwelten und Wiedergeburt. Rufen Sie Arianrhod bei Problemen aus früheren Leben an oder wenn Sie Außerirdische kontaktieren wollen.

Artemis: Griechisch; Mondgöttin.

Astarte: Syrisch; Fruchtbarkeitsgöttin. Astarte hilft Ihnen, wenn Sie Kinder bekommen oder einen Garten zum Blühen bringen wollen.

Athene: Griechisch; Kriegsgöttin und Schutzheilige. Jemand macht es Ihnen unnötig schwer, Ihren Beruf auszuüben? Bitten Sie Athene um ihren Beistand.

Bast: Ägyptisch; Katzengottheit, Schutzheilige. Bast behütet Sie auf Autobahnen und nachts in dunklen Gassen. Verbinden Sie sich mit der Essenz eines riesigen, schwarzen Panthers in ihrem Namen, dann bringt sie Sie heil ans Ziel.

Brigida: Keltisch; Kriegsgöttin und Schutzheilige, ebenfalls eine Dreifaltige Göttin. Mächtig und weise. Rufen Sie sie an, wenn Ihre Kinder in gefahrvollen Situationen beschützt werden sollen.

Ceres: Römisch; Göttin der Ernte.

Cerridwen: Walisisch; Mond- und Herbstgöttin, wird auch mit dem dunklen Mutteraspekt der weisen Alten assoziiert.

Demeter: Griechisch; die archetypische Erdmutter. Sorgt für eine glückliche Geburt (auch im übertragenen Sinn) und für kleine Kinder.

Diana: Römisch; Jagd- und Mondgöttin. Diana hat viele Facetten. Sie kann verzaubern (verführte ihren Bruder Luzifer und gebar Aradia in der Gestalt einer Katze). Eine Mutterfigur für Hexen.

Dryaden: Griechisch; weibliche Baumgeister.

Flora: Römisch; Göttin des Frühlings und des Wachstums. Sorgt für das Gedeihen von Babys, Blumen und allen anderen Gaben der Erdmutter.

Fortuna: Römisch; Schicksalsgöttin.

Freya: Nordisch; Mondgöttin und Gefährtin von Odin. Anführerin der Walküren.

Hathor: Ägyptisch; Schutzheilige berufstätiger Frauen. Ein Hathor-Spiegel gehört zum Arsenal der meisten Hexen. Hathor ist ebenso listig wie bezaubernd schön.

Hekate: Griechisch; Mondgöttin im Sinne des dunklen Aspekts der weisen Alten.

Hera: Griechisch; Göttin der Vermählung. Wenn es um eheliche Bindungen oder eine gegenseitige Verpflichtung geht, ist Hera zuständig. Aber vergessen Sie nicht, dass sie auch eine rachsüchtige Seite hat.

Hestia: Griechisch; Göttin von Haus und Herd. Beim Hausbau, Umbau oder der Wohnungssuche rufen Sie Hestia an. Auch für Schutz im Hause und Familienkreis.

Inanna: Sumerisch; göttliche Verkörperung der Mutter.

Isis: Ägyptisch; verkörpert die Dreifaltige Göttin.

Kali: Hinduistisch; Göttin der Schöpfung und Vernichtung. Beschützerin misshandelter Frauen. Kali Ma wird angerufen, wenn eine Frau physisch bedroht ist. Ihre Macht ist gewaltig.

Lilith: Hebräisch; Adams erste Frau, angeblich zur Dämonin geworden. Meiner Ansicht nach war Lilith eine Außerirdische, die sich mit einem männlichen Exemplar der frühen Menschheit gepaart hat. Demnach wäre sie eine Lichtbringerin der höheren Intelligenzen oder eine Repräsentantin der Außerirdischen.

Maat: Ägyptisch; Göttin der Gerechtigkeit und höheren Ordnung. Sie sorgt für ein Gleichgewicht in jeder Situation, bevorzugt niemanden und fällt gerechte Urteile. Bevor Sie sie anrufen, müssen Sie sicher sein, dass Sie selbst reinen Gewissens sind.

Morgane: Keltisch; Wasserfrau mit Zauberkräften, die sich der Sage nach mit Merlin vermählte und die magischen Künste von ihm erlernte. Sie wird auch als »Dame vom See« bezeichnet.

Musen: Griechisch; Göttinnen der Künste. Ihre Anzahl schwankt je nach Pantheon.

Nephthys: Ägyptisch; Göttin der Überraschungen, Schwestern und Hebammen.

Nornen: Keltisch; drei göttliche Schwestern, die die Schicksalsfäden spinnen und Vergangenheit, Gegenwart und Zukunft bestimmen.

Nut: Ägyptisch; Nacht- und Himmelsgöttin, wird oft in Kreisform mit Sternen in den Armen dargestellt.

Persephone: Griechisch; Göttin der Unterwelt, aber auch der Ernte. Tochter der Demeter.

Selene: Griechisch; Mondgöttin. Sie sorgt für klare, logische Lösungen bei Problemen aller Art.

Walküren: Nordisch; Botinnen Odins, die die gefallenen Krieger mit einem Kuss zu ewigem Leben erwecken.

Venus: Römisch; Göttin der Liebe.

Vesta: Römisch; Göttin des Herdes und des Herdfeuers.

Obwohl die Göttin eine tragende Rolle in unseren magischen Praktiken spielt, wird der Gott ihr nicht untergeordnet. Er stellt das Gleichgewicht her, ohne das keine Harmonie entstehen kann, und verfügt über eigene Kräfte und Fähigkeiten.

Adonis: Griechisch; Gefährte der Aphrodite. Gott der Pflanzenwelt. Unter Hexen auch ein anderes Wort für »Herr«. Bei den Phöniziern der Gefährte der Astarte; bei den Römern Gefährte der Venus.

Anubis: Ägyptisch; Schakalgott mit Schutzfunktion. Beschützer der Isis. Wird zum persönlichen Schutz angerufen.

Apollo: Griechisch und römisch; Zwillingsbruder der Artemis. Gott der Sonne, des Lichts und der schönen Künste.

Apsu: Babylonisch; Gefährte der Tiamat.

Cernunnos: Keltisch; Gehörnter Gefährte der Göttin.

Eros: Griechisch; Gott der sexuellen Liebe.

Horus: Ägyptisch; Falkengott. Allesseher, Heiler.

Hymen: Griechisch; Gott der Ehe und Bindung. Sein Gegenstück ist Dionysos.

Luzifer: Römisch; Sohn der Morgenröte, der Morgenstern. Bruder der Diana und Vater der Aradia.

Mithras: Persisch; Sonnengott und Lichtbringer. Gott der Soldaten.

Odin: Nordisch; Gemahl der Freya. Der Sage nach ein grausamer Gott, der durch Folterqualen zur Einsicht gelangte und im Alter zum Gott der Weisheit und Hellsicht wurde. Seine Vertrauten sind der Rabe und der Wolf.

Osiris: Ägyptisch; Schwestergemahl der Isis. Gebieter über alle Welten, einschließlich des Pflanzenreichs und des Jenseits.

Pan: Griechisch; Natur- und Waldgott. Lustvoller Geselle und zuständig für Ausgelassenheit, Freizügigkeit, Ausschweifung, Gesang und Tanz.

Poseidon: Griechisch; Meeresgott. Seine heiligen Tiere sind Delphine und Pferde.

Ptah: Ägyptisch; Baumeister. Gott der Handwerkerkunst.

Shiva: Hinduistisch; Gefährte der Shakti und Kali. Gebieter über das zyklische Werden, Vergehen und Neuentstehen der Schöpfung. Shiva kann sowohl zerstören als auch neu beleben.

Thor: Nordisch; Donner- und Himmelsgott. Beschützer der arbeitenden Bevölkerung, Bauern und Seeleute.

Thot: Ägyptisch; Gott der Reinkarnation. Auch Mondgott und Hüter der Weisheit, der die Wissenschaften fördert.

Zusammenfassung

Dieses Kapitel beschreibt das religiöse Weltbild der Hexen und ihre wichtigsten Gottheiten. Die Gottheiten, mit denen Sie arbeiten, müssen sorgfältig recherchiert und danach ausgesucht werden, dass Sie positive Dinge für sich und die gesamte Menschheit bewirken wollen.

Die Theorie

Was steckt in einem Namen?

Namen als Etiketten

Dass unsere Namen uns zugleich auch mit Etiketten versehen, weiß jeder. Für jeden geläufigen Vornamen hat das Menschenhirn eine Schublade: Sabine ist unscheinbar, Helmut ein gutmütiger Knuffel, Jasmin ein kapriziöses Persönchen, Werner ein pensionierter Schaffnertyp, und Mario hängt jeden Abend nach der Arbeit mit seinen Freunden herum.

Noch verfänglicher sind Bemerkungen wie: »Ja, ich kenne eine Karin. Das ist eine Ziege!« oder »Ich habe noch keine Sigrid leiden können, die ich kennen gelernt habe«. Namensvettern, die Ihnen im Gedächtnisarchiv anderer Menschen zuvorgekommen sind, können Sie einen neuen Job kosten, die Wohnung, von der Sie schon immer geträumt haben, oder eine vielversprechende Freundschaft. Zum Beispiel: »Nein, ich lasse mich nie wieder auf einen Peter ein!«

Nachnamen können ebenso unheilschwanger sein: »O ... ist das nicht ein jüdischer Name?« Manchmal verwünschen wir unsere Eltern, weil sie sich nicht rechtzeitig umbenannt haben. Zu anderen Zeiten sind wir stolz auf die »Namensstempel«, mit denen wir von Geburt an versehen sind.

Als angehende Hexe erweitern Sie Ihr Seinsgefühl, Sie basteln an einer neuen Persönlichkeitsstruktur. Ihr neuentdecktes Selbst lebt in einer Welt ohne Grenzen – außer denen, die Sie selbst schaffen. Sie öffnen sich für eine völlig neue Erlebniswelt, in der Sie Chancen haben, von denen Ihr altes Selbst nicht zu träumen wagte. Die Charakterzüge, die Sie bisher in ein rigides

Muster gezwängt haben, verflüchtigen sich immer mehr. Es ist, als würde ein Gefängnisurteil aufgehoben, weil die Strafe in keinem Verhältnis zum eigentlichen Vergehen stand.

Um die psychologische Bindung an das alte Selbst zu kappen, geben die meisten Initianden sich einen neuen Namen, der das sich entfaltende neue Selbstverständnis stärkt und die eigenen Vorstellungen von den Fähigkeiten repräsentiert, die man im Bereich der Magie entwickeln will.

Wer einem Hexenzirkel beitritt, sucht sich gewöhnlich zwei Namen aus. Der erste wird als »Zirkelname« bezeichnet und von den anderen Mitgliedern benutzt. Der zweite ist ein »magischer Name«, den nur Ihr Mentor und die Gottheiten kennen. Wie viele Namen man sich zulegt und welche Bedeutung sie haben, hängt von der jeweiligen Hexentradition ab.

Als Einzelgänger kann man seinen magischen Namen so lange benutzen, bis man das Gefühl hat, dass es Zeit für einen neuen Namen ist; andere bleiben ihr Leben lang bei einem Namen. Wieder andere benutzen einen Namen für die Öffentlichkeit und einen Geheimnamen für private Rituale.

Wenn Sie sich für einen neuen Namen entscheiden – was nicht unbedingt notwendig ist –, rate ich Ihnen, zunächst nur einen zu wählen. Das Kennenlernen Ihres »neuen Selbst« ist anstrengend genug, auch ohne dass Sie mit einem Dutzend weiteren Persönlichkeitsfragmenten herumjonglieren.

Suchen sie sich Ihren Namen sehr sorgfältig aus. Es gibt keine Richtlinien, außer dass er die Schönheit Ihres höheren Selbst und Ihre persönlichen Wertvorstellungen und Ideale repräsentieren soll.

Die Wahl des magischen Namens

Da der neue Name uns nur selten spontan »anspringt«, müssen wir nach ihm suchen. Traditionelle Namen sind magischen Texten oder Sagen zu entnehmen; Träume und Visionen oder die Beschäftigung mit der Astrologie oder Astronomie können Ihnen ebenfalls Namen eingeben – oder Sie suchen in der Götterwelt danach. Sie können aber auch Divinationssysteme wie Tarot oder Runen benutzen und sich einen Namen zeigen lassen. Manche blicken auch in Kristallkugeln oder lesen aus dem Kaffeesatz. Ich selbst habe lange nachgedacht, bevor ich mich für SilverRaven entschied. Silver steht für die Silberschnur, die das körperliche Sein mit dem höheren Selbst verbindet. Der Rabe gilt als Vogel der Prophetie und verändert die Gestalt. Aber das wusste ich damals noch nicht, und so traf ich meine Entscheidung letzten Endes intuitiv.

Durch Verbindungen fand ich einen Lehrer und erhielt einen neuen, öffentlichen Namen: Silver RavenWolf. Der Wolf ist ein Lehrer und Beschützer und mein Krafttier. Selbstverständlich war weit mehr mit der Formulierung dieses Namens verbunden, aber das soll genügen, um Novizen ein paar Hinweise zu geben.

Die Namensänderung machte mir insofern zu schaffen, als ich schon Bilder und Artikel unter dem Namen SilverRaven veröffentlicht hatte und weder die Mitmenschen noch mein Innenleben unnötig verwirren wollte. Namensänderungen wollen wohl überlegt sein, denn Ihr Name verbindet Sie mit bestimmten geistigen Essenzen, und wenn Sie Ihren Namen auch nur geringfügig abwandeln, verändern Sie Ihre magische Essenz; dann kann es sein, dass Ihre Persönlichkeit negativen Einflüssen ausgesetzt wird.

Außerdem ist es frustrierend, andere zum Umdenken zu zwingen. Nach meiner Namensänderung wurde ich permanent gefragt: »Hast du geheiratet oder dich scheiden lassen?« Als Künstler müssen Sie außerdem sicherstellen, dass kein anderer denselben Namen in der Öffentlichkeit benutzt, sonst werden Sie womöglich für sein Gedankengut verantwortlich gemacht, oder aber jemand anders brüstet sich mit Ihrer Arbeit.

Im Lauf Ihres spirituellen und persönlichen Wachstums kann es sein, dass Sie Ihren alten Namen einfach nicht mehr über die Lippen bringen, weil er Ihrer inneren Essenz widerstrebt. Fein. Geben Sie Ihren Freunden und Bekannten Zeit zum Umgewöhnen. Schreiben Sie Ihren alten Namen unter den neuen, bis Sie wissen, dass er nicht länger notwendig ist.

Bei der Suche nach einem passenden Namen achten Hexen auf die Zeichen um sie her, was bedeutet, dass Sie lernen müssen, mit dem Herzen zu sehen und die Wahrnehmung Ihrer Energiezentren zu benutzen. Vieles fügt sich wie von selbst im magischen Universum, solange man offen für synchronistische Fügungen ist.

Schreiben Sie folgende Überschrift in Ihr Notizbuch: »Mein magischer Name soll die folgenden Stärken repräsentieren: …« Lassen Sie genug Platz für Ihre Eingebungen. Die zweite Überschrift lautet: »Mein Name soll die Eigenschaften der folgenden Gottheiten, Pflanzen, Tiere, Elemente, Persönlichkeiten tragen: …« Sie müssen diese Fragen nicht sofort beantworten. Tragen Sie ein, was Ihnen in den nächsten Tagen und Wochen dazu einfällt.

Nachdem Sie einen Namen gewählt haben, schreiben Sie ihn in Ihr Buch und erklären im Detail, wie Sie darauf gekommen sind und warum er richtig ist. Datieren Sie Ihren Eintrag und unterschreiben Sie mit dem neuen Namen, den Sie von nun an in der Korrespondenz mit dem weltweiten magischen Volk benutzen werden.

Gewöhnen Sie sich an den Namen; sprechen Sie ihn laut vor sich hin, schreiben Sie ihn, hören Sie ihn sich immer wieder an, damit Sie sich irgendwann automatisch angesprochen fühlen, wenn jemand Ihren magischen Namen sagt.

Später, bei Ihrer selbst verfassten Widmung, weihen Sie Ihren magischen Namen zeremoniell ein und binden sich an ihn.

FULL MOON RITUAL
NEW MOON
TAROT
JOURNAL
SPELLS
WICCA
93

Meditation, Visualisierung und Traumreisen

Selbst wenn man die Zunft auch nur halbwegs in den Griff bekommen will, ist Hexerei ein ungeheuer arbeitsintensives Metier. Dies ist keine Religion, bei der Sie sich für den Sonntagsgottesdienst schön machen, zur Kirche gehen, ein paar Bußformeln murmeln, nach Hause gehen und das Ganze bis zum nächsten Gottesdienst vergessen – in der Sicherheit, dass Ihre Seele vorerst gerettet ist. Auch gibt es kein Lehrbuch, nach dessen Lektüre all Ihre Probleme sich von selbst verflüchtigen. Die Zunft ist keine Organisation, die Ihnen göttliche Vergebung für ein paar Gebete verspricht, wenn Sie Ihre Frau oder das Finanzamt betrogen haben.

Mentale Umprogrammierung

Zunächst müssen Sie lernen, wie Sie Ihren Geist programmieren können, um ein bestimmtes Ziel zu erreichen. Zum Glück geht das heute sehr viel schneller als früher. Im Gegensatz zu unseren Vorfahren steht den Neuen Hexen eine gigantische Fülle von Informationen zur Verfügung, zum Beispiel über Computer und das Internet.

Ich selbst habe eine Audiokassette mit einem Programm für schnelleres Lernen benutzt (abgesehen von verschiedenen Zaubersprüchen), um meinen beiden Töchtern die Schularbeiten zu erleichtern. Nach dreißig Tagen brachte meine Jüngste nur noch Einser nach Hause, und die Ältere bekam Einser und Zweier, aber keine schlechteren Zensuren. Beide beendeten das Schuljahr mit besseren Zeugnissen in fast allen Fächern.

Allerdings sanken die Zensuren im nächsten Schuljahr wieder auf den alten Stand zurück, und meine Töchter klagten über Schwierigkeiten, die auf ein mangelndes Selbstvertrauen zurückgeführt werden konnten, unter dem so viele Kinder leiden. Also wiederholten wir das Experiment mit der Kassette, und siehe da: Es funktionierte wieder.

Affirmationen

Jeder Mensch hat Schwächen, mit denen man sich irgendwann konkret auseinandersetzen muss, falls man vom Fleck kommen will. Durch Affirmationen kann man die geistige Grundlage schaffen, auf der positive Veränderungen in der Innen- und Außenwelt beruhen. Schreiben Sie Ihre Affirmationen in ein extra dafür vorgesehenes Taschenbuch. Jeden Abend vor dem Schlafengehen schreiben Sie mindestens zwei Affirmationen auf – jede davon so oft, bis eine Seite voll ist. Datieren Sie die Seiten. Von nun an schreiben Sie Ihr Ziele oder Affirmationen so lange in Ihr Buch, bis Sie Ihr Wunschziel erreicht haben.

Angenommen, Sie erfüllen eine Aufgabe oder Pflicht immer erst im letzten Moment. In diesem Fall schreiben Sie ein positives Statement wie: »Ich erledige alles immer rechtzeitig.«

Was, wenn Sie nicht nein sagen können? Vielleicht, weil Sie jedem gefallen und in allen Situationen gebraucht werden wollen, was ein Zeichen für mangelnde Selbstsicherheit ist. In diesem Fall brauchen Sie eine Affirmation wie diese: »Ich kann ein Ansinnen auf diplomatische Weise ablehnen und weiß, was angebracht ist.« Eine andere Affirmation wäre: »Ich bin liebenswert und werde gebraucht. Mein Leben ist voller Liebe.«

Ich werde oft um Hilfe bei allen möglichen Problemen gebeten, und es fällt mir sehr schwer, den Leuten eine Absage zu erteilen; aber manchmal ist es ratsam, einfach zu sagen, dass man momentan überlastet ist. Wenn Sie können, geben Sie Ihren Mitmenschen relevante Informationen, ansonsten halten Sie sich lieber heraus. Es ist viel ratsamer, gleich nein zu sagen, anstatt jemanden später zu enttäuschen, weil Sie Ihr Versprechen nicht erfüllen können.

Ein guter Rat ist, die eigenen Affirmationen auf Band zu sprechen. Kaufen Sie sich eine leere Kassette, schreiben Sie fünf verschiedene Statements auf und sprechen Sie sie auf beide Seiten des Tonbands. Wiederholen Sie sie immer und immer wieder. Spielen Sie die Kassette morgens und abends ab und, wenn Sie können, auch mittags.

Welche Fähigkeiten Sie entwickeln wollen, hängt von Ihnen ab, zum Beispiel:

»Ich bin ein hochbegabter Seher. Ich habe Vertrauen in meine Fähigkeiten. Ich weiß sofort, welche Ratschläge ich jemandem geben soll. Der Geist des Tarot spricht durch mich. Ich bin seelenruhig bei der Interpretation der Probleme wildfremder Menschen.«

Hier ist eine weitere Methode: Sie beobachten Ihre eigenen Gedanken einmal einen Tag lang und stellen fest, wie viele von ihnen negativ sind. Jedesmal, wenn Sie einen negativen Gedanken haben, löschen Sie ihn, zum Beispiel indem Sie ihn in Ihrer Vorstellung mit einem roten Kreis ummalen und rot durchstreichen. Wenn Ihnen aufgeht, dass Sie sehr viele negative Gedanken produzieren, wiederholen Sie den Vorgang jeden Tag, bis Sie Ihre Gedanken »unter Kontrolle« haben.

Selbst in alltäglichen Situationen, in denen Sie normalerweise keine Magie brauchen, hängt viel davon ab, ob Sie gelernt haben, dem inneren Gedankenstrom eine sinnvolle Richtung zu geben. Aber zuerst müssen Sie Ihre Gedanken in den Griff bekommen.

Mir zum Beispiel wurde bei einem Schulausflug aufgetragen, auf eine Horde Kinder aufzupassen. Ich dachte, das sei die Aufgabe des Lehrers – aber weit gefehlt! Wir saßen bereits im Bus, bevor ich mich wehren konnte, um mich herum eine Schar fremder Gesichter; ich kannte nur meinen eigenen Sprössling. Bevor wir die Tropfsteinhöhlen und damit das Ziel des Ausflugs erreichten, sah ich balkengroße Schlagzeilen vor mir: »Schulkind in Grotte vermisst«; natürlich würden auch die Abendnachrichten über mich unfähige Rabenmutter berichten.

Um nicht noch weiter ins Reich der negativen Abwehrreaktionen zu schlittern, beschloss ich, meine Einstellung den Kindern gegenüber neu zu programmieren und mich mit einer friedfertigen Aura zu umgeben. Fünf Minuten lang schloss ich die Augen und affirmierte mental, welche Art von Energie ich auf die Kinder in meiner Obhut projizieren wollte. Während wir durch die Höhlen wanderten, herrschte unter den übrigen Klassen ein wildes Durcheinander – nur »meine« Kinder blieben seelenruhig und hatten trotzdem ihren Spaß. Der Busfahrer erkundigte sich sogar nach meinem Rezept und wollte wissen, ob ich sie verhext hätte. Nein – wenngleich er damit auch nicht ganz daneben lag: Ich hatte mich selbst verzaubert!

Sie werden von manchen Hexen hören, dass Sie sich mit solchen Methoden am Rande des moralisch Vertretbaren bewegen. Dem möchte ich entgegenhalten, dass es hier nicht um selbstsüchtige Vorteile, sondern um die Sicherheit der Kinder ging. Ich habe lediglich meine Pflicht erfüllt und die Verantwortung für meinen Beitrag zu ihrem Wohlergehen übernommen.

Meditation

Es gibt unzählige Meditationstechniken, und da wir alle anders sind, funktioniert nicht jede bei jedem. Deshalb sollte man so viele Arten der Meditation wie möglich ausprobieren und dann bei einer oder zwei der wirksamsten Techniken bleiben.

Jeder kann also meditieren, nur nicht auf jede Art. Meinen Kindern etwa fällt es am leichtesten, sich auf die Farben zu besinnen, die den sieben Chakren, den Energiezentren im Körper, zugeordnet sind. Bei einer Chakra-Meditation lege ich Musik auf, denn nichts langweilt und frustriert ein Kind mehr, als reglos in einem totenstillen Zimmer zu hocken. Das funktioniert einfach nicht.

Musik ist die universelle Sprache. Sie kann in mathematische Formeln zerlegt werden und Ihre Schwingungsfrequenzen ändern. Erstaunlich, wie nachhaltig und direkt mathematische Formeln die Gefühlswelt von Menschen, Tieren und Pflanzen beeinflussen können!

Je nach Bedarf kann Musik beruhigen, erregen, erheben und so weiter. Wenn Ihnen die überall gängige Esoterikmusik nicht gefällt, versuchen Sie es mit klassischer Musik. Anfängern rate ich davon ab, gleich mit den für das menschliche Ohr unhörbar unter einem Klangteppich aufgezeichneten Suggestionen anzufangen. Meditieren Sie eine Woche ohne das, um zu sehen, ob Sie Suggestionen brauchen.

Fangen Sie mit zehn Minuten an, in einem Raum, in dem Sie ungestört sind. Mit wachsender Geduld meditieren Sie bald von selbst länger. Wenn Sie überall und jederzeit meditieren können, wissen Sie, dass Sie es geschafft haben. Am Anfang setzen Sie sich auf einen bequemen Stuhl, aber nicht so bequem, dass Sie einschlafen. Sie müssen sich nämlich keinesfalls akrobatisch verbiegen, um zu meditieren. Meiner Ansicht nach ist dies ein Grund, warum einige fernöstliche Praktiken viel von ihrer Popularität verloren haben: Wir sind die Couchpotato-Position gewohnt und verrenken uns nur höchst ungern.

In einem ruhigen, halbdunklen Zimmer (Kerzenlicht ist angenehm) und in lockerer Kleidung schließen Sie die Augen und beginnen, Ihren Körper bewusst zu entspannen. Manche entspannen sich nach und nach, angefangen bei den Füßen. Andere können ihre körperlichen Spannungen in wenigen Sekunden durch bloßes Bewusstsein loslassen. Atmen Sie etwa zehnmal tief durch – bei jedem Ein- und Ausatmen zählen Sie jeweils bis vier.

Lassen Sie Ihre Gedanken los und versinken Sie in einem halb bewussten Zustand. Ignorieren Sie Juckreiz und Kribbeln, so gut es geht, aber nicht mit Gewalt. Irgendwann wehrt Ihr Körper sich nicht mehr gegen die Entkrampfung. Und nun fangen Sie an zu phantasieren. Lachen Sie nicht! Phantasien und Vorstellungen sind so real wie die so genannte Realität: Eine Trennung zwischen beidem stellen nur Sie selbst her – und auch das nur in Gedanken.

Die Fontänenmeditation

Stellen Sie sich vor, dass Sie eine Fontäne aus schimmerndem, blauem Licht oder ein Wasserfall aus reinem Licht sind – wie Sie wollen. Dieses Licht entspringt Ihrem Scheitel und fließt an Ihrer rechten Seite herunter, umspült Ihre Füße und strömt an Ihrer linken Seite wieder nach oben. Nehmen Sie diesen unaufhörlichen Strom mit Ihrem dritten Auge (dem Energiezentrum direkt über den Augenbrauen) wahr. Sobald sich dieses innere

Auge vollends öffnet, wird es zu einem natürlichen Werkzeug Ihrer Kunst.

Lassen Sie sich nicht beirren, wenn die inneren Bilder nicht sofort wie ein Kinofilm vor Ihnen ablaufen. Manche brauchen bis zu einem Monat, um ihren Fokus zu finden, andere nur wenige Tage. Setzen Sie sich keinesfalls unter Druck. Viele halten ihre Imagination an einer sehr straffen Leine, weil sie die Missbilligung anderer fürchten. Bei Ihrer Meditation werden Sie von niemandem beobachtet, also lassen Sie Ihrer Phantasie freien Lauf.

Beenden Sie die Übung, indem Sie sich vorstellen, dass ein Reißverschluss an Ihren beiden Körperseiten geschlossen wird – als wären Sie ein Schlafsack –, während Sie rückwärts von zehn bis eins zählen. Bei eins öffnen Sie die Augen und geben sich die Instruktion, jetzt vollends aufzuwachen.

Üben Sie die Fontänenmeditation etwa eine Woche lang, damit Körper und Geist sich an die neue Routine gewöhnen können. Wenn beide Ihre Anweisungen wunschgemäß befolgen, gehen Sie zum nächsten Schritt über.

In der zweiten Woche visualisieren Sie die Fontäne wie zuvor, und danach öffnen Sie Ihre Energiezentren. Sie können sie sich als Lichträder oder rotierende, farbige Lichtkugeln vorstellen oder als Blüten, die sich wie Rosen oder Lotusblumen öffnen oder als Spiralen aus farbigem Licht. Kinder können Blumen am leichtesten visualisieren. Auch ich habe meine Variante.

Fangen Sie beim Scheitel an und stellen Sie sich eine strahlend weiße Lichtkugel (Blume und so weiter) vor, die sich kreisförmig nach unten dreht, ohne sich von der Stelle zu bewegen (oder die Blume entfaltet unentwegt neue Blütenblätter und so weiter). Wenn Sie das Scheitelchakra geöffnet haben, gehen Sie zum nächsten Chakra über. Es ist violett und befindet sich hinter der Stirn (das dritte Auge). Wenn dieses Zentrum sich um die eigene Achse dreht und stabilisiert hat, fahren Sie mit dem Halschakra fort, wo Sie eine azurblaue Lichtkugel finden. Danach gehen Sie ins Herzchakra, das entweder leuchtend grün ist oder in warmen Rosatönen gehalten. Am Solarplexus sehen Sie ein Gelb wie helles Sonnenlicht (Nabelchakra), und gleich darunter, zwischen dem Nabel und den Geschlechtsteilen, das Orange des Sonnenuntergangs (Sakralchakra). Das letzte, das Wurzelchakra, ist das Sexzentrum und leuchtet rot. Außerdem gibt es Energiezentren in den Händen und Füßen, die ich alle gleichzeitig wie kleine, weiße Lichtkugeln explodieren lasse.

Nach der Übung stellen Sie sich wieder den Reißverschluss zu beiden Seiten Ihres Körpers vor und ziehen ihn hoch, um die Chakren zu schließen. Vergessen Sie das nicht, denn Sie dürfen sie nicht offen lassen. Wie zuvor zählen Sie dabei von zehn bis eins und sagen sich dann, dass Sie jetzt wach sind. Atmen Sie tief durch – Sie haben den zweiten Abschnitt der Fontänenmeditation erfolgreich absolviert.

In der dritten Woche wird die Übung dann richtig interessant: Nachdem sich alle Lichtkugeln in Ihrem Inneren drehen, lassen Sie ihre Farben ineinander fließen, bis sie Sie wie ein gigantischer Wasserfall oder eine einzige Fontäne von innen her durchfluten.

Was aber, wenn kein Abschnitt der Fontänenmeditation bei Ihnen »funktioniert« hat? Zunächst einmal müssen Sie von Anfang an daran glauben, dass es funktioniert. Wenn Sie Zweifel haben, beeinflussen diese Ihr Unterbewusstsein. Schreiben Sie ein paar Affirmationen oder nehmen Sie sie auf Kassette auf, um dieses Problem aus dem Weg zu räumen. Außerdem können Sie versuchen, die Chakren von unten zu öffnen, beginnend beim Wurzelchakra.

Wenn Sie übermüdet sind oder die Atmosphäre ringsumher Sie ablenkt, kann jeder Meditationsversuch vergebens sein. Auch ist man zu bestimmten Tageszeiten aufnahmefähiger als sonst.

Finden Sie heraus, ob Sie frühmorgens leichter in sich selbst versinken als abends.

Beim ersten Abschnitt der Fontänenmeditation bringen Sie Ihre Chakren in ein Gleichgewicht und werden Ihren Stress los. Danach müssten Sie sich ausgeruht und entspannt fühlen und dennoch energiegeladen. Die komplette Meditation kann jedoch noch sehr viel weiter reichende Entwicklungen in die Wege leiten.

Wenn Sie zwischendurch einschlafen, ist das nicht schlimm. Vielleicht will Ihr Körper Ihnen zu verstehen geben, dass Sie Ruhe brauchen. Sie nicken aber immer wieder ein? Ändern Sie die Tageszeit, die Beleuchtung oder nehmen Sie eine andere Position ein. Stellen Sie fest, ob das einen Unterschied macht.

Nachdem Sie alles andere probiert haben, können Sie es mit unterschwelligen Suggestionen versuchen. Es gibt Kassetten, die speziell dafür konzipiert wurden, das Gemüt in einen meditativen Zustand zu versetzen.

Hexe, heile dich selbst

Bei der Arbeit mit Ihren Chakren fällt Ihnen wahrscheinlich bald auf, dass manche Zentren heller leuchten als andere oder dass einige von ihnen von Zeit zu Zeit dunkle Flecken aufweisen. Nur keine Panik – das bedeutet lediglich, dass Sie eine Unausgewogenheit in Ihrem Energiehaushalt wahrnehmen und ein bisschen Feinabstimmung brauchen.

Bei der Fontänenmeditation können Sie ein schwaches Chakra stärken, indem Sie seine Schwingungen bewusst anheben oder weißes Licht aus dem Universum in die Stelle hineinziehen, bis ein Gleichgewicht zwischen all Ihren Zentren existiert.

Schwarze Flecken können Sie mit der folgenden Methode entfernen: Stellen Sie sich einen wirbelnden Energieball zu Ihren

Füßen vor. Dieser Ball hat die Fähigkeit, negative Energie aus Ihnen herauszuziehen, ähnlich einem Staubsauger. Lassen Sie alle dunklen Flecken in den Saugball flitzen. Danach lassen Sie den Ball im Boden und der Versenkung verschwinden.

Sobald sich die ersten Anzeichen einer Krankheit bemerkbar machen, holen Sie diesen Saugball wieder hervor. Öffnen Sie das Chakra, das dem Krankheitsherd am nächsten liegt, zum Beispiel das Halschakra, wenn Sie Halsweh haben, und säubern Sie es mit dem Saugball. Hat sich die Krankheit bereits im Körper verbreitet, so brauchen Sie wahrscheinlich mehrere Visualisierungen am Tag, um das zuständige Chakra wieder in Ordnung zu bringen.

Mehr über Selbstheilungen und die Heilung anderer erfahren Sie weiter hinten im Buch.

Kreative Visualisierung

Diese Technik ist heutzutage ungemein beliebt: Fast jeder wendet sie an, ohne allerdings auf die Idee zu kommen, dass sie schon immer ein integraler Bestandteil der Zunft war. Lassen Sie sich aber nicht einreden, dass die Macht des menschlichen Geistes erst vor kurzem entdeckt wurde. Das magische Volk hat seit Menschengedenken damit gearbeitet und kreative Visualisierung tagtäglich praktiziert, nur unter anderen Namen.

Grundsätzlich geht es darum, sich eine Person, einen Ort oder Gegenstand in allen Einzelheiten vorzustellen, so plastisch wie möglich. Das muss geübt werden, und zwar so lange, bis Sie fähig sind, auch in Notfällen und unter großem Druck sofortige Veränderungen zu bewirken – einfach durch die Anwendung Ihrer Vorstellungskraft. Das bedeutet, dass Sie Ihre Vorstellungen Gestalt annehmen lassen oder physische Körper real beeinflussen.

In Situationen, in denen Sie unter Hochdruck stehen, nutzen Sie Ihre explosiven Gefühlsaufwallungen oder Ihre Angst, um der Visualisierung die nötige Schwungkraft zu verleihen. Ohne diese Fähigkeit bleiben Zaubersprüche und magische Rituale nämlich wirkungslos.

Die folgende Visualisierungstechnik habe ich als Schulmädchen gelernt, lange bevor ich auch nur von Magie geträumt, geschweige denn sie gelebt habe. Diese Übung müssen Sie nicht jeden Tag wiederholen, obwohl Sie natürlich besser werden, je öfter Sie sie praktizieren.

Suchen Sie sich drei einfache, unkomplizierte Gegenstände aus, die Sie in die Hand nehmen können. Eines dieser Objekte sollte künstlich, das heißt von Menschenhand hergestellt sein, das zweite sollte aus der Natur kommen, und das dritte müssen Sie einfach nur angenehm oder schön finden.

Sie werden Ihre Eindrücke später malen, aufschreiben oder auf Band aufnehmen, also halten Sie bereit, was Sie brauchen, bevor Sie sich an einen Platz begeben, an dem Sie mindestens zwanzig Minuten ungestört sind.

Setzen Sie sich bequem hin und halten sie Papier, Stifte oder Aufnahmegerät griffbereit. Nehmen Sie den Naturgegenstand in die Hand, zum Beispiel einen Stein, ein Blatt, eine Blume oder Ähnliches. Sehen Sie das Objekt kurz an, schließen Sie dann die Augen und benutzen Sie die übrigen Sinne, um Ihren Geist mit dem Objekt bekannt zu machen.

Jetzt öffnen Sie die Augen und studieren das Objekt. Stellen Sie sich vor, dass Sie ein Käfer sind. Nun kriechen Sie mit den Augen über das Objekt und lassen sich eingeben, was ein Käfer erlebt, während er über den Gegenstand krabbelt. Fühlen Sie jede Vertiefung, Ritze, Kante ... nehmen Sie sämtliche Farbschattierungen wahr, tasten Sie alles gründlich ab. Wenn Sie fertig sind, schließen Sie die Augen und veranschaulichen sich all die eben erlebten Wahrnehmungen von innen her – ohne zu blinzeln!

Nun öffnen Sie die Augen wieder und krabbeln noch einmal über das Objekt. Dann endlich schreiben, malen oder sprechen Sie aus, was Sie erlebt haben. Je detaillierter Ihre Beschreibung, desto wirksamer auch die Programmierung.

Als Nächstes werden Sie zum Vogel (solange es fliegen kann, ist jedes Federvieh geeignet, Hühner also nicht). Wiederholen Sie den Vorgang aus der Vogelperspektive, umkreisen Sie das Objekt so lange von unten und oben, bis Sie alle notwendigen Informationen gesammelt haben. Schließen Sie die Augen und veranschaulichen Sie sich innerlich, was Sie als Vogel wahrgenommen haben. Dann öffnen Sie die Augen und zeichnen Ihre Eindrücke auf.

Anschließend nehmen Sie das Objekt frontal in Augenschein. Suchen Sie sich ein Tier aus, das den Gegenstand in Augenhöhe betrachten kann, und wiederholen Sie den Vorgang wie vorher als Käfer und Vogel.

Wenn Sie damit fertig sind, kennen Sie das Objekt in- und auswendig. Mein erstes Übungsobjekt war ein Grashalm, und ich kann ihn heute noch so exakt malen wie damals vor zwanzig Jahren in der Schule.

Der letzte Schritt besteht darin, das Objekt mit dem inneren Auge zu sehen, ohne es in die Hand nehmen zu müssen. Stellen Sie sich alles noch einmal genau vor und prüfen Sie, ob Ihre Wahrnehmung bereits nachgelassen hat.

In den nächsten Tagen arbeiten Sie mit den drei Objekten Ihrer Wahl. Knöpfen Sie sich jeden Gegenstand mehrmals vor. Danach versuchen Sie es mit komplexeren Dingen wie Fotos – und schließlich auch mit größeren Gegenständen und Menschen.

Bei Letzteren vergegenwärtigt man sich nicht nur ihre körperliche Form, sondern auch ihre Energieausstrahlung. Setzen

Sie sich auf eine Parkbank und sehen Sie sich die Spaziergänger an. Sie werden selbst feststellen, dass Sie sehr lange brauchen, um sich einen von ihnen in allen Einzelheiten einzuprägen. Als Hexe benötigt man eben überdurchschnittliche Fähigkeiten im Visualisieren.

Nachdem Sie mit gegenständlichen Körpern gearbeitet haben, gehen Sie zu abstrakten Dingen wie Zahlen über. Fangen Sie mit der Zahl Eins an. Halten Sie sich das Bild so lange wie möglich vor Augen, allerdings nur innerlich. Wenn die Ziffer Eins unscharf wird, fokussieren Sie die Zwei. Wie lange können Sie sich visuell auf eine Ziffer konzentrieren? Die Buchstaben des Alphabets eignen sich ebenfalls. Letztlich geht es bei all diesen »Fingerübungen« um die Fähigkeit, eine Sache bewusst so lange im Sinn zu behalten, bis man selbst entscheidet, dass sie sich auflösen soll.

Bei magischen Praktiken heben Sie Ihr Energieniveau an und lassen unerwünschte Gedanken los. Gedanken sind feinstoffliche Formen, und um feinstofflichen Formen eine materielle Form zu verleihen, muss man seine Geisteskraft fokussieren und bündeln können.

Träumen

Viele Universitäten beschäftigen sich mittlerweile mit der Traumforschung. Es ist ein faszinierendes Gebiet, denn alle Menschen träumen, ob sie sich nun später daran erinnern oder nicht. Abgesehen von den wissenschaftlichen Traum-Kategorien unterscheide ich persönlich zwischen drei Arten von Träumen:

1. Träume, in denen das Unterbewusstsein die Ereignisse des Tages verarbeitet oder sich mit einem tagsüber bewusst wahrgenommenen Problem auseinandersetzt.

2. Träume, in denen Sie im Astralkörper in eine andere Seinsebene oder Dimension übergehen, entweder, um einen bestimmten Zweck zu erfüllen, oder aus purem »Spaß an der Freud'«.

3. Prophetische Träume, in denen Sie eine mögliche Zukunft sehen. Wenn Sie selbst in dem Traum vorkommen, haben Sie die Chance, diese Zukunft zu verändern. Wenn Bekannte darin vorkommen, können Sie ihnen klarmachen, dass ihr Schicksal nicht unausweichlich ist. Prophetische Träume können auch von vergangenen Ereignissen handeln, die in der Gegenwart oder Zukunft noch einmal relevant werden.

Alle Träume sind bedeutsam. Auch wenn manche nicht ohne weiteres klar in eine Kategorie eingeordnet werden können, sollte uns das nicht daran hindern, ihre Botschaften zu nutzen. Das Problem ist, dass sie dem Gedächtnis so leicht entschwinden. Zum Glück gibt es Methoden, mit denen wir sie leichter in Erinnerung behalten.

Die Vorbereitungen sind simpel: Legen Sie Papier und Stift griffbereit auf das Nachttischchen. Sie können auch einen Stift an ein Schreibbrett binden, damit Sie ihn im Halbschlaf finden. Oder Sie legen einen Walkman mit einer leeren Kassette bereit, sodass Sie Ihre Erinnerungen sofort nach dem Aufwachen darauf sprechen können. Vergessen Sie die Batterien nicht und datieren Sie jede Kassette.

Im Handel erhältlich sind Musikkassetten mit unterschwelligen Suggestionen, die Ihnen eintrichtern, dass Sie sich an jeden Traum erinnern werden. Bevor Sie Geld für derart zweifelhafte Hilfsmittel ausgeben, sollten Sie es aber lieber mit verschiedenen Autosuggestionen und Meditationen versuchen.

Vor dem Einschlafen entspannen Sie sich durch langsames, tiefes Ein- und Ausatmen. Dann wiederholen Sie innerlich, dass

Sie Ihre Träume in allen Einzelheiten im Gedächtnis behalten wollen. Das machen Sie so lange, bis Sie abdriften und einschlafen.

Sobald Sie aufwachen – und sei es mitten in der Nacht –, schreiben oder sprechen Sie drauflos. Kümmern Sie sich weder um Grammatik noch Satzbau! Am Anfang erinnern Sie sich womöglich nur an vage Traumfetzen. Das ist normal. Schließlich muss man bedenken, dass Sie nach jahrelanger Ignoranz plötzlich verlangen, dass Sie sich Ihre eigenen Geheimnisse verraten.

Wenn Sie meinen, dass Sie sich garantiert am nächsten Morgen an einen Traum erinnern, weil Sie zu faul zum Aufschreiben sind, nehmen Sie sich zu viel vor. Rollen Sie sich nicht auf die andere Seite, um weiterzuschlafen. Mitternächtliche Träume sind oft die klarsten und aufschlussreichsten.

Bei der Durchsicht Ihrer Aufzeichnungen am nächsten Tag fallen Ihnen sicher noch zusätzliche Details ein, die Ihre Notizen vervollständigen. Doch manchmal erinnern Sie sich an absolut nichts. Auch das ist normal, denn Ihr bewusster Verstand braucht Erholungspausen.

Programmieren Sie sich nicht jede Nacht vor dem Einschlafen darauf, dass alle Träume gespeichert werden sollen. Nach drei Nächten gönnen Sie Ihrem Gedächtnis zwei Nächte lang Ruhe. Zu viel Traumarbeit kann die mentale Kapazität tagsüber beeinträchtigen.

Wenn die oben erwähnte Methode in Ihrem Fall nicht funktioniert, versuchen Sie es eben mit Alternativen. Ich zum Beispiel benutze die Methode der australischen Ureinwohner und bitte »Schwester Schwan«, mir beim Eintritt in die Traumzeit zu helfen. Stellen Sie sich eine schwarze Schwanenfrau vor und sprechen Sie mit ihr. Bitten Sie sie um ihr Geleit und ihre Hilfe dabei, dass Sie sich beim Aufwachen an alle Einzelheiten erinnern.

Außerdem können Sie einen Tiergeist anrufen, wenn Sie im Traumreich an einem Problem arbeiten wollen, bei dem Sie die speziellen Kräfte und Fähigkeiten einer bestimmten Tierart brauchen. Und Engel können natürlich auch nicht schaden.

Am Anfang konnte ich keinen einzigen Traum in Erinnerung behalten. Mit vier Kindern, Ehemann, Vater und einem Hund im Haus bleibt kaum Zeit für einen erquickenden Schlaf. Ständig wurde ich aus dem Schlaf gerissen und war dankbar für jede Minute Ruhe, ob mit oder ohne Traum!

Die Lösung war Schwester Schwan. Vor dem Einschlafen verspricht sie mir, dass ich mich am Morgen unter der Dusche an meine Träume erinnern werde, weil ich dort *normalerweise* nicht gestört werde. Während der Rest der Familie durch das Haus tobt und Spiegeleier verbrennt, entspanne ich mich und rufe mir die nächtlichen Träume Stück für Stück in Erinnerung. Und nach dem Duschen spreche ich alles auf Tonband.

Manche Hexen entschwinden auf dem Duftteppich von Räucherstäbchen und Kerzen ins Traumreich. Auch ich lasse Duftkerzen vor dem Spiegel in meinem Schlafzimmer brennen und habe schon erstaunliche Resultate damit erzielt. Selbst Halbedelsteine und Kristalle beeinflussen die Qualität von Träumen. Es heißt, dass Flussspat (auch Fluorit genannt) Mineralien enthält, die Traumreisenden erlauben, Informationen aus der ätherischen Datenbank abzurufen. Auch Obsidian unter dem Kopfkissen kann Wunder wirken. Duftkissen, die Sie selbst mit der Hand nähen und mit getrockneten Kräutern füllen, fördern die Speicherkapazität der Gedächtnisarchive, während Lavendel, Rosmarin und Rosenblätter für eine entspannte Nachtruhe sorgen.

Ich interpretiere meine Träume nicht anhand von Nachschlagewerken. Da ich meine Träume selbst produziere, halte ich auch mich selbst für den einzig kompetenten Deuter meiner Träume. Erklärungen aus Büchern sind mir zu pauschal vorgefertigt.

Ihr Unterbewusstsein teilt Ihnen seine Botschaften meist verschlüsselt mit – durch Symbole, denen Sie auf den Grund gehen und die Sie in Beziehung zu Ihrer Person bringen müssen. Dazu braucht man ein wenig Übung. Mein Vorschlag: Schreiben Sie in Stichworten auf, welche Dinge, Personen, Farben, Ereignisse Sie in einem Traum gesehen haben, den Sie interpretieren wollen. Und nun schreiben Sie neben jedes Stichwort, was Ihnen dazu einfällt.

Sie mögen beispielsweise von einem blauen Tiger in einer heißen Sommernacht träumen. Also schreiben Sie neben das Wort »blau« den ersten Gedanken, der Ihnen dazu in den Sinn kommt. Denselben Vorgang wiederholen Sie mit den Worten »Tiger«, »heiß«, »Sommernacht« und so weiter. Oft sind Träume elaborate Puzzles, die Sie selbst zusammensetzen müssen.

Wenn Sie von wildfremden Leuten träumen, kann es sein, dass Ihr Unterbewusstsein die Charaktere verschlüsselt hat, weil es die wahren Mitspieler geheimhalten will. Womöglich dreht sich die Situation mit den fremden Leuten um ein Problem, das Sie vor sich selbst verschleiern wollen. Also untersuchen Sie die Mitspieler sehr genau. Vielleicht sind Sie einer von ihnen, nur in Verkleidung!

Nun muss man wissen, dass Arzneimittel eine maßgebliche Wirkung auf unser Traumleben haben. Eine Freundin von mir träumt jedes Mal von Blut, wenn sie rezeptpflichtige Erkältungsmittel vor dem Schlafengehen genommen hat. Kodein und andere Wirkstoffe können geübte Traumreisende so sehr beeinflussen, dass ich von Experimenten im Traumreich abrate, solange diese Mittel eingenommen werden.

Wachträume

Schriftsteller wie Stephen King haben die Allgemeinheit mit der Tatsache bekannt gemacht, dass man im Traum bewusst werden und den Handlungsablauf von diesem Punkt an selbst dirigieren kann.

Beispielsweise können Sie sich vor dem Einschlafen vornehmen, ein bestimmtes Problem im Traum zu lösen, indem Sie Ihrem Geist den Auftrag geben, Ihnen die besten Alternativen vorzuführen. Oder Sie programmieren sich, im Traum herauszufinden, welche Informationen Ihnen jemand aus welchen Gründen auch immer vorenthält.

Wenn Sie mitten in einem Traum luzid oder bewusst werden, können Sie das Szenenbild wechseln und alles weitere selbst bestimmen. Auch Tarotkarten und Runen können im Traum visualisiert werden und die Tore zu den tieferen Regionen des Unbewussten öffnen.

Zusammenfassung

Mentale Neuprogrammierung, Meditation, Visualisierung und Traumarbeit sorgen für ein Gleichgewicht zwischen Körper und Geist, ohne das kein Zauber wirksam wird.

Damit Sie sich nicht zu viele Notizbücher für all diese Arbeitsgebiete zulegen müssen, besorgen Sie sich lieber einen Ringordner, in dem alles seinen geordneten Platz hat. Lesen Sie Ihre Aufzeichnungen von Zeit zu Zeit durch, damit Sie selbst sehen, ob und inwiefern Sie Fortschritte gemacht haben. Später werden Sie alles wahrscheinlich aus einem ganz anderen Blickwinkel betrachten und Ihre Träume im Nachhinein erst richtig aufschlussreich finden.

Ihr heiliger Raum

Was macht einen Raum heilig?

Ich habe viele Berichte über heilige Orte und Räume gelesen, aber die wenigsten erklären, wie diese »Heiligkeit« zustande kam und in die physisch sichtbaren Dinge an irgendeinem Ort »hineingeriet«.

Grundsätzlich gilt Folgendes: Der Ort, den Sie sich aussuchen, um sich in Versenkung zu begeben und magische Riten zu vollziehen, muss in erster Linie frei von den Vibrationen der Angst sein. Für Einzelgänger, die sich an nichts außerhalb ihrer eigenen, unmittelbaren Wahrnehmung orientieren können, wenn die merkwürdigsten Dinge geschehen, ist dies extrem wichtig.

Als allein arbeitende Hexe haben Sie niemanden, den Sie hilfesuchend anschauen können, um Ihre Gefühle mit einem wissenden Lächeln bestätigt zu sehen. Kein Hohepriester nickt gemessen im Angesicht der Tatsache, dass etwas Geistiges gerade physische Formen angenommen hat, oder bespricht danach mit Ihnen, was bei einem Ritual passiert ist.

Jeder von uns zieht mentale Grenzen, die bestimmen, was wir für möglich und akzeptabel halten. Wir entscheiden permanent, was unsere Realität beinhalten darf, und welche Phänomene wir aus unserer bewussten Wahrnehmung verbannen. Die nähere Umgebung von Gettysburg ist ein gutes Beispiel für diese Art der »Beschränktheit«. Ich habe das legendäre Friedhofsgelände, auf dem zahllose Soldaten im Amerikanischen Bürgerkrieg fielen, schon oft besucht: zuerst als Schulkind, dann mit den Pfadfindern und später sogar auf meiner Hochzeitsreise. Jedesmal hatten meine Realitätsvorstellungen andere Grenzen. Mein letzter Besuch vor über drei Jahren war der bisher interessanteste, einfach weil meine Realitätsauffassung sich so sehr erweitert hatte, dass auch subtile Energiephänomene und Geister Platz darin hatten.

Der Verstand neigt dazu, jedes neue Erlebnis in bekannte Kategorien einzuordnen. Nichts wirft ihn so rigide aus der Bahn wie ein übernatürliches Phänomen mitten in einem Ritual, das Sie mutterseelenallein vollziehen. Wenn Sie sich nicht völlig sicher an dem Platz fühlen, an dem Sie Ihre magischen Praktiken vollziehen, fangen Sie lieber gar nicht erst mit der Arbeit an.

Ein heiliger Raum ist ein Zentrum gebündelter Macht, das Sie entweder mit Ihrer eigenen Energie erzeugen oder indem Sie universelle Mächte herbeizitieren. Oder es ist ein Ort, an dem das Bewusstsein vieler Leben drastische Veränderungen erfahren hat, wie etwa das erwähnte Schlachtfeld. Heilige Räume erfordern Respekt und Einfühlsamkeit. Bevor Sie nicht zu der Überzeugung gelangen, dass absolut alles möglich ist, weil Sie dem Mysterium der Existenz keine Schranken mehr auferlegen, sind Sie unfreiwillig ein Spielball unbekannter Kräfte. Deshalb müssen Sie sich und Ihren Arbeitsraum sehr sorgfältig vorbereiten.

Eine meiner besten Freundinnen ist keine Hexe, sondern eine Mystikerin, die metaphysische und spirituelle Zusammenhänge erforscht. Eines Tages sagte sie unvermittelt zu mir: »Wenn du nach meinem Tod Kontakt zu mir aufnehmen willst, setz dich an diese Stelle hier, direkt vor den Couchtisch. Das ist mein Powerzentrum, und von dort aus erreichst du mich sicher, wenn alles andere nicht funktioniert.« Ich glaube ihr aufs Wort.

Ungestörtheit

Ihr heiliger Ort kann ein geschlossener Raum sein oder ein Platz in der Natur, aber beide müssen eines bieten: ungestörtes Alleinsein. Ohne die Garantie, dass Ihre Privatsphäre an diesem Ort nicht angetastet wird, können Sie Ihre Aufmerksamkeit nicht unverwandt und lange genug auf ein Anliegen fokussieren.

Wenn Sie mit jemandem zusammenleben, müssen Sie ganz klare Verhältnisse schaffen; sonst gibt es Ärger, wenn die Person Sie unterbricht und nicht begreifen kann, dass Sie kein Verständnis dafür haben, weil Ihnen Ihr Bedürfnis nach absoluter Ruhe bei einem Ritual plötzlich wichtiger ist.

Als Einzelgänger, der seine Wohnung mit anderen teilt, sollten Sie nicht nur Ihr Recht auf Privatsphäre geltend machen; Sie sollten auch deutlich machen, dass die anderen kein Recht haben, Ihr Arbeitswerkzeug zu berühren und womöglich ihre Energien mit den Gegenständen zu vermischen, die Sie gerade geläutert und geweiht haben.

Inwieweit Sie sich verständlich machen können, ist die nächste Frage. Davon hängt allerdings ab, ob Ihr heiliger Raum nur vorübergehend Ihr magischer Zufluchtsort sein wird oder dauerhaft.

Geschlossene Räume

Wer allein lebt, kann die Tür zu seinem Heiligtum verriegeln, bevor Besuch kommt – Sie werden allerdings im Lauf der Zeit feststellen, dass es bald nicht mehr nötig ist, Ihr »wahres Ich« hinter Schloss und Riegel zu halten. Mit Ihren Fortschritten wächst auch das Selbstvertrauen und der Respekt vor dem Alten Wissen, das Ihnen so viele neue Türen geöffnet hat.

Wie Sie mit der Öffentlichkeit umgehen, wird noch ausführlich zu besprechen sein (siehe Seite 383). An dieser Stelle möchte ich nur darauf hinweisen, dass Sie keinen Neuling in Ihr Metier einweisen können, bevor Sie es nicht selbst sehr gründlich erforscht haben und beherrschen. »Quickie-Hexen« bleiben nur zwei oder drei Jahre dabei und protzen dann gern mit dem Halb- und Viertelwissen, das sie sich in dieser Zeit angeeignet haben. Doch damit schaden sie sich selbst und allen anderen Hexen.

Wenn Sie das Gefühl haben, dass Ihre magischen Praktiken auf Ablehnung stoßen könnten, können Sie einen »ambulanten« Altar aufstellen, nachdem alle anderen schlafen gegangen sind, und ihn dann vor dem Morgengrauen wieder abbauen.

Einige magische Praktiken machen es erforderlich, dass Sie manche Werkzeuge bis zur nächsten Sitzung auf dem Altar liegen lassen, ohne sie bis dahin zu berühren; bei den meisten Praktiken spielt das aber keine Rolle, also kann man getrost mit einem »Klappaltar« und in einem improvisierten heiligen Raum anfangen.

Mein erster Altar bestand aus einem Brett, das ich nachts, nachdem alle anderen eingeschlafen waren, auf mein Bett legte. Damit will ich nicht sagen, dass Sie sich in Heimlichkeiten üben sollen, sondern nur, dass jedes Hindernis umgangen werden kann, wenn man es ernst meint.

Jede Hexe braucht einen Arbeitsplatz, an dem sie ihre Rituale zelebrieren kann, und dieser Platz muss eingerichtet, ausgestattet, gereinigt und geweiht sein, bevor sie ihr Gelöbnis ablegt. An diesem Platz verschmilzt Ihre Energie mit der Energie des Universums.

Haben Sie ein unbenutztes Zimmer, das Sie nach Ihrem Geschmack einrichten können? Sie Glückspilz! Wenn nicht, suchen Sie sich einen Platz im Haus, der wenig frequentiert wird und groß genug ist, sodass Sie sich bewegen und auf dem Boden der Länge nach ausstrecken können. Ein begehbarer Einbauschrank, eine Zimmerecke, selbst ein Dachboden oder Keller eignen sich dafür. Erfindungsgabe in jeder Lebenslage ist das Kennzeichen talentierter Einzelgänger.

Nachdem Sie Ihren heiligen Raum gefunden haben, statten Sie ihn mit allem Notwendigen aus. Sie brauchen Regale oder Truhen, in denen Sie Ihr Zauberwerkzeug aufbewahren – ganz zu schweigen von Büchern, Steinen, Kräutern und Ähnlichem, damit Sie nicht dauernd hin- und herlaufen müssen. »Allzeit bereit« ist nicht nur das Motto der Pfadfinder.

Es ist zeit- und kraftraubend, wenn Sie vor jedem Ritual durch die ganze Wohnung hetzen müssen, um alles zusammenzusuchen. Und die Göttin verhüte, dass Sie mitten in einem Ritual feststellen, dass das Feuerzeug in der Küche liegt und die Kristallkugel sonstwo. Da Feuer am häufigsten vergessen wird, rate ich jedem, ein Feuerzeug am Altar zu befestigen, meinetwegen mit Klebeband.

Ob Sie Ihr Heiligtum mit lebenden Pflanzen ausstatten, hängt unter anderem von den Lichtverhältnissen ab. Viele Hexen arbeiten am liebsten und besten im Grünen. Und damit kommen wir zur Beleuchtung. Genügt Ihnen Kerzenlicht oder brauchen Sie elektrisches Licht? Haben Sie Angst im Dunkeln – zum Beispiel in einem Keller –, wenn etwa Ihre Kerzen heruntergebrannt sind? Dann sind Sie nicht allein. Das ist keine Schande. Gestehen Sie sich Ihre Ängste ein und treffen Sie die entsprechenden Vorkehrungen, sonst kommt Ihnen der Hutständer im Flur womöglich mitten in einer Anrufung als Dämon mit Hirschgeweih entgegen.

Bevor Sie meinen, dass jemand im Schrank sitzt oder unter dem Bett auf Sie lauert, montieren Sie lieber ein paar elektrische Girlanden an die fraglichen Stellen. Andere Alternativen sind dicke Kirchenkerzen, die ewig brennen, oder Windlampen, Öllampen und so weiter. Da sie eventuell umfallen oder umgestoßen werden können, halten Sie einen Wassereimer oder Feuerlöscher griffbereit.

Man kann seinen Sakralraum durch einen Wandschirm abgrenzen und vor neugierigen Blicken schützen, was sehr hilfreich ist, wenn man im Hof oder auf der Veranda arbeitet und seinen Platz mit Energie aufgeladen hat, ihn aber weiterhin geheimhalten will. Auf die eine Seite des Wandschirms malen Sie magische Zeichen, und die andere, »publikumswirksame« Seite bemalen Sie so, dass es zum übrigen Gelände passt. Auch Rollos können auf der Innenseite bemalt werden und ein normales Zimmer zum magischen Kabinett machen. Solange Sie nicht zaubern, ziehen Sie sie ganz einfach hoch.

Bei der Dekoration der vier Wände Ihres Heiligtums sind Ihrer Kreativität keine Grenzen gesetzt. Da ich kein Geheimnis aus meinem Metier mache, habe ich selbstgefertigte Borten mit schwarzen Katzen in der Küche und im Esszimmer angebracht und ein Wolfsmuster im Wohnzimmer.

Tragen Sie alles, was Ihnen zur Einrichtung Ihres Heiligtums einfällt, in Ihr Notizbuch ein. Fangen Sie mit den Dingen an, die Ihnen Kraft geben und momentan im Bereich des Möglichen liegen. Mit der Zeit wird Ihr heiliger Raum Gestalt annehmen und sich mit Ihnen verändern.

Die positive Energie, die Sie an einem Platz ins Leben gerufen haben, wirkt lange nach. Wenn Sie die Allmacht willkommen heißt und Sie ihre Kraft tatsächlich in sich aufnehmen, bleibt ein

Nachhall dieser Vereinigung erhalten, selbst im Badezimmer oder auf der Toilette. Wo immer Sie diese Kommunion nur oft genug herbeiführen – irgendwann füllt sie den Ort so handfest wie die Möbel im Raum.

Heilige Räume ohne Wände

Wenn Sie ein Naturkind sind und das lokale Klima es erlaubt, machen Sie sich vielleicht im Freien auf die Suche nach einem geeigneten Platz. Allerdings ist das leichter gesagt als getan, weil Spaziergänger und die Bewohner angrenzender Grundstücke sehr wohl einen Einfluss auf Ihre magischen Praktiken haben. Und wer einen großen, für diesen Zweck geeigneten Garten hat, kann sich auf harte Arbeit und laufende Unterhaltskosten gefasst machen.

Sagen wir einmal, Sie haben eine lauschige Stelle im Hinterhof gefunden und wollen ein Kräuterbeet für magische Verwendungszwecke anlegen. Jetzt müssen Sie nicht nur herausfinden, welche Pflanzen welche magischen Eigenschaften haben, sondern auch, ob Boden und Klima sich dafür eignen, welche Werkzeuge Sie brauchen, um die Erde vorzubereiten, und wer für die Bewässerung und jahrelange Pflege zuständig ist. Also kommen Sie ohne zahlreiche Ausflüge in Bibliotheken, Gartenbaugeschäfte und Märkte buchstäblich auf keinen grünen Zweig.

Sakralräume unter freiem Himmel und in freier Natur sind da schon praktischer: Im nächsten Park oder Wald gibt es garantiert eine Stelle, die Sie annimmt und beschützt, während Sie sich mit dem Universum vereinen – Sie müssen sie nur vorher darum bitten!

Da Sie selbst einmalig sind, muss Ihr Altar ebenfalls einmalig sein. Grundsätzlich gibt es Tisch-, Wand- und Stangenaltäre. Jeder von ihnen wiederum erfüllt drei Aufgaben:

1. Er dient als Brennpunkt Ihrer Energie und zentriert Sie. Deshalb sollte jedes Objekt auf dem Altar einen bestimmten Zweck erfüllen. Solange Sie nicht mit Ihrem Altar arbeiten, können Sie ihn schmücken und die Dekorationen den höheren Mächten weihen; ansonsten lassen Sie nichts Unnötiges auf ihm liegen und stellen ihn nicht zu voll.
2. Ihr Altar ist Ihr Arbeitstisch. Darum muss dort Platz für allerlei Werkzeuge, Talismane und andere Utensilien sein.
3. Der Altar ermöglicht es Ihnen, die Allmacht und Ihre tiefsten Überzeugungen zu ehren, selbst wenn Sie nicht physisch anwesend sind.

Der Tischaltar

Sie können dafür Couchtische, Anrichten, Backsteine mit zwei Planken darüber, Schreibtische, Klapptische und mehr benutzen. Ihr Altar kann natürlich auch Rollbeine haben, falls es an Raum für einen permanenten Altar mangelt.

Die Tischfläche muss Platz für zwei Säulenkerzen oder Lampen zu beiden Seiten bieten, damit Sie auch nachts gut sehen können. Auf feststehenden Altären lassen Sie diese Lichtquellen Tag und Nacht stehen, weil man nie weiß, wann jemand in höchster Not um Ihre Hilfe bittet. Sie können Ihren Altar bemalen, magische Zeichen in ihn einritzen oder -brennen oder ihn mit Stoff beziehen.

Manche Hexen stellen ihren Altar in die Nordecke ihres heiligen Raums, andere in die Ostecke. Aber solche Vorkehrungen sind weder maßgeblich noch notwendig, weil der magische Kreis, mit dem Sie Ihren Altar umgeben, den Zugang zu Dimensionen markiert, in denen die irdischen Himmelsrichtungen irrelevant sind, weil sie keine Referenzpunkte mehr sind.

Der Wandaltar

In meinem Haus gibt es einen Tischaltar, an dem nur ich arbeite, und einen Wandaltar für die ganze Familie. Meistens bestehen Wandaltäre aus Regalen, Alkoven oder breiten Zierleisten. Wir haben eine ganze Wand zum Altar gemacht, indem wir Bilder, einen Besen, einen Kranz aus Weinblättern in Form eines Pentagramms und anderes zwischen zwei doppelte Glasregale mit Edelsteinen, Erdfrüchten, einer Glocke und Zinnstatuen von Hexen und Priesterinnen gehängt haben. Für uns hat jedes dieser Objekte eine besondere Bedeutung.

Außerdem können unsere Gäste eine Steinpyramide auf einem kleineren Altar am Eingang zum Wohnzimmer wie einen Glücksbringer berühren. Manche Hexen benutzen gar ihren Kaminsims als Wandaltar.

Gehen Sie in einen Bastelladen und suchen Sie nach einem dekorativen Holzregal, das Sie selbst beizen, bemalen oder durch Schnitzereien zum Wandaltar machen können.

Der Stangenaltar

Er wird gewöhnlich aus einer Holzart gefertigt, die in der Umgebung wächst. Machen Sie sich mit den magischen Eigenschaften der örtlichen Bäume vertraut, damit Sie ein Holz finden, das Ihren Ansprüchen gerecht wird.

Wir benutzen eine Mistgabel, die seit fünf Generationen im Familienbesitz ist und nur vom »Zufall« vor einem schmählichen Ende bewahrt wurde. Nachdem wir das Haus eines mir unbekannten Uronkels gekauft hatten, fand ich die Mistgabel im Keller und verbannte sie sogleich in den Schuppen, weil ich nicht einsah, was dieses Ding im Haus zu suchen hatte. Erst später fand ich heraus, dass sie einst golden bemalt und festlich geschmückt an der Spitze des Erntedankmarschs von meinem Urgroßvater durch die Stadt getragen wurde. Alten Chroniken zufolge setzte dieser Urahn sich nach dem Umzug immer in ein Zelt, wo er wie auf dem Jahrmarkt Geburtshoroskope erstellte und dem Landvolk die Zukunft voraussagte.

Ein Stangenaltar wird den jeweiligen Festen entsprechend dekoriert und am »Tor« des magischen Kreises aufgestellt, um es zu bewachen. Manche Hexenorden benutzen auch eine Astgabel, die den Gehörnten Gott repräsentiert. Zwei Zacken weisen darauf hin, dass Gott und Göttin zugleich verehrt werden. Auf den mittleren Zacken einer Mistgabel, »zwischen die beiden Hörner«, wird eine brennende Kerze gesetzt.

Wenn Sie auf dem Land leben, bringt eine traditionell geschmückte Mistgabel im Garten Sie wahrscheinlich nicht in Schwierigkeiten mit den Nachbarn, und wenn Sie sie sehr kreativ ausstatten und zu Halloween aufstellen, läuten Sie womöglich noch eine neue Mode ein. Denn woher wohl kommt der Trend, einen altmodischen Strohbesen in der Einbauküche zu postieren und handgeflochtene Körbe oder Kränze an Haustüren und so weiter zu hängen? Dreimal dürfen Sie raten!

Vor Ihren Stangenaltar können Sie ein Tischchen oder Tablett stellen, auf dem Sie Gebäck anrichten, das ausschließlich für spirituelle Zwecke gebacken wurde.

Zunächst brauchen Sie eine Altardecke, die die gesamte Tischfläche bedeckt. Wie alle anderen Altareinrichtungen wechseln Sie die Decke je nach Jahreszeit und Bedarf. Ich habe alle möglichen Stoffe im Lauf der Zeit benutzt, von schwarzem Samt oder Satin bis zum Designerbettlaken. Generell können Sie einfarbige Decken aus dunklem Blau, Grün oder Schwarz auflegen. Für saisonbedingte Feste und besondere Riten suche ich die jeweils passenden Muster und Farben aus.

Über meine Altardecke lege ich ein kleineres Tuch von der Größe einer Platzdecke, weil ich weiß, dass meine kostbare, oft auch teure Altardecke beim Arbeiten mit verschiedenen Tinkturen und Pulvern sonst unweigerlich fleckig würde.

Die Kerzenhalter müssen groß genug sein, um Wachstropfen aufzufangen, und solide genug, dass sie nicht umfallen, wenn Sie versehentlich daran stoßen. Falls Sie sich nicht von Ihrem Lieblingsleuchter trennen können, obwohl er Wachs verspritzt, können Sie sich Einmal-Kerzenmanschetten aus Papier besorgen, die extra für diesen Zweck hergestellt werden.

An den Ecken meines Altars postiere ich weiße Säulenkerzen oder Windlichter. Andere Kerzenfarben benutze ich nur bei saisonbedingten Feiern. Da hohe, dicke Kerzen sehr teuer sein können, rate ich Ihnen, einen Esslöffel parat zu halten, mit dem Sie überstehende Wachsränder wieder nach innen biegen, um Ihre Kerzen so lange wie möglich am Leben zu halten.

Glasflaschen mit Docht, die mit farbigem Lampenöl gefüllt werden, sie ähneln den Tempelkerzen unserer Vorfahren. Darum werden sie von vielen Hexen als Lichtquellen bevorzugt und bei gewissen magischen Praktiken ausschließlich benutzt.

Die meisten Hexen stellen ein Objekt auf den Altar, das die Gottheit oder Allmacht repräsentiert. Hierbei kann es sich auch um eine Kerze mit bestimmten Farben oder einen (Edel-)Stein handeln. Daneben wird ein Bild oder eine Figur des Krafttiers der Hexe gestellt.

Der Altar sollte Platz für ein Weihrauchgefäß, einen Kelch oder eine Schale mit Weihwasser und ein Pentagramm haben. Der fünfzackige Stern, umringt von einem Kreis, wird in die Mitte der Altarfläche oder über Ihr kleineres Arbeitstuch gelegt.

Außerdem brauchen Sie zwei Dinge von gleicher Art: eines davon schwarz, das andere weiß. Ich benutze dieses Paar, um Ausgewogenheit in allen Dingen zu symbolisieren: die Kraft der Anziehung auf der einen Seite, die Kraft der Abstoßung auf der anderen Seite der Polarität. Manche Hexen verleihen diesem universellen Prinzip durch ein sich gegenüber stehendes Kerzenpaar Ausdruck.

Jetzt nehmen Sie Ihr Notizbuch und schreiben »Mein Altar« über die nächste leere Seite. Danach beantworten Sie folgende Fragen:

1. Welche Art von Altar gefällt Ihnen am besten? Wollen Sie ihn eigenhändig herstellen, kaufen oder Dinge benutzen, die Sie bereits im Hause haben?

2. Wo wollen Sie ihn hinstellen? Im Haus oder außerhalb – wo genau?

3. Was wollen Sie als Altardecke benutzen?

4. Welche Beleuchtung brauchen Sie beim Arbeiten?

5. Welche Werkzeuge und Symbole gehören auf Ihren Altar? Machen Sie sich eine Einkaufsliste, falls notwendig.

Sie brauchen sich nicht in Unkosten zu stürzen. Im Reich der Magie wird Würde nicht mit Geld und materiellem Gut gemessen.

Gehen Sie ruhig auf den Flohmarkt, in Trödelläden und so weiter. Lassen Sie sich inspirieren.

Zusammenfassung

Ich könnte ein Buch mit Vorschlägen füllen, wie Sie Haus, Hof und Zimmerecke zu Ehren Ihres Hexendaseins einrichten können. Das Planen, Zusammentragen und Herstellen aller notwendigen Dinge wird auch Ihnen viel Spaß machen.

Aber der Raum, in dem Sie sich ernstlich ans Werk machen, sollte bewusst ausgewählt werden. Er muss auf seine Eignungsfähigkeit geprüft und sorgsam vorbereitet werden. An diesem Fleck verbinden Sie sich mit höheren Mächten, mit Heilkräften und den Geistern, die Sie rufen. Erlauben Sie niemandem, der subtilen Schwingungsfrequenzen keinen Respekt entgegenbringt, dieses Fleckchen Erde zu betreten. Dieser Ort soll nur von positiven Gedanken und Absichten durchdrungen sein.

WICCA

Das magische Kabinett

Das Hexenkabinett

Beim Zaubern arbeiten Sie in erster Linie mit Schwingungsfrequenzen. Alle Gedanken und Gefühle haben ihre eigene Schwingung. Wenn Sie jemandem erlauben, Ihre Werkzeuge und magischen Utensilien zu berühren, verändert er die Schwingungen der Objekte, und wenn dieser Jemand gerade sehr schlechte Laune hat, können seine Vibrationen schlagartig zunichte machen, was Sie an Energie in die Objekte investiert haben. Dann müssen Sie sämtliche Werkzeuge erneut läutern und weihen, sonst geht Ihr nächstes magisches Projekt in die Binsen.

Ich habe vier Kinder, die furchtbar gern mit meinem Handwerkszeug spielen. Deshalb schütze ich es in einem eigens dafür vorgesehenen, verschließbaren Kabinett vor Zugriffen aller Art, auch denen von guten Freunden. Es ist eine Tatsache, dass Menschen und Tiere instinktiv von der positiven Energie angezogen werden, die Ihre Utensilien gespeichert haben, und alles berühren wollen. Mein Kabinett ist ein Wandschrank im Schlafzimmer mit Flügeltüren und Schubfächern, die sich nur mit einem Schlüssel öffnen lassen.

Ihr Hexenkabinett sollte alles aufnehmen, was Sie für die Zauberei brauchen, außer Ihren Papieren und Dokumenten wie Textbücher, Schriften, Notizen und so weiter. Normalerweise reicht eine kleine Kommode mit Schubfächern, in denen alles ordentlich verstaut werden kann und mit einem Griff erreichbar ist. Es gibt preiswerte Modelle aus Pressholz, die Sie bemalen können.

Ich rate aus Erfahrung davon ab, Ihre Utensilien in verschiedenen Kisten und Kästen aufzubewahren, weil Sie jedes Mal, wenn Sie etwas suchen, auch den Rest des Werkzeugs heillos durcheinanderbringen. Wenn es sein muss, tun es auch Kleiderkartons, die Sie mit Pappen unterteilen können. Dann heften Sie eine genaue Inhaltsliste auf den Deckel und tragen jede Veränderung in die Liste ein.

Der Inhalt Ihres Kabinetts

Kauf oder Tausch und Herstellung Ihrer »Schätze«, mit denen Sie als Hexe arbeiten, ist einer der erfreulichsten Aspekte unseres Metiers; doch zunächst sollten Sie sich mit dem Sinn und der Bedeutung dieser Gegenstände vertraut machen. Werkzeuge und Accessoires bewirken nämlich an sich keine Magie: Sie verleihen Gedanken keine Form. Die Magie ist eben nur in der Hexe. Werkzeuge und Utensilien steigern lediglich die Fähigkeiten, die Sie mitbringen.

Naturkristalle sind ein gutes Beispiel für Gegenstände mit mysteriösen Eigenschaften, die der Menschheit auch heute noch rätselhaft sind. Alten Überlieferungen zufolge können diese Steine weit mehr bewirken, als wir gemeinhin annehmen – und das selbst in magischen Kreisen, wo traditionell mit Kristallen gearbeitet wird. Um die magischen Fähigkeiten eines Kristalls anzuzapfen, müssen Sie lernen, ihn an sich »anzuschließen« – wie Sie einen Computer, dessen Software Sie benutzen wollen, ans Stromnetz nehmen. Ohne Strom oder Batterie starrt der Computer mit leerem Blick zurück, wenn Sie auf die Tastatur drücken.

Der Kristall wird sozusagen zu einem verlängerten Arm Ihrer Energie. Solange er allein in Ihrem Kabinett liegt, kommt er nicht auf die Idee, die Tochter Ihres Nachbarn zu heilen. Er braucht

Ihren Input, um sowohl Ihre als auch seine eigene kristalline Energie auf etwas zu richten.

Die Tradition oder das Pantheon Ihrer Wahl diktiert unter Umständen, ob Sie Spezialwerkzeuge brauchen und welche. Ansonsten gehören Kerzen, ein Zauberstab, Kelche, ein Pentagramm und Weihrauch zum Standardwerkzeug alter wie Neuer Hexen.

Die Regeln sind einfach, aber durchaus von Bedeutung:

1. Sämtliche Werkzeuge und Accessoires (selbst Zierschmuck) werden vor der Benutzung geläutert und geweiht, auch wenn Sie alles selbst hergestellt haben.

2. Kein Werkzeug oder Accessoire wird für etwas anderes benutzt als zum Zaubern oder bei rituellen Zeremonien.

3. Ohne ausdrückliche Erlaubnis berühren Sie die Werkzeuge eines anderen Praktizierenden auf keinen Fall! Und umgekehrt erlauben auch Sie keinem Menschen, Ihre Utensilien anzufassen, wenn seine Energie nicht vollkommen kompatibel mit Ihrer ist. Die einzige Ausnahme sind Tarotkarten oder sonstige Instrumente, die mit der Energie eines Fragestellers aufgeladen werden müssen. Für sie gibt es spezielle Reinigungsverfahren.

Wie man weiß, gehört Sauberkeit zum A und O im Gesundheitswesen. Jede Art von Kontamination wird mit allen Mitteln verhindert. Ihr Kabinett bildet da keine Ausnahme – nur müssen Sie selbst für die Reinheit der Energie Ihrer Instrumente sorgen.

Hexerei ist ein durchaus seriöses Unterfangen, bei dem sämtliche Werkzeuge gleichsam als Erweiterungen Ihrer eigenen Person fungieren. Je länger Sie sie benutzen, desto stärker wird die in ihnen gespeicherte Energie. Nach einer Weile merken Sie es bei einer simplen Berührung: Das Werkzeug vibriert in Ihrer Hand.

Ich habe eine Kristallkugel, die ich »die Singende« nenne, weil sie das erste meiner Instrumente war, das auf diese Weise vibrierte. Diese Art des »Hellfühlens« entwickelt man mit der Zeit, ähnlich wie die Fertigkeit zu tippen, ohne auf die Tastatur zu schauen. Manche Ihrer Werkzeuge werden stärkere Schwingungen haben als andere – das hängt davon ab, wie oft Sie sie zu welchen Zwecken benutzen, und aus welchem Material sie bestehen.

Wenn Sie ein magisches Instrument geschenkt bekommen oder neu kaufen, müssen Sie es sowohl läutern als auch weihen. Beim Läutern werden negative Restenergien entfernt, und die Weihe lädt das Objekt mit positiver Kraft im Dienst des Gottespaars oder der Gottheit eines bestimmten Pantheons auf. Im nächsten Kapitel werden diese Techniken ausführlich besprochen.

Nun brauchen Sie nicht gleich loszulaufen, um einen Haufen Dinge zu kaufen (oder zu bestellen), die Ihr Konto belasten. Ihre Kollektion sollte mit Ihrer wachsenden Weisheit Schritt halten. Einfache Dinge wie getrocknete Kräuter oder eine Vogelfeder können viel mehr Kraft spenden als ein Zauberstab für 300 Mark, für den Sie einen Monat lang am Hungertuch nagen müssen.

Ich sehe vieles wie die alten Indianer. Sie sagen, dass allein der Zeit- und Energieaufwand, den Sie in ein selbst entwickeltes Ritual von der bloßen Idee bis zur Ausführung stecken, schon halbwegs bewirkt, was durch Magie erreicht werden soll.

Das Standardwerkzeug der Hexen

Der Zauberstab

Mit einem Stab projizieren oder »werfen« Sie Ihre Energie auf einen Platz, ein Ding, eine Person oder eine Dimension. Zauberstäbe können aus Holz oder mit Leder umkleidetem Kupfer bestehen.

Das Holz sollte von einem Baum des Landstrichs, in dem Sie leben, stammen. Um eine gute Wahl zu treffen, müssen Sie Nachforschungen über die magischen Eigenschaften der Bäume in Ihrer Umgebung anstellen. Die Energiemuster verschiedener Landstriche schwingen auf unterschiedlichen Frequenzen. Meiner Ansicht nach ist es wichtig, dass Ihre Energie mit Ihrer Umgebung harmonisiert, und das Holz Ihres Zauberstabs kann Sie dabei unterstützen.

Vorsicht, wenn Sie vorhaben, von einem lebenden Baum einen Ast abzuschneiden! Erst müssen Sie die geeignete Jahreszeit herausfinden, indem Sie unter Umständen eine Gärtnerei anrufen. Eichen, Ahorn und viele andere Bäume werden gewöhnlich im Herbst gestutzt, also können Sie Ihre Holzsuche mit den Festlichkeiten für Halloween oder Samhain verbinden. Obstbäume wie Pfirsich und Apfel werden in meiner Gegend nicht zurückgeschnitten, bevor sie sämtliche Blätter verloren haben. Die Powwow-Heiler in Pennsylvania glauben, dass ein Zauberstab mit Heilkräften nur in der Weihnachtsnacht vom Baum geschnitten werden darf – zu keiner anderen Zeit. Für die Anhänger der Alten Religion (aus der sich die Powwow-Tradition ableitet) wäre dies gegen Mitternacht am Jultag.

Zuerst bitten Sie den Baum um seine Erlaubnis und sprechen beim Abschneiden des Astes zu dem Baum: Sie erklären ihm, warum Sie ein Stück von ihm nehmen. Der Stock soll zwischen dreißig und sechsunddreißig Zentimeter lang sein, relativ gerade und so schwer, dass er gut in der Hand liegt. Nach dem Schnitt trennen Sie die Aura des Astes ebenfalls vom Baum ab und legen eine Opfergabe an den Stamm.

Die Spitze meiner Zauberstäbe krönt immer ein Kristall; aber es gibt zahllose andere Möglichkeiten, sie zu schmücken, etwa mit Tannenzapfen oder bestimmten Symbolen. Neben dem gewöhnlichen Zauberstab besitze ich einen für außergewöhnliche

Anlässe, der nicht nur von einer äußerst bemerkenswerten Hexe auf mich übertragen wurde, sondern schon seit Generationen von einer Meisterin an die nächste »vererbt« wird. Es sind zwei Vogelfedern an dem Stab befestigt, die erste von einem Falken, die zweite von einem Raben, die einst bei ihrem letzten Luftkampf zusammen in den Tod stürzten.

Den gewöhnlichen Zauberstab benutze ich für generelle Zauber und Heilungen und den Federstab, wenn schwere Geschütze aufgefahren werden müssen und Eile geboten ist. Unter bestimmten Umständen muss man die Kriegerin hervorkehren, um sich und andere davor zu bewahren, dass der Schwachsinn in unserer Welt überhand nimmt.

Traditionell benutzt man Zauberstäbe bei Kommunikations- und Geschäftsfragen. Also entscheiden Sie sich gegen den Athame-Dolch und für Ihren Zauberstab, wenn es etwa um geschäftliche Verhandlungen geht.

Der Besen

Der Besen wird zum Wegfegen der negativen Energie eines Ortes benutzt. Grundsätzlich ist der Besen ein Symbol für Hexen des weiblichen Geschlechts und repräsentiert ihr Transportmittel bei Astralreisen.

Da Besen auch als vorübergehende Behausung für einen angerufenen Geist dienen, geben viele Hexen ihm einen Namen. Auch als Abschreckung tut er gute Dienste. Wenn Unbefugte nach ihm greifen, sagen Sie: »Finger weg von Esmeralda! Sie wird nicht gern angefasst.« Ihr Lächeln beweist, dass Sie scherzen – oder vielleicht doch nicht? Im Ernst, Besen, die Sie an der Vorder- und Hintertür Ihrer Wohnung anbringen, sind ausgezeichnete Schutzschilde.

Und wenn Sie überlegen, was Sie einer anderen Hexe oder einem Brautpaar schenken sollen, können Sie einen sinnreich dekorierten Besen mit einem Zauberspruch versehen, den Sie mit einer Silberschnur am Stiel befestigen. Die so Beschenkten werden noch jahrelang davon reden!

Besen werden vor das Tor eines Hexenzirkels gelegt oder mit speziellen Instruktionen besprochen und in Wald und Flur platziert, um freundschaftliche Zusammenarbeit mit dem örtlichen Feenvolk einzuleiten. Falls Sie Ihren Besen zur Übermittlung von telepathischen Botschaften benutzen, wissen Sie, dass Ihre Nachricht angekommen ist, wenn ein Dunsthauch Ihren Besen umgibt.

Der Kelch

Der Kelch symbolisiert Sensibilität und Fruchtbarkeit. Kelche werden bei Gelöbnis- und Einweihungszeremonien benutzt, bei Festtagsritualen zu Ehren der Gottheiten und bei speziellen Zaubersprüchen.

In manchen Fällen brauchen Sie mehr als ein Gefäß – eines für Sie und eins für die Gottheit. Gewöhnlich handelt es sich um langstielige Kelche aus nahezu jedem wasserdichten Material. Meinen Einweihungskelch habe ich in der Glasabteilung des nächsten Kaufhauses erworben.

Danach entwarf und töpferte ich einen Kelch eigens für meine Zwecke. Die erste Glasur wurde in einer Neumondnacht gebrannt, die zweite beim Vollmond. Dann wurde er mit perlenbestickten Lederbändern umwunden und mit Federn geschmückt.

Ihrer Kreativität sind also keine Grenzen gesetzt. Kelche können mit Wasser, Wein oder Met gefüllt werden. Es soll Zeiten gegeben haben, in denen Kelche zum Auffangen des Blutes von Königen dienten, die sich opferten, um Unglück von ihrem Volk abzuwenden. Bei Hexenritualen repräsentiert der Kelch die Frau und der Athame den Mann. Das Eintauchen des Athame in den

Kelch symbolisiert die göttliche Vereinigung des Gottes mit der Göttin.

Das Pentagramm

Ein Pentagramm ist eine flache Scheibe mit einem fünfzackigen Stern, das in der zeremoniellen Magie große Bedeutung hat. Generell werden Pentagramme zur Beschwörung von guten Geistern und als Schutzsiegel benutzt. Das Pentagramm symbolisiert Geld, materiellen Gewinn, wird bei Sprüchen zur »Anziehung von Reichtum« oder als Schutzschild für einen Raum benutzt. Der fünfzackige Stern im Kreis gleicht dem Medizinrad der Indianer, in dem verschiedene Himmelsrichtungen zugleich auch Elemente und Kraftströme repräsentieren.

Mein erstes Pentagramm war eine Holzscheibe mit eingebranntem Stern. Sie können auch andere Zeichen, etwa Runen, geometrische Symbole oder Worte in einer magischen Schrift, auf Ihr Pentagramm setzen. Es existiert eine Reihe von magischen Alphabeten.

Gern benutze ich persönlich auch eine Scheibe aus einem Halbedelstein mit dem Zeichen des Pentagramms. Wenn Sie Ihre Zeichen verändern wollen, können Sie sie mit Wachs aufmalen und später vorsichtig wieder abkratzen.

Schmuck und ungefasste Edelsteine werden in die Mitte des fünfzackigen Sterns gelegt, um sie energetisch aufzuladen. Dasselbe gilt für Püppchen, die zu Heilungen herangezogen werden. Die Sternspitze muss stets nach oben weisen, solange das Pentagramm auf Ihrem Altar liegt.

Der Athame oder Zeremonialdolch

Mit dem Athame zitieren Sie Macht herbei und richten sie auf bestimmte Ziele. Generell handelt es sich dabei um ein zweischneidiges, aber stumpfes Messer, das nicht dazu dient, etwas auf der physischen Ebene zu zerschneiden, sondern Energie in den Dimensionen zu dirigieren, in denen materielle Messer nutzlos sind. Obwohl die meisten Athames einen schwarzen Handgriff haben, ist meiner nicht schwarz, funktioniert aber trotzdem wie gewünscht. Manche Hexen ziehen Schwerter vor.

Der Zauberstab und der Athame sind austauschbar; je nach Persönlichkeit und Geschmack wählt man das eine oder andere. Der Athame steht für geistige Schärfe, Unterscheidungsvermögen und Treffsicherheit. Ich benutze meinen Athame selten, weil ich Messer für gemeingefährlich halte, selbst in der Küche.

Ein Hinweis: Messer und Schwerter gelten als Waffen, nicht als geweihte Ritualobjekte, wenn sie von Gesetzeshütern in Ihrem Besitz gefunden werden, und können ohne weiteres beschlagnahmt werden. Aus diesem Grund bringt kaum eine Hexe ihre kostbaren Ritualmesser zu Festivals oder öffentlichen Sabbaten mit.

Die Bolline

Dies ist ein Dolch mit oft weißem, gekrümmtem Griff, mit dem man Kräuter und Zauberstäbe schneidet, magische Zeichen in Kerzen ritzt, Bänder durchtrennt und so weiter. Obwohl Küchenhexen anderer Ansicht sind, meine ich, dass das Kräutermesser nur zu magischen Zwecken verwendet werden darf, nicht am Esstisch oder zum Öffnen von Verpackungen.

Sie müssen aber keinen Entsetzensschrei ausstoßen, wenn eine andere Hexe ihre geweihten Dolche nun doch bei der Zubereitung des Abendessens benutzt und dann um Mitternacht mit ihnen ein Tor zur Astralwelt in die Luft schneidet. Sie tut lediglich, was ihren eigenen Überzeugungen entspricht.

Der Weihrauchbrenner
Gefäße, in denen Weihrauch verbrannt wird, sorgen für die Läuterung des Raums, in dem gezaubert wird. Sie können sie auch beim Frühjahrsputz benutzen, um die Frühlings- und Herbst-Tagundnachtgleiche zu feiern – wie ich es tue – oder um unerwünschte Besucher aus dem Diesseits und dem Jenseits zu vertreiben. Es gibt viele Arten von Brennern.

Weihrauch unterstützt den Geist beim Übergang in tiefere Bereiche des Bewusstseins. Und wenn Sie Deutungen geben, verlangen Ihre Klienten geradezu, dass Ihr Haus nach Räucherstäbchen riecht (leider kein Scherz).

Ich ziehe die »rohe« Pulverform den Stäbchen, Kegeln und Würfeln aus Weihrauch vor, wie dies die meisten mir bekannten Hexen tun. Inzwischen gibt es sogar selbstbrennenden, »rohen« Weihrauch, den Sie ohne Kohlestückchen abbrennen können, sodass der Geruch ganz rein bleibt.

Lose Weihrauchpulver können Sie miteinander vermischen oder mit den Kräutern Ihrer Wahl verbrennen, um Ihre eigene Duftnote zu erzielen. Selbst die Brennzeit kann reguliert werden, falls Sie jemanden im Hause haben, der nach einer Weile davon Kopfschmerzen bekommt, wie beispielsweise mein Mann. Sie messen genau ab, wie viel Pulver Sie auf den Brenner legen dürfen, damit es soundso lange brennt und keine Minute länger. Ansonsten müssen wir Besuche in esoterischen Buchläden und weihrauchgeschwängerten Häusern kurz halten. Ich will damit sagen, dass es immer einen Weg gibt, die Beschränkungen, die uns auferlegt werden, zu umgehen.

Bei einfachen Zaubern muss man kein ganzes Pulverfass abfackeln. Da ich am liebsten mit unberührten Dingen arbeite, vergrabe ich halb abgebrannte Kerzen und sonstige Reste oder werfe sie weg – das hängt von den Umständen ab. Insofern ist genau abgemessenes Weihrauchpulver auch noch kostensparend.

Der Kessel

Der Kessel ist ein Symbol für die Göttin der Hexen. Es handelt sich dabei nicht um einen Teekessel, sondern normalerweise um einen alten schmiedeeisernen Kochtopf, der enorme Hitze vertragen und ein Gebräu stundenlang am Siedepunkt halten kann. Im Hexenkessel finden Transformationen von einer Form zur nächsten statt: Denken Sie nur an den mythischen Phönix, der sich aus der Asche (natürlich unter dem Hexenkessel) erhebt.

Dieser Topf oder Tiegel steht im Mittelpunkt vieler Rituale. Er wird ebenso bei der Herstellung von Heilsalben und Tinkturen benutzt wie bei Weissagungen über stillem Wasser, Dampfschwaden oder heißem Wachs, das beim Eintritt in das Wasser des Kessels bizarre Muster bildet und intuitive Assoziationen auslöst.

Bis über das Mittelalter hinaus wurden sogar Neugeborene in solchen Kesseln gebadet und Waschwasser für die Toten mit Kräutern aufgekocht. So begleitete der Kessel die Menschen von der Geburt bis zum Tod, und deshalb ist er auch ein Sinnbild für die Verwandtschaft aller Menschen der Erde von Beginn an.

Weitere Elemente des Hexenkabinetts

Jede Hexe entwickelt ihr eigenes Arsenal an Werkzeugen. Mit der Zeit finden Sie selbst heraus, was Sie brauchen. Die folgende Liste zeigt, was ich zur Zeit in meinem Kabinett aufbewahre; doch das variiert auch, je nach Jahreszeit.

Altardecken
Amulette
Athame
Bindfäden
Bolline

Buch der Schatten
Capes und Kostüme
Erde
Federkiele (zum Schreiben)
Federn (in allen Farben)
Feuerzeuge
Filzstoffe (in allen Farben)
Getreide (getrocknete Ähren und Mehl)
Geweihtes Öl
Glasgefäße mit Drehverschluss
Glocke
Holzlöffel
Holzschachteln
Karaffen für Wein und Met
Kelche (aus Ton und Glas)
Kessel
Kerzen (in allen möglichen Farben und Formen)
Kerzenhalter
Kleber
Kompass
Körbe
Kräuter (getrocknete Pflanzen und Gewürze)
Kristalle und Steine
Kristallkugel
Magischer Spiegel (Hathors Spiegel)
Magischer Schmuck
Meersalz
Mörser und Stößel
Musikkassetten mit Suggestionen
Pendel
Pentagramm

Pergamentpapier
Perlen (für selbstgemachten Schmuck, Talismane/Amulette)
Potpourrivasen
Reis
Rohleder, Schmucksösen und Ähnliches
Runen
Salben und Öle
Samen
Schablonen und Pinsel
Schalen (für Salz, Wasser, Öl und so weiter)
Scheren
Schreibstifte (Wasserfarben)
Seil (für einen magischen Kreis für die Kinder)
Statuetten
Tabak
Talismane
Tarotkarten (verschiedene Sets)
Taschenmesser
Teller
Tinte (zum Schreiben von Zaubersprüchen auf Pergament)
Waage
Weihrauch, Briketts, Brenner und feuerfester Untersatz
Weihwasser
Weissagungsutensilien
Zauberstab

(ANMERKUNG: Viele Traditionen verbannen Tonbandgeräte und Kassetten aus dem magischen Zirkel, weil Elektronik ihres Erachtens störend auf die im Kreis heraufbeschworene Energie wirkt.

Ich habe andere Erfahrungen gemacht und erstaunliche

Energien mit Kopfhörern und einem Walkman am Gürtel mobilisiert.)

Lernen Sie die magischen Eigenschaften der Utensilien in Ihrem Kabinett durch ständiges Studium besser kennen und erweitern Sie auch Ihre Fähigkeiten im Umgang mit Steinen, Kristallen, Tarotkarten und anderen Werkzeugen. Die meisten Objekte haben sowohl praktische als auch rein geistige Verwendungszwecke. Wenn Sie permanent weiterlernen, werden Sie eine gewisse Meisterschaft in einem, wenn nicht sogar in mehreren Gebieten der Magie erreichen – und zwar noch in diesem Leben, sodass Ihnen dieses Wissen dann auch im nächsten Leben leichter zur Verfügung steht.

Die Suche nach magischen Objekten

Magische Utensilien sind oft rar, zu teuer oder nicht in Ihrer nächsten Umgebung zu bekommen. Am besten fragen Sie andere Mitglieder der Zunft nach geeigneten Läden oder Versandhäusern mit gutem Ruf.

Wenn ich etwas brauche, um ein kniffliges Problem zu lösen, wende ich mich zunächst einmal mit der Bitte um Führung an eine Gottheit, an meine Schutzengel (jawohl, ich glaube an ihre Existenz) oder an das Universum. Dann ziehe ich los – durch Trödelläden, Flohmärkte oder andere Geschäfte. Dabei ereignet sich immer etwas, das ich als Fügung erkennen kann.

Vor Jahren erlebte ich eine Zeit, in der vieles schief ging. Ich war völlig aus dem Gleichgewicht geraten und suchte verzweifelt nach einer Lösung. Mein Mann schlug einen Ausflug in die nächste Stadt vor, um mich aufzuheitern. Wir wanderten durch das Einkaufsviertel, steckten die Nasen in allerlei Altwarenläden und fanden im allerletzten Geschäft eine altmodische Schalenwaage für fünf Dollar. Ich wusste sofort, dass sie für mich bestimmt war und nahm sie mit; beim Reinigen und Weihen der Waage entstand das »Gleichgewichtsritual«, das ich bis heute vollziehe. Seither erinnert mich die Waage an das Gleichgewicht, das uns in diesem Leben so oft fehlt.

Die Verpackung magischer Objekte

Plastikbeutel oder -behälter sind in Ordnung, wenn man unterwegs ist, aber im Haus einer Hexe nicht empfehlenswert. Ich zumindest finde Plastik zu leb- und lieblos. Für Kräuter, Weihrauch, Weihwasser und Öle eignen sich Holzschachteln und Glas- oder Tontöpfe besser.

Lederbeutel können alle möglichen Dinge beherbergen; Kristalle, Zauberstäbe, Runen, Schmuckstücke und so weiter sollten dagegen in Stoffe aus Naturfasern gewickelt werden, um sie vor anderweitigen Energieeinflüssen zu schützen. Die für diesen Zweck verwendeten Stoffe sollten schwarz oder blau und möglichst undurchsichtig sein.

Das hexische »Erste-Hilfe-Set«

Es ist noch keine Hexe vom Himmel gefallen: Manche entwickeln gewisse gemeinnützige Fähigkeiten schneller als andere. Vielleicht vergehen aber auch Jahre, bevor Sie es wagen, Werkzeuge mit sich herumzutragen, um im Falle eines Falles gerüstet zu sein. Die meisten fangen mit einem Amulett an, mit dem sie sich schützen oder öffentlich als Hexen zu erkennen geben.

Selbst Hexen, die ihre Praktiken streng geheimhalten, verraten gewöhnlich wenigstens einem Vertrauten, was sie inzwischen alles gelernt haben, und werden dann auch meist von dieser Person um Hilfe gebeten. Um dafür gewappnet zu sein, legen Sie sich eine Art Erste-Hilfe-Koffer zu, der stets fix und fertig gepackt einsatzbereit ist.

Nachdem meine Handtaschen die Größe von Müllsäcken angenommen hatten, musste ich nach Alternativen suchen. Eine Zeit lang schleppte ich zwei Aktentaschen durch die Gegend, eine für das magische Werkzeug, die andere für die normalen Arbeitsunterlagen. Auch Plastikmappen mit Fächern und Handgriff eignen sich gut für den Transport der meisten magischen Werkzeuge.

Es gibt Kartons, die zwischen den Autositzen Platz haben und deren Deckel als Schreibunterlage oder Altar dienen kann. Mein Mann etwa kutschiert einen verschließbaren Werkzeugkasten aus Metall in seinem Pick-up herum. Wir haben auch schon Einkaufstaschen, Rucksäcke und Gürteltaschen benutzt, um unser Werkzeug unauffällig zu transportieren. Denkwürdig war auch der Pistolenhalfter, in dem ich Kristalle und Steinchen verstaute.

Für kleinere Objekte kann man Leder- oder Stoffbeutel benutzen und sie unter dem Hemd, im Sockenbund oder in der Unterwäsche verstecken. Ein Beutelchen können Sie sich auch um den Hals hängen; falls Ihnen das zu auffällig ist, haben Frauen mit entsprechenden Kleidungsgewohnheiten die Möglichkeit, sich eines ans Strumpfband zu nähen. Wenn es sich um ein Objekt handelt, das Sie in Körpernähe tragen möchten oder bei Anlässen brauchen, zu denen Sie keine Handtasche tragen können, ist dies die Ideallösung. Das Strumpfband kann jede Farbe haben, nur von Rot rate ich ab, weil rote Strumpfbänder der Sage nach nur von Hexenköniginnen getragen werden dürfen.

Bei Bedarf kann man sich auch einen Ledergürtel mit Innenreißverschluss zulegen. Armeegürtel mit Segeltuchtaschen leisten gute Dienste bei Ausflügen in die Natur, ebenso wie die bereits erwähnten Bauchtaschen, in denen Platz genug für ein Tarotkartenspiel und ein paar Steine ist. Außerdem kann man Mäntel und Capes mit Innentaschen versehen.

Inventarlisten

Ordnung im magischen Kabinett ist wichtig, und wenn Sie Inventarlisten anlegen und stets auf dem aktuellen Stand halten, kramen Sie nicht überall nach einem Objekt herum, das Sie vor einem Jahr verschenkt oder eingetauscht haben. Außerdem sehen Sie mit einem Blick, welche Utensilien Ihnen zur Verfügung stehen, falls Sie einmal nicht wissen, was in dieser speziellen Situation vonnöten ist.

Eine Inventarliste fungiert gleichzeitig auch als Vorbereitung für die nächste Einkaufsliste: Wenn Sie sehen, dass ein Posten zur Neige geht, besorgen Sie ausreichende Mengen rechtzeitig, anstatt dann im Bedarfsfall noch schnell vor dem Ritual losziehen zu müssen. Aus verschiedenen Gründen verschenke ich Halbedelsteine mit vollen Händen und wundere mich dann, wenn mein Vorrat an Mondstein, Rosenquarz und Kristallen aufgebraucht ist.

Sie können Ihre Inventarliste auf eine kleine Schiefertafel schreiben, die Sie im Inneren Ihres Schranks oder Kabinetts aufhängen.

Zusammenfassung

Zunächst überlegen Sie sich, mit welchen magischen Objekten Sie arbeiten möchten. Können Sie einige davon selbst anfertigen? Bastelläden bieten eine hervorragende Auswahl an Dingen, die zu magischen Utensilien taugen - Holz, Töpfe, Perlen, Bänder und so weiter. Mit etwas Farbe oder Glasur lassen sich Wunderdinge vollbringen. Wenn Sie meinen, dass Sie zwei linke Hände haben, machen Sie sich klar, dass diese Objekte nur von Ihnen benutzt werden und nicht als Museumsstücke ausgestellt werden sollen.

Läuterung, Weihe und Ermächtigung

Nachdem Sie Ihren heiligen Raum eingerichtet und Ihr erstes Werkzeug zusammengetragen haben, wird alles geläutert, geweiht und mit Energie geladen (viele Hexen nennen das Ermächtigung).

Grundsätzlich bewirkt eine Ermächtigung Folgendes:

1. Sie vertreibt den Rest der negativen Energie aus Räumen und Objekten.
2. Sie verbindet Sie mit der göttlichen Schaffenskraft des Universums.
3. Sie überträgt diese positive Kraft auf Ihre Umgebung.

Außerdem wird Ihr Selbstvertrauen bei einem Ermächtigungsritual gefestigt und gestärkt, sodass Sie Ihre Energie leichter fokussieren können.

Dieses Kapitel erleichtert Ihnen den nächsten Schritt der Ausbildung. Mit dem Läutern, Weihen und Ermächtigen erklären Sie sich konkret bereit, Ihre Lebensumstände auf positive Weise zu verändern. Nach dem Ermächtigungsprozess sind Sie reif für das Gelübde und das Studium fortgeschrittener Praktiken.

Die Elemente

In der Zunft werden die Elemente Erde, Feuer, Wasser und Luft in alle möglichen Praktiken und Riten einbezogen. Aber fangen wir klein an. Grundsätzlich werden den vier allgemein bekannten Naturkräften folgende Eigenschaften zugeordnet:

Luft: Der Osten im magischen Kreis. Repräsentiert Intellekt, Kommunikation, Wissen, Konzentration, kurzum: Geisteskraft; Einsicht ins Totenreich; Kontakt mit Engeln; Telepathie, Erinnerungsvermögen und Weisheit; Habicht, Rabe und Adler im Tierreich; Prophetie; Karma, Wendigkeit und Schnelligkeit.

Feuer: Der Süden im magischen Kreis. Repräsentiert Energie, Läuterung, Mut, Risikobereitschaft, Kreativität; Erfolg und Perfektion; Künste und Transformationen; Löwe, Phönix und Drache im Tierreich; Loyalität und Kraft.

Wasser: Der Westen im magischen Kreis. Repräsentiert Intuition, Emotionen, das innere Selbst, Fließen, Reinigungsfähigkeit; Sympathie und Liebe; Reflexion; Ebbe und Flut im Lebenslauf; Delphin, Schwan und Krebs im Tierreich; Träume und Astralreisen.

Erde: Der Norden im magischen Kreis. Mysterium und Wachstum, Fruchtbarkeit, materieller Reichtum, die kombinierten Naturkräfte und ihre Fülle; Geburt und Heilung; Business, Industrie und Besitz; Bär, Hirsch und Wolf im Tierreich; Naturschutz und die Natur schlechthin.

Vier Zacken des Sterns auf einem Pentagramm, unserem heiligen Symbol, stehen für die vier Elemente. Die allen übergeordnete Sternspitze wird mit dem fünften Element assoziiert: dem Großen Geist, oft auch Akasha genannt. Akasha oder Äther bedeutet Zentrierung, Umwandlung und die Schrankenlosigkeit des Bewusstseins jenseits von Zeit und Raum, wie wir sie kennen.

Es gibt Hexenorden, deren Initianden das Pentagramm nur unter ihrer Kleidung tragen, in Herznähe auf der Brust. Es gibt praktische Gründe für diese Geheimhaltung: Ein Pentagramm kann Energie speichern, die man vor den negativen Einflüssen von Menschen schützen will, welche keine Ahnung von der wahren Bedeutung dieses Symbols haben.

Meditation mit den Elementen

Bevor Sie weiterlesen, rate ich Ihnen, die folgende Meditation durchzuführen.

Sammeln Sie vier Gegenstände, die die vier Elemente versinnbildlichen, nehmen Sie außerdem einen Kompass, Ihr Notizbuch und einen Stift und gehen Sie hinaus ins Freie. Bei schlechtem Wetter können Sie auch zu Hause bleiben. In jedem Fall sollten Sie einen Ort aufsuchen, an dem Sie ungestört sind. Wenn Sie wollen, können Sie Musik auflegen und den Raum verdunkeln.

Entspannen Sie sich, wie bereits beschrieben (siehe Seite 110 ff.). Sehen Sie auf Ihren Kompass und wenden Sie sich nach Norden (wer im Sessel sitzt, dreht ihn in diese Richtung). Schließen Sie die Augen und lassen Sie Eindrücke über die Richtung, in die Sie sich gedreht haben, völlig unzensiert in Ihnen hochkommen. Nach ein paar Minuten schreiben Sie Ihre Eindrücke auf.

Jetzt nehmen Sie den Gegenstand in die Hand, der die Erde in Ihrer Sammlung repräsentiert. Öffnen Sie Ihren Geist und nehmen Sie Ihre Gedanken und Gefühle über das Element und seine Beziehung zur nördlichen Himmelsrichtung wahr. Machen Sie sich Ihre bisherige Beziehung zu beidem bewusst. Schreiben Sie ins Notizbuch, was Ihnen dabei aufgegangen ist.

Und jetzt gehen Sie einen Schritt weiter in Ihrer Meditation, indem Sie ein Wesen visualisieren, das das irdische Element auf positive Weise versinnbildlicht. Ist Ihr Geschöpf männlich, weiblich, Mensch oder Tier oder Fabelwesen? Notieren Sie eine stichwortartige Beschreibung und welche Gefühle dieses Geschöpf in Ihnen hervorruft.

Wiederholen Sie den Vorgang mit den restlichen drei Himmelsrichtungen und herkömmlichen Elementen.

Beim fünften Element stellen Sie sich in die Mitte des Raumes und visualisieren ein goldenes Licht, das vom Himmel strömt und Sie von oben bis unten erfüllt. Schreiben Sie auf, was Sie dabei erlebt haben.

Anschließend lassen Sie sich eingeben, welche Mittel Sie zum Läutern und Weihen benutzen sollen, beispielsweise Meersalz, Blumenerde, Reis, Maismehl und so weiter als Vertreter für das irdische Element. Für Luft eignen sich Besen, Fächer, Federn, Weihrauch oder der eigene Atem. Wasser kann von Weihwasser repräsentiert werden, oder Sie nehmen Wasser aus einem See oder Brunnen in Ihrer Nähe, gegebenenfalls auch Schnee. Feuer kann von einer Kerzenflamme, Öllampe oder Fackel versinnbildlicht werden.

Und nun ziehen Sie den imaginären Reißverschluss wieder zu, um Ihre Energiezentren zu schützen, und lesen Sie Ihre Notizen durch. Wenn Fragen über die Elemente auftauchen, können Sie Ihr Notizbuch zu Rate ziehen und neue Erkenntnisse zu diesem Thema hinzufügen.

Formel für Weihwasser

Weihwasser wird bei vielen magischen Praktiken gebraucht, vom Läutern bis zum Heilen. Viele Hexen halten geweihtes Wasser in Phiolen und Glasfläschchen einsatzbereit. Plastik ist nicht zu empfehlen, weil es poröser ist als Glas und bei der Herstellung oft sogar schädlich für Mutter Erde.

Die Instruktionen für die Herstellung von Weihwasser müssen sehr genau befolgt werden. Außerdem rate ich Ihnen, den Arbeitsplan, der diesem Rezept folgt, mit der Hand abzuschreiben und Kopien davon zu machen. Sie werden sie noch oft brauchen. Sie könnten zwar den Arbeitsplan und Ihre Eintragungen auch abtippen, aber handgeschriebene Informationen hinterlassen eine tiefere Wirkung.

- 1 TL Rosenwasser (optional)
- 3 EL Meersalz
- 1 kleine Schale Quellwasser
- 1 sauberes Glasgefäß
- 1 neuer Taschenspiegel
- 1 kleine, verschließbare Flasche

(ANMERKUNG: Reines Quellwasser ist schwer zu finden. Der Werbung der Getränkehersteller kann man erfahrungsgemäß nicht trauen, also sollten Sie sich selbst versorgen. Ich schlage einen Ausflug zu einem Gebirgsquell oder an einen glasklaren See vor.)

Zunächst werden alle Behälter in kochendem Wasser sterilisiert. Sorgen Sie dafür, dass Sie bei den Vorbereitungen auf keinen Fall unterbrochen oder gestört werden. Die beste Zeit ist um Mitternacht in einer Vollmondphase. Das Ganze sollte im Freien oder an einem Fenster stattfinden, das das Vollmondlicht reflektiert.

Stellen Sie alle Zutaten auf Ihr Arbeitstuch. Atmen Sie fünf- bis sechsmal tief durch, um den Stress des Tages hinter sich zu lassen. Schlagen Sie Ihren magischen Kreis und halten Sie die Arme vor sich hin, wie die Göttin, die das gesamte Universum umfängt. Mit nach außen gekehrten Handflächen intonieren Sie jetzt eine Bitte um göttlichen Segen für Ihr Werk:

»Zu dieser Stund um Mitternacht
beschwöre ich die Alte Macht.
In der Gegenwart des Göttlichen auf Erden
soll dieser Quell gesegnet werden.«

Nach einer erfolgreichen Anrufung spüren Sie, dass die Energie der Erdmutter und des Himmelsvaters sich zu Ihren Füßen und im Kopf sammeln. Fühlen Sie, wie Ihre eigene Energie sich in der Bauchgegend ausdehnt und sich dann mit dem Göttlichen vereint. Lassen Sie sich Zeit; Sie brauchen nicht zu hetzen.

Fügen sie nun dem Quellwasser das Rosenwasser hinzu. Nehmen Sie die Wasserschale, halten Sie sie dem Mondeslicht entgegen und sprechen Sie:

> *»In meinen Händen halte ich die Essenz der Götter. Hiermit reinige ich dieses Wasser und weihe es dem Göttlichen, auf dass es allein zu guten Zwecken Verwendung finde und mir bei meinen Zauberwerken helfen möge.«*

Fühlen Sie, wie die Energie der Mondgöttin sich auf das Wasser herabsenkt. Sehen Sie ihr Silberlicht vom Himmel strömen und stellen Sie sich vor, dass es Sie und Ihr Wasser vollkommen durchtränkt. Dabei erglühen Sie innerlich.

Stellen Sie die Schale auf Ihr Tuch und nehmen Sie das Salz zur Hand. Fühlen sie, wie die Macht in Ihren Armen pulsiert, wenn Sie das Salz dem Mond entgegenhalten und sprechen:

> *»In meinen Händen halte ich die Essenz der Erdmutter, deren Fülle alle Geschöpfe am Leben erhält. Hiermit weihe ich dieses Salz dem Göttlichen, auf dass es allein zu guten Zwecken Verwendung finde und mir bei meinen Zauberwerken helfen möge.«*

Wie beim Wasser stellen Sie sich vor, dass die Energie der Mondgöttin das Salz durchtränkt und ermächtigt.

Setzen Sie das Salz ab, schütten Sie einen kleinen Teil davon in die Wasserschale und rühren Sie das Wasser dreimal im Uhrzeigersinn um. Wiederholen Sie den Vorgang noch zweimal.

Mit der Schale in der linken Hand (Empfangen) und dem Spiegel in der rechten (Aussenden) fangen Sie das Mondlicht im Spiegel auf und lassen es in die Schale fallen. Nach einer Pause sprechen Sie:

> *»Diese Flüssigkeit ist nun rein und dem Herrn und der Herrin geweiht. Es ist frei von jeglicher Negativität in allen Zeiten und Räumen.«*

Legen Sie Schale und Spiegel auf Ihr Tuch und halten Sie beide Hände in etwa einem Zentimeter Entfernung über die Wasserschale.

Lassen Sie Ihren Körper vibrieren vor Kraft. Öffnen Sie Ihr drittes Auge (Stirnchakra) und stellen Sie sich vor, dass ein glühender, violetter Lichtstrahl von ihm ausgeht. Bilden Sie ein offenes Dreieck mit Ihren Händen über dem Wasser und projizieren Sie den Lichtstrahl durch das Dreieck in die Schale hinein. Sehen Sie mit Ihrem inneren Auge, wie das Wasser die Farbe wechselt und zu leuchten beginnt. Fühlen Sie die Macht von Ihrem Kopf aus durch beide Arme strömen und gleichzeitig von den Füßen aufwärts steigen. Wenn die Energie allmählich schwächer wird, senken Sie die Arme und verkünden:

> *»Wie ich es will,*
> *so soll es sein.*
> *Mit dem freien Willen aller*
> *und zu niemandes Pein,*
> *soll diese Formel wirksam sein!«*

Sie können Ihre Energie auf zwei Arten erden. Entweder legen Sie beide Hände auf den Boden und fühlen Ihre Energie in die Erdmutter zurückfließen, oder Sie stellen sich Ihre Energie als ein Kraftfeld vor, aus dem Sie ganz einfach heraustreten; dann sehen Sie zu, wie der Rest der Energie in sich zusammenfällt und mit der Erde verschmilzt.

Mit dieser Handlung haben Sie Ihren ersten »Machtakt« vollzogen. Gießen Sie das Wasser in den dafür vorgesehenen Behälter und bewahren Sie es für die rituelle Läuterung und Weihe Ihres heiligen Raums auf. Sammeln Sie alle Utensilien ein und legen Sie sie zurück an ihren Platz ... bis zum nächsten Mal.

Vorlage für Formeln und Rezepte

Zauberformel oder Rezept: ______________________________

____

____

Datum und Uhrzeit: ______________________________

Mondphase/astrologische Konstellation: __________________

Zweck: ______________________________________

____

____

____

Zutaten und Utensilien: __________________________

____

____

____

____

____

____

____

Ort (falls erforderlich): __________________________

Resultat (und wie lange etwas brauchte, um zu wirken; wann Zutaten verdarben, unterschiedliche Ergebnisse und so weiter):

Beschworene Gottheiten:

Anweisungen zur Herstellung und/oder Durchführung:

Läuterung und Weihe von Räumen und Werkzeug

Wenn Sie bereit sind, Ihren heiligen Raum zu läutern, können Sie gleichzeitig auch Ihr Werkzeug ermächtigen.

Für dieses Ritual brauchen Sie Folgendes:

- Besen
- 2 Kerzen zur Beleuchtung
- Kelch mit Weihwasser
- 1 Feuerzeug
- 1 silberne Kerze
- 1 Geburtstagskerze
- Pentagramm
- 1 kleine, mit Erde gefüllte Schale
- 4 Kerzen für die Elemente (rot oder orange, blau oder lila, braun oder grün, gelb oder goldfarben)
- Weihrauch (Salbei)

Da Ihr Zauberstab erst geläutert und geweiht werden muss, benutzen Sie ihn zunächst noch nicht. Der Kelch und das Pentagramm werden im Lauf der Zeremonie gereinigt und geweiht.

Nachdem Sie Ihr Werkzeug zusammengetragen haben (vergessen Sie die Kerzenhalter nicht), legen Sie alles auf den Altar und bedecken es bis zum Beginn Ihrer Zeremonie mit einem schwarzen Tuch. Schwarz wird empfohlen, weil es Ihre Utensilien vor Staub und Fremdeinflüssen schützt.

Dann legen Sie das Datum und die Uhrzeit für Ihr Ritual fest. Sie können sich an einem astrologischen Kalender orientieren oder einfach den nächsten Neumond wählen. Ich halte diese Phase für sehr geeignet, weil sie für den Beginn neuer Projekte und Lebensphasen steht.

Wie bei allen magischen Praktiken sorgen Sie vorher dafür, dass Sie ungestört bleiben. Am Tag Ihrer Wahl putzen Sie den heiligen Raum mit allem, was dazu gehört: Fenster, Boden und Mobiliar.

Eine halbe Stunde vor dem Ritual vergewissern Sie sich, dass Sie sämtliche Vorkehrungen getroffen haben und wissen, was Sie tun müssen. Wenn Sie sich die Handlungsabfolge nicht merken können, legen Sie dieses Buch bereit, markieren die entsprechenden Seiten mit Büroklammern und unterstreichen die Stellen mit einem Highlighter, sodass Sie sie auch bei schwachem Licht gut lesen können. Schließlich werden Sie nicht mitten in Ihrem Ritual wie wild blättern wollen.

Die Wirksamkeit eines Zaubers hängt von der Intensität ab, mit der die rituelle Handlungsabfolge vollzogen wird. Wenn der Wille und die Emotionen stark genug sind, kann ein Ritual auch rein geistig vollzogen werden, ohne seine Wirksamkeit zu verlieren – aber diese Fähigkeit entwickeln Sie erst mit der Zeit und viel Übung.

Nach den eben erwähnten Vorbereitungen duschen Sie oder nehmen ein Entspannungsbad. Ich gehe immer unter die Dusche und stelle mir vor, dass ein gigantischer Wasserfall allen psychischen Unrat aus mir herausschwemmt. Die Kleidung für ein Ritual muss vor allem locker sitzen – daher eignet sich auch ein Bademantel. Oder Sie vollziehen den Ritus im »Luftgewand«, also nackt.

Kurz vor Beginn stellen Sie die vier Kerzen für die Elemente an den ihnen gebührenden Platz im Raum. Osten: eine gelbe oder goldfarbene Kerze; Süden: eine rote oder orangefarbene Kerze; Westen: eine blaue oder lila Kerze; Norden: braun oder grün. Die silberne Kerze stellen Sie auf den Altar.

Vergewissern Sie sich ein letztes Mal, dass Sie alles Notwendige bereitgelegt haben. Wenn Sie Werkzeuge läutern und weihen wollen, müssen sie auf dem Altar oder Arbeitstisch liegen. Sorgen Sie auch dafür, dass Sie ungestört bleiben. Wenn Sie wollen, umgeben Sie Ihren Altar mit einem Kreis aus Kordel oder Seilschnur.

Stellen Sie sich vor Ihren Altar und atmen Sie tief durch. Zünden Sie die beiden Beleuchtungskerzen mit dem Feuerzeug oder der Geburtstagskerze an. Schreiten Sie dann im Uhrzeigersinn durch den Raum und zünden Sie die vier Elementkerzen dabei an.

Nehmen Sie Ihren Besen und fegen den inneren Kreis im Uhrzeigersinn sauber. Wiederholen Sie dabei einen Spruch wie diesen:

> *»Fege, fege alles rein.*
> *Mit den Mächten der Luft wird dieser Raum gesäubert sein.«*

Schließen Sie die Augen und fühlen Sie die Strömungen der Luft im Inneren des magischen Kreises. Stellen sie sich wieder vor den Altar und nehmen Sie die silberne Kerze in die Hand. Zünden Sie sie an der linken Beleuchtungskerze an, schreiten Sie im Uhrzeigersinn am Innenrand des Kreises entlang und sprechen Sie:

> *»Licht, licht, leuchtend rein.*
> *Mit den Mächten des Feuers wird dieser Raum gesäubert sein.«*

Konzentrieren Sie sich auf die Strömungen der feurigen Elementarkraft im Kreis. Stellen sie sich wieder vor den Altar und nehmen Sie den Kelch mit dem Weihwasser in die Hand. Schreiten Sie im Uhrzeigersinn am Innenrand des Kreises entlang, verspritzen sie das Wasser mit den Fingern Ihrer rechten Hand und sprechen Sie Worte, die Ihnen Kraft verleihen, wie:

> *»Wasser, Wasser wäscht alles rein.*
> *Mit den Mächten des Wassers wird dieser Raum geläutert sein.«*

Fühlen Sie die Elementarkraft des Wassers im Uhrzeigersinn im Kreis strömen. Stellen Sie sich wieder vor den Altar und nehmen

Sie die Schale mit Erde in die Hand. Schreiten Sie im Uhrzeigersinn am Innenrand des Kreises entlang, verstreuen Sie die Erde und sprechen Sie:

> *»Erde, Erde macht alles rein.*
> *Mit den Mächten der Erde wird dieser Raum geläutert sein.«*

Fühlen Sie, wie die Elementarkraft der Erde ihre Fülle im Kreis verteilt. Stellen Sie die mit Erde gefüllte Schale wieder auf den Altar und begeben Sie sich in die Mitte des Kreises. Nehmen Sie die allesumfangende Armhaltung der Göttin ein und verkünden Sie:

> *»Großer Geist, erfülle diesen Ort.*
> *Göttliche Allmacht, weihe diesen Hort!«*

Fühlen Sie die Macht der Göttin und des Gottes in Sie strömen und Ihren Raum mit erhabenen Schwingungen erfüllen. Sprechen Sie:

> *»Von nun an wird die Kraft des Universums diesen Raum auf ewig erfüllen und heiligen.«*

Fühlen Sie die Energie aus Ihrem Körper emporsteigen und mit dem Universum verschmelzen. Wenn die Energie nachlässt, wenden Sie sich wieder zum Altar, legen beide Hände darauf und sprechen:

> *»Dieser Altar ist der Göttin und dem Gott des Lichts geweiht. Möge er mir gute Dienste leisten.«*

Wenn Sie weder Werkzeuge noch Schmuckstücke reinigen und weihen wollen, beenden Sie das Ritual an diesem Punkt, indem Sie dem Götterpaar und den Elementen für ihre Teilnahme danken. Danach erden Sie sich wieder: entweder, indem Sie beide Handflächen auf den Boden legen und fühlen, dass die heraufbeschworene Energie zur Erdmutter zurückfließt, oder indem Sie aus dem Energiefeld heraustreten und es in sich zusammenfallen sehen, während es von selbst wieder mit der Erdatmosphäre verschmilzt. Dann heben Sie die rechte Hand über Ihren Kopf und beschreiben einen Kreis *gegen* den Uhrzeigersinn. Dazu sprechen Sie:

> *»Der Kreis ist offen. Möge er niemals durchbrochen werden!«*

Wenn Sie Gegenstände läutern und weihen wollen, fahren Sie mit den nun folgenden Schritten fort. Auch danach danken Sie dem Götterpaar und den Elementen und erden sich wie beschrieben.

Stellen Sie sich vor den Altar und nehmen Sie den ersten Gegenstand in die Hand. Visualisieren Sie ein leuchtend goldenes Licht, das vom Himmel herabfällt und Ihr Objekt erhellt. Halten Sie das Objekt in die Weihrauchschwaden und sprechen Sie:

> *»Ich reinige und weihe diese/s/n ...* [Objekt], *um Gutes zu wirken. Hiermit entferne ich die Negativität aller Zeiten und Räume von meinem ...* [Objekt]*.«*

Wiederholen Sie den Vorgang mit den drei verbleibenden Elementen: Halten Sie das Objekt in oder über die Flamme, besprengen Sie es mit Weihwasser und werfen Sie ein wenig Erde darauf.

Nun legen Sie das Objekt auf Ihr Pentagramm. Lassen Sie Ihre Hände direkt über dem Objekt schweben, ohne es zu berühren. Dann formen Sie ein Dreieck mit beiden Händen und stellen sich eine silberne Lichtkugel in der Öffnung zwischen Ihren Händen vor, die zusehends heller zu leuchten beginnt. Lassen Sie Ihre gesammelte Energie aus dem Körper treten und senden Sie sie mit einem sanften Stoß in die Lichtkugel zwischen Ihren Händen. Dirigieren Sie die Kugel mit Ihrer Geisteskraft nach unten, in Ihr Objekt hinein, sodass es mit einer geballten Energieladung erfüllt wird. Wenn die Energie nachlässt, sagen Sie:

»Nach dem Willen der Göttin und des Gottes habe ich diese/s/n … [Objekt] *ermächtigt. Möge ihr Segen für immer darin wirksam sein.*

Mit dem freien Willen aller
und zu niemandes Schaden:
Wie ich es will,
so soll es sein!«

Beenden Sie das Ritual wie beschrieben. Zu guter Letzt räumen Sie auf und verstauen alles wieder an seinem Platz. Was an Erde und Weihwasser übrig ist, wird vor dem Haus auf den Erdboden geschüttet. Dazu sagen Sie:

»Ich danke euch für die Macht, die ihr auf mich übertragen habt.«

Danach machen Sie es sich gemütlich, essen und trinken etwas, um überschüssige Energie abzubauen, und schreiben dann auf, was sich ereignet hat.

Hiermit haben Sie den ersten Abschnitt der zweiteiligen Gelöbniszeremonie vollzogen, die Ihnen das Tor zur Zunft öffnet. Sie haben Ihren Raum und Ihr Werkzeug dem Dienst an der Menschheit geweiht. Der zweite Abschnitt ist Ihnen selbst gewidmet.

Geben Sie sich genügend Bedenkzeit, bevor Sie Ihr Gelübde ablegen – mindestens einen Monat, gern auch mehr. Sie müssen absolut sicher sein, dass dies der Weg ist, den Sie in diesem Leben beschreiten wollen.

Obwohl die Erstellung akkurater magischer Chroniken im nächsten Kapitel erläutert wird, füge ich bereits an dieser Stelle ein entsprechendes Formblatt ein. Sie können die nächsten Seiten kopieren oder selbst in Ihr Notizbuch eintragen.

Vorlage für rituelle Chroniken

Art des Rituals: ____________________

____

____

Datum und Uhrzeit: ____________________

Mondphase/astrologische Konstellation: ____________________

____

____

Wetter: ____________________

____

Physische Verfassung: ____________________

____

Zweck: ____________________

____

Werkzeuge und Utensilien: ____________________

____

____

____

____

____

____

____

____

____

____

Beschworene Gottheiten: ______________________________

Ungefähre Dauer: ______________________________

Resultat: ______________________________

Komposition des Rituals: ______________________________

Zusammenfassung

Läuterung und Weihe gehören zu den fundamentalsten Praktiken der Zunft. Auf alles, was Sie sich aneignen, übertragen Sie etwas von Ihrer Energie, ob Sie wollen oder nicht. Gegenstände und Plätze, die Sie bei einem magischen Akt mit den Kräften des Universums erfüllen, müssen geläutert und vor dem Zugriff Unbefugter geschützt werden, denn es gibt Dinge in den unsichtbaren Welten, die Unheil stiften können. Auch wenn man einen Virus nicht mit dem bloßen Auge erkennt, kann er uns das Leben kosten. Körperlose Kräfte sind unter Umständen nicht weniger rabiat. Während Sie lernen, sich zwischen den beiden Welten hin- und herzubewegen, sind Sie wie ein Kind, das die Gefahr nicht sieht. Sie sind unschuldig, aber nicht dumm, also müssen Sie lernen, wie Sie sich vor unbekannten Einflüssen schützen können.

Die meisten Zauberer und Hexen benutzen Läuterungs- und Weiherituale als Schutzmittel. Außerdem verbinden wir uns dabei mit Urkräften im eigenen Innern, die uns mutig, gesund und produktiv machen.

Magische Chroniken

Die Macht des geschriebenen Wortes

Als Hexe brauchen Sie lückenlose Aufzeichnungen, besonders wenn Sie allein arbeiten. Dazu gehören detaillierte Berichte über die Ereignisse im Verlauf Ihrer magischen Praktiken, Notizen, selbst Fotos und Tonbandaufnahmen – es sei denn, Sie seien mit einem phänomenalen Gedächtnis gesegnet.

Wenn Sie Ihren persönlichen Entwicklungsweg schriftlich niederlegen, können Sie Ihre Fortschritte im Rückblick erkennen.

Ich weiß, dass meine Leidenschaft für das geschriebene Wort nicht von jedem geteilt wird, dennoch ist eine gewissenhafte »Geschichtsschreibung« unerlässlich. Beim Schreiben fallen Ihnen außerdem Dinge ein, die Sie ansonsten vergessen hätten und ohne die sich kein klares Gesamtbild ergibt. Außerdem gewinnen Sie dabei ständig neue Einsichten in die eigene Psyche und können Ihre Entdeckungen später Schritt für Schritt, Rezept für Rezept an etwaige Nachfolger weitervermitteln.

Aus einer guten Buchführung wird auch ersichtlich, wann und wo Sie Fehler gemacht haben. Nach einem Misserfolg sind wir oft unfähig, über das niederschmetternde Versagen hinaus zu blicken, aber wenn Sie später Ihre Aufzeichnungen noch einmal durchlesen, können Sie einen Schritt zurücktreten und Ihr Werk mit dem Abstand eines (fast) neutralen Gutachters in Augenschein nehmen.

Ich führe mehrere Bücher gleichzeitig, was vielen bestimmt mühsam vorkommt, doch für meine Begriffe ist es einfacher, die verschiedenen Themen, mit denen ich arbeite, in unterschiedlichen Ordnern unterzubringen.

Das Tagebuch

In meinem Tagebuch notiere ich wöchentlich, manchmal auch täglich, was sich im Alltagsleben ereignet. Auf diese Weise habe ich mein normales Dasein allmählich in mein Hexenleben integriert. Nach einer Weile können Sie das eine nämlich nicht mehr vom anderen trennen – oft, ohne dass Sie es selbst merken.

Seit acht Jahren kennzeichne ich jede neue Eintragung mit Datum, Uhrzeit und Wetterverhältnissen (erstaunlicherweise sehr nützlich). Darunter notiere ich Ereignisse aus Familienkreis und Weltpolitik sowie persönliche Einsichten in Probleme aller Art. Ein paar Affirmationen gehören ebenfalls dazu – Aussagen, mit denen ich mich positiv programmiere. Zum Beispiel: »Ich bin ein guter Zuhörer«, »Ich überlege es mir zweimal, bevor ich zu etwas ja sage«, »Ich bin sowohl mental als auch emotional erwachsen«.

Am 31. Dezember jedes Jahres lese ich mein Tagebuch durch und vergegenwärtige mir die Höhen und Tiefen im Jahreslauf. Dann erstelle ich drei Rubriken mit folgenden Überschriften: »Spirituelle Fortschritte«, »Mentale Fortschritte« und »Materielle Fortschritte«. Nachdem ich meine Gedanken darüber notiert habe, lese ich meine Eintragungen vom 31. Dezember des Jahrs vor dem nun zu Ende gehenden Jahr durch und vergleiche meine damaligen Ziele mit denen des jüngst vergangenen Jahres.

Falls einige davon sich erfüllt haben, hake ich sie ab und trage das momentane Datum auf der entsprechenden Seite ein. Manche Ziele mögen hinfällig geworden sein, andere habe ich noch nicht erreicht. Wenn letztere weiterhin erstrebenswert sind, werden sie dem aktuellen »Wunschzettel« beigefügt.

Zum Schluss schreibe ich noch kurz auf, was mir zu meinen Erfolgen und Niederlagen im Jahreslauf einfällt. Oft sehe ich, dass meine kühnsten Träume übertroffen wurden, während ich auf anderen Gebieten offensichtlich noch einiges zu tun habe.

Dieses Tagebuch hat schon zahllose Dispute im Familienkreis beendet und Fragen wie »Wann habe ich das gemacht?« oder »Wie lange wohnen wir schon hier?« beantwortet. Jede Familie kann einen Buchführer dieser Art gebrauchen.

Mit der Hilfe eines normalen Tagebuchs bleiben Sie eher auf dem Boden der allgemein anerkannten Tatsachen, auf dem sich Ihre Mitmenschen tummeln. Aus diesem Grund halte ich meine Jahresrückschau am 31. Dezember anstatt am 31. Oktober (dem Neujahr der Hexen) ab. Manchmal heben wir vom Zaubervolk nämlich so ab, dass die reale Welt aufspringen und uns auf den Boden der Tatsachen zurückholen muss.

Bitte vergessen Sie nicht, dass Sie aus gutem Grund hier in der realen Welt weilen, mögen die geistigen und energetischen Welten auch noch so verlockend sein. Um sich eine gesunde Perspektive zu bewahren, braucht man ausgleichende Beschäftigungen. Gehen Sie zu einem Fußballspiel oder zum Kegeln oder unterhalten Sie sich mit Leuten, die keine Ahnung von der Magie haben. Ob Sie wollen oder nicht, Sie brauchen einen Ausgleich.

Das Traumtagebuch

Bis jetzt haben Sie all Ihre Aufzeichnungen in einem einzigen Ordner oder Notizbuch untergebracht; wenn Sie aber fleißig weiterstudieren und -experimentieren, wird das Ding bald monströse Ausmaße annehmen.

Irgendwann gelangen Sie dann an den Punkt, da Ihre Träume ihren eigenen Ringordner brauchen – womöglich, nachdem Sie dieses Kapitel gelesen haben. Träume können übrigens auch in verschiedene Rubriken unterteilt werden. Legen Sie ein Notizbuch mit losen Blättern neben Ihr Bett und bringen Sie Ordnung in die Sammlung, wenn Sie Langeweile haben.

Ich lese meine Traumnotizen nach ein paar Monaten durch und stelle dabei oft erst fest, wie bedeutungsvoll einige von ihnen waren, weil ich sie jetzt aus einer anderen Perspektive und im größeren Zusammenhang betrachten kann.

Das Buch der Schatten

Das *Buch der Schatten* enthält die wichtigsten Aufzeichnungen von Hexen seit Menschengedenken. Wie viele Hexen einen Beitrag zu dieser Sammlung geleistet haben, weiß kein Mensch zu sagen. Da man glaubt, dass die meisten Hexen in alten Zeiten des Lesens und Schreibens unkundig waren, hält man es gemeinhin für unwahrscheinlich, dass sie schriftliche Aufzeichnungen hinterlassen haben sollen.

Es mag sein, dass die europäischen Hexen des Mittelalters eine Zeit lang nichts von ihrem Wissen veröffentlicht haben, aber meines Erachtens aus anderen Gründen.

Zum einen gibt es sehr wohl eine Reihe von altüberlieferten magischen Schriften, zum Beispiel auch das Runenalphabet: Wer wollte, konnte ganze Bücher in dieser Schrift verfassen.

Zweitens ist es durchaus denkbar, dass Lesen und Schreiben zur Grundausbildung von Mitgliedern gewisser Hexenorden gehörte. Da all ihr Wissen grundsätzlich geheimgehalten wurde, ist heute nicht mehr feststellbar, inwieweit die Praktizierenden der magischen Künste das Lesen und Schreiben beherrschten. Ich frage mich: Warum sollen die Hexen auf die Macht des geschriebenen Wortes verzichtet haben?

Aber selbst wenn Initianden zur Zeit der Hexenverfolgung nicht mehr im Lesen und Schreiben unterrichtet wurden, weil Papiere in die falschen Hände geraten konnten, mag doch die eine oder andere Hexe ihre Formeln und Rezepte als Bilder verschlüsselt in ein Kochbuch, wenn nicht gar die Bibel eingetragen haben. Außerdem heißt es, dass die Großmeister gewisser Orden zweierlei Bücher geführt haben, ein Geschäftsbuch für die Allgemeinheit und ein Handbuch für die Eingeweihten.

Wie dem auch sei – Sie brauchen die Informationen in Ihrem *Buch der Schatten* manchmal sehr dringend, und so darf es nicht zu dick und unübersichtlich werden. Als mein *Buch der Schatten* ernstlich aus allen Nähten zu platzen drohte, legte ich mir Ringordner für die verschiedenen Arbeitsbereiche zu, unter anderem für Rituale, Tarotdeutung, Runen, Träume, Handschriftanalysen und so weiter.

Was enthält ein Buch der Schatten?

Es enthält die genauen Aufzeichnungen über Ihre Praktiken, Zaubersprüche, Rituale und ihre Resultate. Dazu kommen Forschungsergebnisse, Informationen über die Bereiche, in denen Sie tätig sind, Einsichten, Affirmationen und möglicherweise auch die Kontakte, die Sie im weltweiten Netzwerk anknüpfen. Vielleicht legen Sie auch eine Liste einschlägiger Läden und Versandhäuser an.

Mein Hauptbuch ist ein breiter Ringordner mit zwei Teilen, die beide mit Indexblättern von A bis Z unterteilt sind. Der erste Teil enthält Informationen über meine Nachforschungen auf interessanten Gebieten, Zitate, Tabellen und so weiter. Im zweiten Teil verwahre ich meine Arbeitsinformationen, wie die Instruktionen für Rituale, Sprüche, Heilverfahren, Rezepte und dergleichen.

Hier eine Liste der wichtigsten Rubriken im ersten Teil meines Buches, um den Anfängern unter Ihnen eine Vorstellung von ihrem zukünftigen Betätigungsfeld zu geben:

I. Segnung dieses Buches
II. Lieblingszitate und magische Grundregeln
III. Alphabetisches Inhaltsverzeichnis
IV. Informationen über:
Ägyptische Magie
Alphabete
Astralreisen
Astrologische Konstellationen
Bilokation
Biofeedback
Chakren
Druiden
Edelsteine
Emotionen
Erdmagie
Elemente
Ethik
Farbenmagie
Fähigkeiten
Geister- und Totenbeschwörung
Gott/Göttin
Graphologie
Kerzenmagie
Kompass
Kräuter

Kristalle
Magische Definitionen
Magische Konstellationen
Mondmagie
Pendeln
Schamanistische Praktiken
Schutzmagie
Sensitivität
Symbole und Zeichen
Tarot
Telepathie
Vernetzung
Visionssuche
Weibliche Spiritualität
Zaubersprüche
Zeitforschung

Eine Zeit lang jonglierte ich mit zwei Büchern herum, weil ich meine Informationssammlung in einem *Buch des Lichts* und meine Arbeitsanweisungen in einem separaten *Buch der Schatten* untergebracht hatte. Aber das erwies sich schnell als ebenso mühsam wir unpraktisch.

Genauigkeit ist dennoch wichtig: Wer weiß, vielleicht reichen Ihre Nachkommen Ihr *Buch der Schatten* noch in hundert Jahren als kostbares Erbstück weiter!

Zusammenfassung

Ihr Notizheft ist Ihr erstes *Buch der Schatten*. Traditionsgemäß schreibt man einen Segensspruch auf die Innenseite des Buchdeckels, sowohl zum Schutz als auch zum Zeichen, dass die darin enthaltenen Informationen der Allmacht geweiht wurden. Denken Sie gründlich über die Formulierung dieser Segensformel nach.

Wenn Ihnen das Heft, mit dem Sie angefangen haben, später unwürdig erscheint, besorgen Sie sich sofort etwas Besseres. Heutzutage ist es möglich, ein *Buch der Schatten* im Computer zu speichern. In dem Fall würde ich zwei Disketten ziehen und eine davon in einem Bank- oder Postschließfach, die andere zu Hause aufbewahren. Apropos Aufbewahrung: Legen Sie die Kopie, mit der Sie arbeiten, stets an derselben Stelle ab, damit Sie im Notfall nicht in Schränken und unter Betten herumkramen müssen.

An diesem Punkt rate ich Ihnen, eine Liste von den Bereichen zu machen, die Sie faszinieren. Sie können sich an meiner Liste orientieren und dann überlegen, wo Sie die notwendigen Informationen erhalten.

Die Praxis

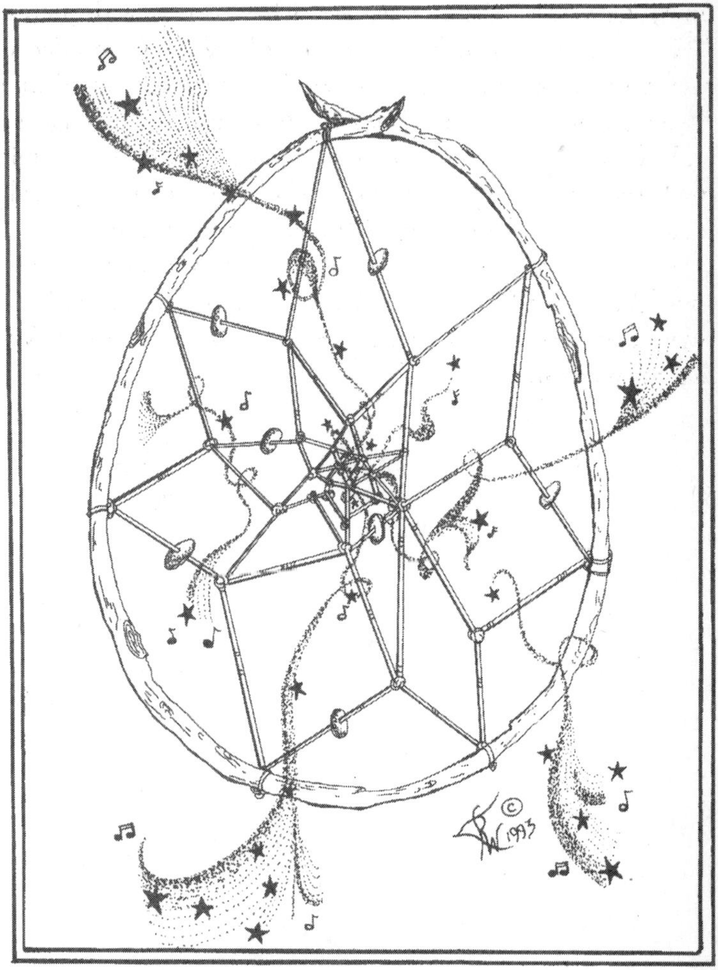

Rituale

Wozu brauchen wir Rituale?

Oberflächlich betrachtet ist ein Ritual eine Handlungsabfolge, durch die Körper und Geist fokussiert werden. Auf einer tieferen Ebene geht es jedoch darum, die Energie eines Individuums oder einer Versammlung von Gleichgesinnten mit der Gottesmacht oder dem kosmischen Bewusstsein zu verschmelzen.

Es gibt zwei Arten von Ritualen – die erste dient der Verehrung von Gottheiten, mit der zweiten verfolgt man ein bestimmtes, magisches Ziel. Rituale der Gottesverehrung werden normalerweise an den üblichen Festtagen gefeiert. Magische Rituale sind Arbeitsrituale – zum Beispiel zu Heilungszwecken.

Nur ein Ritual fällt genau zwischen diese beiden Kategorien: das Gelöbnisritual, bei dem Sie sich in den Dienst der Götter stellen, zugleich aber auch an Ihnen selbst und Ihrer nächsten Umgebung arbeiten.

Als Einzelgänger schaffen Sie sich Ihre eigenen Rituale, in die Sie später vielleicht auch andere Teilnehmer einbeziehen. Arbeitsrituale werden noch ausführlich zu besprechen sein (ab Seite 260). In diesem Kapitel beginnen wir mit einem allgemein anwendbaren Arbeitsritual, das jeder nach Belieben abwandeln kann, und enden mit dem vorher erwähnten Gelöbnisritual.

Generelle Richtlinien für Rituale

A. Vorbereitung

1. Den Zweck des Rituals definieren
2. Die Handlungsabfolge festlegen
3. Notwendige Utensilien beibringen
4. Den heiligen Raum vorbereiten
5. Körperliche und geistige Vorbereitung

B. Den magischen Kreis schlagen

1. Den Norden im Kompass suchen
2. Das »Tor zwischen den Welten« suchen
3. Die Elemente für jedes Kreisviertel anrufen

C. Anrufung der Gottheiten

1. Konzentration auf die Gottheit
2. Ihre Energie empfangen

D. Das Anliegen erklären

E. Fürbitte oder Andacht

1. Fürbitte/Beschwörungsakt
   a. Die Handlungsabfolge beschließen und um Erfüllung bitten
   b. Macht/Energie mobilisieren
   c. Macht/Energie fokussieren
   d. Macht/Energie erden

2. Andacht
    a. Die letzten rituellen Handlungen der Gottesverehrung vollziehen
    b. Wein und Gebäck der Gottheit weihen
    c. Wein und Gebäck zu sich nehmen

F. Meditation

G. Dankgebet

H. Den magischen Kreis aufheben

1. Mentale und verbale Öffnung

2. Physische Öffnung

3. Aufräumen
    a. Geschirr waschen
    b. Utensilien verstauen
    c. Reste vergraben/vernichten

Im Großen und Ganzen halten sich die meisten traditionellen Hexenorden an diese Richtlinien. Aber es gibt Unterschiede, denn jeder Zirkel entwickelt seine eigenen rituellen Handlungsweisen.

In Hexenorden werden die Himmelsrichtungen von Mitgliedern repräsentiert, die manchmal den Titel »Offizier« tragen. Offiziere können unterschiedliche Aufgaben in der Hierarchie und bei verschiedenen Ritualen erfüllen. Zum Beispiel ist der Offizier für den Osten gewöhnlich für die Vorbereitung des Raumes und das Werkzeug verantwortlich. Er schlägt den Kreis, sucht den Norden auf dem Kompass und errichtet das »Tor zwischen den Welten«.

An einer Einweihungsfeier nehmen sämtliche Offiziere teil,

und bei Abstimmungen entscheiden sie, welches Mitglied einen Offizier oder die Hohepriesterin ersetzt, wenn diese den Orden verlassen haben.

In manchen Traditionen fungiert der Hohepriester auch als Offizier für den Osten; in anderen ist er der gleichwertige Partner der Hohen Priesterin; der Offizier für den Osten ist dann jemand anders.

Es gibt Orden, in denen jeder Offizier vorgeschriebene Aufgaben bei hohen Festtagen und im Verlauf von Ritualen erfüllt. Sowohl Männer als auch Frauen können zu Offizieren der verschiedenen Himmelsrichtungen ernannt werden, obwohl manche Orden jeder Himmelsrichtung ein bestimmtes Geschlecht zuordnen. Oft hängt die Wahl allerdings von der Anzahl der männlichen und weiblichen Mitglieder ab oder den Fähigkeiten und der Kompetenz der vorhandenen Kandidaten. Die Auswahl ist oft mit langen Diskussionen verbunden, weil ein harmonisches Gleichgewicht zwischen dem hohen Priester, der Hohen Priesterin und ihren Offizieren überlebenswichtig für den Orden ist. Wenn diese Balance aus den Fugen gerät, löst sich der Verbund sehr schnell auf.

In manchen Traditionen werden die »Hüter der Himmelsrichtungen« (oder die Elementarkräfte) von der Hohen Priesterin angerufen. In anderen sind die Offiziere dafür zuständig, was bedeutet, dass sie die energetischen Fluktuationen des herbeizitierten Elementargeistes verfolgen. Also kontrollieren Sie die Energie der Elementargeister nicht, sondern fühlen nur ihre Auswirkungen im Inneren des Kreises.

Wenn Wein und Gebäck dargebracht werden, vollziehen der Hohepriester und die Priesterin das Ritual gemeinsam. Da beides anschließend verzehrt wird, muss man sich nach einem rituellen Akt der Gottesverehrung nicht erden. Die Kohlehydrate, aus denen das Gebäck besteht, erden den Zirkel von selbst. Dennoch kann eine Hohepriesterin auch ein Erdungsritual anschließen.

Im Unterschied zu einem Ordensmitglied sind Sie als allein arbeitende Hexe für alles verantwortlich. Ich sage verantwortlich, weil Sie sämtliche magischen oder zeremoniellen Handlungen mit der Gewissheit praktizieren müssen, dass Sie den Ablauf unter Kontrolle haben und alle sich daraus ergebenden Resultate auf sich nehmen. Wenn Sie den Wurm hineinbringen, ist es allein Ihr Fehler.

Aber keine Angst, als Einzelgänger haben Sie die Möglichkeit, nahezu alle Praktiken nach eigenem Gutdünken abzuwandeln, und können sich dabei immer auf sich selbst verlassen. Nur beim so genannten Großen Ritus brauchen Sie einen Partner des anderen Geschlechts, ebenso bei sexueller Magie. Aber es steht kaum zu erwarten, dass ein Einzelgänger den Großen Ritus vollzieht, und allein praktizierende Hexen brauchen keine physische Sexmagie, jedenfalls nicht am Anfang ihres Studiums. Dazu gehört eine Kompetenz, die erst erworben werden muss, und ein magischer Partner, den Sie erst einmal finden und mit dem Sie dann eine Vertrauensbasis aufbauen müssen.

Das Grundritual

Vorbereitung

Aus welchem Grund wollen Sie ein Ritual abhalten? Die Antwort entscheidet, ob Sie eine Zeremonie oder ein Arbeitsritual vollziehen. Danach suchen Sie sich ein geeignetes Datum und einen Zeitpunkt aus, indem Sie die astrologischen Konstellationen im Kalender zu Rate ziehen.

Als Nächstes strukturieren Sie das Ritual. Dazu gehören Nachforschungen. Sie müssen die Gottheiten aussuchen, sich über traditionelle Zeremonien schlau machen oder, bei einem Arbeitsritual, verschiedene Techniken ausprobieren.

Dann legen Sie fest, was Sie an welchem Punkt sagen wollen. Brauchen Sie Musik? Wollen Sie tanzen oder trommeln oder aber nichts dergleichen? Obwohl ich eine gewisse Spontaneität bei meinen Ritualen schätze, halte ich mich ziemlich genau an die Richtlinien. Bei bedeutenden Ritualen wie Ihrem Gelöbnis sollten Sie nicht wild herumsuchen, das geht auf Kosten der Atmosphäre.

Schreiben Sie die nachfolgenden Anhaltspunkte in Ihr Notizbuch und lassen Sie reichlich Platz zwischen den einzelnen Stichworten:

Art des Rituals

Zweck des Rituals

A. Vorbereitung
B. Den magischen Kreis öffnen
C. Anrufung der Gottheit(en)
D. Das Anliegen vorbringen
E. Beschwörungsakt beziehungsweise Andacht
F. Meditation
G. Danksagung
H. Den magischen Kreis versiegeln

Nun überlegen Sie sich, welche Utensilien Sie brauchen und welche Kleidung, eventuell auch Schmuckstücke Sie anlegen wollen. Wenn Sie nackt arbeiten wollen, ist das Ihre Sache. Der große Hexenmeister Gerald Gardner war lange Jahre ein Anhänger der Freikörperkultur, und so ist es nicht verwunderlich, dass er seine Rituale auch nackt vollzog. In den sechziger und siebziger Jahren herrschte eine Freizügigkeit, die sich auch auf viele traditionelle Hexenorden niederschlug. Aber die Hexen der neuen Generation sind weniger unbekümmert, und viele halten es für höchst unwahrscheinlich, dass unsere ehrwürdigen Vorfahren splitternackt herumsprangen, während sie von der Inquisition verfolgt wurden. Meines Erachtens wird die Kleidung vom jeweiligen Orden diktiert, und sei es auch nur ein Orden mit fünf Mitgliedern.

Einige Orden praktizieren weiterhin im »Luftgewand«, andere tragen selbst entworfene Kostüme oder Kleidungsstücke, die vom Orden vorgeschrieben werden, wie etwa eine bodenlange, schwarze Robe. Grundsätzlich sollte die Kleidung locker sitzen, damit Sie sich frei bewegen können, aber keine allzu weiten Ärmel haben, damit Sie nicht plötzlich in Flammen stehen, wenn Sie Ihre Kerzen anzünden.

Manche arbeiten am liebsten in wadenlangen Roben mit Falten oder Schlitzen zu beiden Seiten. Letztlich passt man den Stil aber von selbst dem jeweiligen Ritual an. Die Farbe des Gewands ist jedoch wichtig. Sie soll Ihre Stimmung reflektieren und Ihnen das Gefühl geben, dass Sie besonders eindrucksvoll aussehen. Ich kann nur jedem raten, kreativ zu sein, alles selbst zu entwerfen und, wenn möglich, auch zu schneidern. Wer nicht nähen will, kann einen Stoff kaufen, der nicht leicht ausfranst, und ein Loch für den Kopf hineinschneiden. Dann binden Sie das Ganze nur noch mit einer Kordel in der Taille zusammen – und fertig!

Körperschmuck muss vor der Benutzung geläutert und geweiht werden. Außerdem sollte jedes Stück eine symbolische Bedeutung haben. Viele Einzelgänger (ich zum Beispiel) schenken sich ein Schmuckstück oder Abzeichen im Verlauf ihres Gelöbnisrituals, aber nicht aus Selbstverliebtheit, sondern um ihre Dienstbereitschaft zu besiegeln. Das bereits geläuterte und geweihte Zeichen wird auf schwarzem Samtstoff oder in einer Vitrine auf den Altar gelegt und nach Ihrem Gelübde rituell ermächtigt. Sodann legen Sie eine Liste von den Dingen an, die Sie für Ihr Ritual brauchen.

Richtlinien für die Liste der Werkzeuge und Utensilien

- 2 Kerzen zur Beleuchtung
- 1 silberne Kerze
- 4 Kerzen für die Elemente
- Athame oder Zauberstab
- Besen
- Pentagramm
- Kelch
- 1 Teller
- Gebäck
- Getränke
- Glocke
- 1 rote Kerze
- Gelöbnisgeschenk
- 4 symbolische Repräsentanten der Elemente für den Altar
- Gewand
- Seil, um den magischen Kreis zu schlagen
- Unterlage (falls Sie knien oder im Liegen meditieren wollen)

Wenn Sie nicht in Ihrem heiligen Raum arbeiten, müssen Sie den betreffenden Ort vor dem Ritual läutern, weihen und gegebenenfalls auch anderweitig präparieren. Am Abend vor dem Ritual bereiten Sie sich körperlich und geistig vor. Nehmen Sie ein heißes Bad und meditieren Sie eine Weile, sodass sich Ihre Energiezentren öffnen.

Den magischen Kreis öffnen

Angenommen, Sie haben einen Kreis gezeichnet oder mit einer Schnur ausgelegt (geübte Hexen schlagen den Kreis ganz einfach mit ihrem Athame oder Zauberstab in die Luft), und wissen auch, wo Norden ist, weil Sie in Ihrem heiligen Raum arbeiten. Jetzt haben Sie die Wahl: Entweder Sie »schneiden« eine Öffnung in den Kreis oder Sie legen einen Besen über die Stelle, die Sie als »Tor zwischen den Welten« benutzen, und treten über den Besen hinweg ins Innere des magischen Kreises.

Dann nehmen Sie den Besen und fegen den Kreis rein, indem Sie im Uhrzeigersinn am Innenrand entlangschreiten. Dabei stellen Sie sich vor, dass Ihr Besen Lichtspuren und positive Energie im Kreisrund verteilt. Am Schluss stellen Sie sich vor den Altar.

Jetzt wird der magische Zirkel mit Energie geladen, und hier klaffen die Praktiken verschiedener Traditionen weit auseinander. Viele rufen die vier Elemente an, andere beschwören die »Hüter der Wachttürme«, und wieder andere bitten Engel oder Elementargeister um Hilfe; aber es gibt auch Hexen, die nichts von alledem tun.

Angefangen beim östlichen Kreisviertel, rufen Sie die Schutzmächte oder Helfer Ihrer Wahl herbei, etwa so:

> *»O Hüter der Wachttürme des Ostens, ich zitiere euch herbei, auf dass ihr Zeugen dieses Rituals werdet und diesen Kreis unter eure Obhut stellt.«*

Dem kann ein Satz folgen, der sich auf die Eigenschaften der jeweiligen Himmelsrichtung bezieht. Beispielsweise:

> *»Mächte der Luft, umgebt mich mit eurer kühlenden Essenz auf meiner Wanderschaft zwischen den Welten.«*

Daraufhin stellen Sie sich in das südliche Kreisviertel, dann ins westliche und südliche und enden im Norden. In jedem Viertel wird ein Pentagramm in die Luft gezeichnet, das Sie als knisternd blaues Flammenlicht visualisieren, während der zuständige Hüter verbal herbeigerufen wird. Nachdem die Viertel aufgeladen sind, richten Sie sich an die Kreismitte und verkünden, dass Sie jetzt zwischen den Welten stehen. Die auch in Deutschland bekannte Hexe Starhawk hat eine Passage zu diesem Zweck verfasst, die mir bisher am besten gefällt. Sie beginnt folgendermaßen:

> »*Der Kreis ist eröffnet, und wir sind ins Zwischenreich eingegangen, jenseits von Zeit und Raum,*
> *wo Nacht und Tag, Geburt und Tod, Freude und Leid vereint sind.*«

Obwohl ich jedem rate, seine eigenen Worte zu wählen, enthält diese Passage so viel Wahrheit für mich, dass ich sie bei all meinen Ritualen wiederhole.

Während Sie die Schutzmächte in allen vier Vierteln herbeizitieren, spüren Sie, dass Sie immer weiter über sich selbst hinauswachsen. Haben Sie keine Angst. So werden Sie fähig, die Gottheit Ihrer Wahl zu kontaktieren und ihre Energie zu empfangen.

Anrufung der Gottheit(en)

Bevor Sie die Gottheiten anrufen, stellen Sie eine spürbare Verbindung zu ihnen her. Als Einzelgänger fungieren Sie sowohl als Hohepriester als auch als Hohepriesterin, was bedeutet, dass Sie Ihre Energie mit der Energie des Gottes und der Göttin verschmelzen. Hierzu zwei Beispiele:

> »*Ich,* … [Name], *stimme mich auf Isis ein.*«

Oder: »*Ich nehme Verbindung auf zu* … [Name der Gottheit].«

Es gibt Priester, die an dieser Stelle auch sagen:

> »*Ich,* … [Name], *bin der/die Fleisch gewordene* … [Name der Gottheit].«

Allein praktizierende Hexen wissen, dass solche Behauptungen vom Wesen her durchaus zutreffen. Als Nächstes sagen Sie etwa:

»Zu dieser Stunde, in dieser Nacht,
beschwöre ich die Gottesmacht
von ... [Name der Gottheit].*«*

Bei einer Gelöbniszeremonie würde ich nun den ersten Absatz des Kapitels »Sich auf den Besen schwingen« vorlesen (siehe Seite 23).

Für jede angerufene Gottheit zünden Sie eine Kerze auf Ihrem Altar an. Halten Sie eine goldene und eine silberne Kerze bereit, wenn Sie vorhaben, den Gott und die Göttin der Hexen bei Ihrem Ritual zu kontaktieren. Nach der Anrufung läuten Sie Ihre Glocke ein einziges Mal, zum Zeichen, dass die Zeremonie beginnt. Damit wird die Energie der Gottheit gebeten, in den Kreis einzutreten.

Das Anliegen vorbringen

Bei einem Arbeitsritual bitten Sie hier ganz einfach um die Hilfe der Gottheit. Bei einer Andacht sprechen Sie Worte, die Ihrer Liebe und Dankbarkeit Ausdruck verleihen. Zum Beispiel:

»O Diana, Schutzpatronin aller Kinder, Mutter der
Aradia, ich bin in dieser Nacht gekommen, um deine
Gegenwart zu würdigen und dir zu danken, dass
mir das Sorgerecht für mein Kind zugesprochen wurde.«

Oder: *»Am Abend der Samhain-Festlichkeiten bin ich gekommen,*
um die Geister zu ehren, die hinter dem Schleier
hervorgekommen sind ...«

Eine Andacht setzen Sie mit einer Segnung Ihrer Liebesgaben fort. Außer Wein und Gebäck kann man auch Apfelmost, Bier, Fruchtsäfte oder Quellwasser verwenden. Während Sie Ihre Energie auf die Begegnung mit der Gottheit fokussieren, senken Sie Ihren Athame langsam in den Kelch und stellen sich dabei vor, dass der Gott und die Göttin sich in diesem Akt vereinigen. Danach essen und trinken Sie einen Teil Ihrer Gaben, lassen jedoch immer etwas für die Gottheiten übrig. Dieser Vorgang ist der katholischen Kommunion sehr ähnlich.

Bei einem Arbeitsritual vollziehen Sie nun die Haupthandlung – zum Beispiel, indem Sie ein Püppchen mit ein paar Stichen fertig nähen, Kräuter mischen oder magische Schriftzüge auf einen Zettel schreiben. Dann mobilisieren Sie die Macht und richten sie auf ein gewünschtes Ziel. Dazu erklären Sie genau, was Sie vorhaben:

> *»Ich bin in dieser Nacht gekommen, um Martha Jones gesund zu machen, denn der Arzt hat eine Lungenkrankheit bei ihr festgestellt.«*

Läuten Sie Ihre Glocke dreimal hintereinander.

Wenn Sie meinen, dass manche meiner Beispiele einen recht ernsten Hintergrund haben, liegen Sie richtig. Hexerei ist kein Kinderspiel. Sie haben die Macht und die Fähigkeit (wie alle Menschen), Dinge, die aus dem Gleichgewicht geraten sind, in Ordnung zu bringen, solange Sie es mit dem Einverständnis der Person tun, für die Sie arbeiten. Diesem Thema werden wir uns noch ausführlicher widmen müssen (siehe Seite 254 f.).

Meditation

Nun gehen Sie in sich – nicht unbedingt für längere Zeit, obwohl das auch nie verkehrt sein kann. Nachdem Sie die Gottheiten um geistige Gaben, wie beispielsweise ein erweitertes Bewusstsein, gebeten haben, sind Sie im meditativen Zustand empfänglicher für ihre Antworten.

Die erstaunlichste Erfahrung in dieser Hinsicht wurde mir einmal zuteil, indem mir plötzlich der Mund aufgerissen wurde. Gleichzeitig drückte eine Macht meinen Kopf nach hinten und erfüllte meinen Körper von oben bis unten mit dem ersehnten Geschenk.

Beenden Sie die Meditation, indem Sie Ihre Energiezentren schließen, von zehn bis eins rückwärts zählen, tief durchatmen, die Augen öffnen und sich sagen, dass Sie wach sind.

Beispiel für ein Gelöbnisritual
Wie alle Vorschläge in diesem Buch kann auch diese Sequenz nach Belieben verändert werden.

> *»Ich bin in dieser Nacht in den Kreis getreten, um mich der Göttin und ihrem Gefährten mit Leib und Seele zu verschreiben.*
> *Von Stund an gelobe ich, ihr Wesen wie mein eigenes Sein zu lieben. Zwei Weisungen will ich im Herzen tragen: bedingungslose Liebe und vollkommenes Vertrauen.*
> *Im Namen der Gottesmacht und im Namen meines wahren Selbst gelobe ich, dem Weg des Alten Wissens zu folgen.«*

Nehmen Sie Ihren Zauberstab oder Athame und sprechen Sie:

> *»Ich schwöre, das Alte Wissen bis zum Ende meines Lebens und darüber hinaus mit Leib und Seele in allen Dingen zum Ausdruck zu bringen.«*

Weisen Sie mit dem Stab oder Athame auf Ihre Füße und sprechen Sie:

> *»Segnet meine Füße, auf dass sie den Weg des ewigen Lichts beschreiten.«*

Richten Sie Stab oder Athame auf Ihre Knie und sprechen Sie:

> *»Segnet meine Knie, auf dass sie sich nicht in Unterwerfung, sondern Dankbarkeit vor dem Altar meines Glaubens beugen.«*

Richten Sie den Stab auf Ihren Unterleib und sprechen Sie:

> *»Segnet meinen Schoß/Phallus, der die Essenz menschlicher Schöpferkraft enthält. Ich gelobe, die Kinder dieser Welt zu schützen und Weisheit unter ihnen zu verbreiten.«*

Richten Sie den Stab auf Ihre Brust und sprechen Sie:

> *»Segnet mein Herz, auf dass es erleuchtet werde und meine Liebe ihre Wärme im All verbreite.«*

Richten Sie den Stab auf Ihr drittes Auge und sprechen Sie:

> *»Segnet meine Hellsicht, auf dass ich die Wahrheit hinter dem Schleier erkenne.«*

Läuten Sie die Glocke siebenmal. Wickeln Sie sich eine weiße Kordel straff um die Hand und packen Sie Ihr Messer am Griff. Mit dem Messer in der Hand sagen Sie:

> *»Die Allmacht ist mein Zeuge: Aus freiem Willen schwöre ich, ...* [Name], *bei allem, was mir heilig ist, die Gebote der Hexenzunft gewissenhaft zu befolgen. Weder werde ich meinen Mitmenschen mit geheimen Kenntnissen schaden, noch werde ich meine Macht zu eitlen Zwecken demonstrieren. Von Stund an bin ich neu geboren und werde mein allzeit bindendes Gelübde als ...* [magischer Name] *erfüllen.«*

Legen Sie die Kordel auf Ihren Altar. Läuten Sie die Glocke neunmal. Halten Sie den Kelch mit der Linken und gießen Sie Wein aus einer Karaffe mit der rechten Hand hinein. Tauchen Sie Ihr Gelöbnisgeschenk in den Kelch und legen Sie es dann an. Nun halten Sie den Kelch mit beiden Händen in die Höhe und sprechen:

»Mit diesem Wein nehme ich die Göttin in mich auf und besiegle mein Gelübde auf ewig.«

Jetzt trinken Sie die Hälfte des Weins. Danach halten Sie den halb vollen Kelch der Gottheit entgegen und sprechen:

»Nimm diesen Wein als Dankgeschenk entgegen.«

Halten Sie nun den Teller mit Gebäck in die Höhe und sprechen Sie:

»Mit dem Verzehren dieses Korns besiegle ich meine Dienstbereitschaft in Ewigkeit und nehme den Gefährten der Göttin in mich auf!«

Danksagung

Nachdem die Allmacht sich durch die Gottheiten manifestiert hat, um Ihnen zu helfen, ist ein Dankgebet angebracht. Es muss nicht poetisch sein, nur von Herzen kommen. Stellen Sie sich vor den Altar und sagen Sie etwa:

»Ich, ... [magischer Name], *danke euch für eure Anwesenheit bei meinem Gelübde, für eure Liebe und Hinwendung zu mir.«*

Den magischen Kreis versiegeln

Auch dies ist eine rituelle Sequenz. Ich schreite gewöhnlich im Kreis durch den Raum und halte meinen Zauberstab (weil ich den Athame persönlich nicht gern benutze) mit einer Hand in die Höhe, während ich den anderen Arm gegen den Uhrzeigersinn durch die Luft kreisen lasse. Dazu sage ich:

»Der Kreis ist offen, aber nicht gebrochen.«

Gleichzeitig visualisiere ich, dass mein magischer Kreis sich öffnet. Kerzen, die Sie nicht brennen lassen wollen, löschen Sie jetzt (aber nicht, indem Sie sie ausblasen) und sammeln sie ein, damit Sie sie vergraben können.

Aufräumen

Wenn Sie nichts im Lauf Ihres Rituals gegessen haben, empfehle ich eine ausgiebige Mahlzeit nach dem Abräumen. Weinreste werden draußen auf die Erde geschüttet; das restliche Gebäck können Sie für die Tiere oder das Feenvolk im Garten auslegen. Nachdem Sie das benutzte Geschirr gewaschen haben, verstauen Sie Ihr Werkzeug, und wenn Sie noch Energie übrig haben, laden Sie es damit noch einmal extra auf.

Die Vorgehensweisen anderer Hexen

Selbstverständlich können Sie die Rituale Ihrer Brüder und Schwestern in der Zunft Schritt für Schritt kopieren. Inzwischen gibt es eine Reihe von Publikationen mit wirkungsvollen Ritualen für viele Pantheons und Gottheiten, und ich empfehle jedem, so viele von ihnen wie möglich zu lesen.

Mein einziger Einwand ist, dass man nichts tun soll, was sich nicht richtig anfühlt. Bei selbst verfassten Ritualen stimmen Ihre Beweggründe eher mit den Worten und Handlungsabfolgen überein. Außerdem wurden die meisten Riten für Gruppen konzipiert und müssen ohnehin leicht abgewandelt werden, wenn Sie allein arbeiten.

Planung für ein Gelöbnisritual

Bevor Sie diesen endgültigen Schritt tun, müssen Sie sich sehr genau überlegen, was damit verbunden ist. Sind Sie bereit, den größten Teil Ihrer bisherigen Glaubensvorstellungen aufzugeben und nichts außer Ihren Ambitionen in Bezug auf die Zunft auf die andere Seite herüberzuretten? Können Sie die alten Gottheiten verehren, ohne sich schuldig oder sündig vorzukommen? Sind Sie gewillt, die Verantwortung für Ihr Verhalten zu übernehmen, anstatt Ihre Probleme auf andere zurückzuführen? Sind Sie fähig, Ihr neues Wissen anzuwenden, ohne es jemals zu missbrauchen, und niemanden mehr absichtlich zu verletzen? Überlegen Sie es sich gut, denn nach Ihrem Gelöbnis können Sie nicht länger dem Leid anderer gleichgültig gegenüber stehen.

Machen Sie sich für die Planung Ihres Gelöbnisses eine Liste mit folgenden Punkten:

1. Datum, an dem Sie das Ritual vollziehen wollen
2. Uhrzeit
3. Geeignete Mondphase
4. Astrologische Konstellation
5. Sinn des Rituals
6. Werkzeuge und Ausstattung
7. Elementarkräfte oder Hüter Ihrer Wahl
8. Gottheiten, die Sie anrufen wollen.

Jetzt heften Sie die »Vorlage für rituelle Chroniken« (siehe Seite 172) in Ihren Ringordner und füllen sie aus, oder Sie schreiben einen ersten Entwurf von der Handlungsabfolge und den damit verbundenen Worten ins Notizbuch.

Nach einem Ritual fühlt man sich normalerweise abgehoben, euphorisch – manchmal sogar tagelang! Und dann platzt man förmlich vor Lust, irgendjemandem zu erzählen, was sich ereignet hat. Wenn Sie nicht anders können, vertrauen Sie sich ruhig einem besonders guten Freund an – obwohl ich glaube, dass solche Dinge nur den Göttern zu Ohren kommen sollten.

Mit einem Gelöbnisritual haben Sie einen Riesenschritt nach vorn gemacht. Sie können sich beglückwünschen, wenn Sie den Mut gehabt haben, das Weltreich der Alten Weisheit zu betreten.

Netze weben

Sie sind Ihren Schatten (den realen und den weniger realen) entgegengetreten, haben manche verbannt und andere unversehrt gelassen. Unterdessen haben Sie neue Schattenbilder aufgebaut und werden mit manchen sehr schnell fertig, während andere nur mit Mühe und enormer Willenskraft zu überwinden sind – und womöglich nicht in diesem Leben.

Bücher oder Artikel können einen Durchbruch in Ihrem spirituellen Wachstum auslösen, aber nichts geht über den persönlichen Kontakt mit Gleichgesinnten. Da ein Buch, und sei es auch noch so weltbewegend, nicht auf Sie reagiert, müssen Sie lebende Menschen finden. Schließlich wollen Sie selbst als allein praktizierende Hexe nicht mit einem Höhlendasein ohne Telefon- oder sonstigen Anschluss an die Außenwelt existieren.

Als Einzelgänger hat man gewisse Vorteile gegenüber gruppenorientierten Hexen. Zum Beispiel bricht man keine Schwüre beim Austausch magischer Informationen. Und falls jemand, den Sie über das weltweite, magische Netzwerk kennen gelernt haben, sagt: »Sorry, darüber darf ich nicht sprechen«, nicken Sie verständnisvoll und wechseln das Thema, weil Sie sich denken können, dass die Person ein Schweigegelübde abgelegt hat. Andererseits gibt es auch Leute, die sich damit brüsten, dass sie »Geheimnisse« haben. In solchen Fällen kann man Gift darauf nehmen, dass sie keine Ahnung von Tuten und Blasen haben und lediglich Eindruck schinden wollen.

Viele scheuen am Anfang vor dem Networking zurück, weil selbst E-mail-Kontakte mit wildfremden Menschen Gefahren bergen. Aber wenn Sie vorsichtig sind, werden Sie normalerweise keine Probleme haben.

Richtlinien fürs Networking

Eröffnen Sie ein Postfach

Wenn Sie in einer Kleinstadt oder auf dem Land leben, empfiehlt sich ein Postfach in der nächsten größeren Stadt. Sie müssen Ihren Namen und Ihre richtige Adresse angeben, wenn Sie den Antrag ausfüllen; aber die Post beliefert auch Fächer mit allen möglichen fiktiven Namen, also können Sie Briefe unter Ihrem magischen Namen empfangen, falls Sie diesen bekanntgeben wollen.

Ansonsten ist es ratsam, Ihren Wohnsitz, Arbeitsplatz und ihre Telefonnummern geheimzuhalten, denn wie überall gibt es auch in magischen Kreisen Wirrköpfe oder Fanatiker, die sich einschleichen, um Unfug oder Schlimmeres anzurichten. Nun gibt es immer ein paar tollwütige Anhänger der »anerkannten« Religionen, die Andersgläubige auf Biegen und Brechen bekehren wollen, sodass man geneigt ist, mit messerscharfen Entgegnungen zurückzuschlagen. Aber das lohnt sich nicht. Eiferer wollen nicht aufgeklärt werden, sondern ihre Frustration an Ihnen auslassen.

Übersinnliche Attacken sind eher selten, aber nicht auszuschließen. Wenn Sie meinen, dass Sie von einer fremden Energie angegriffen werden, bitten Sie erfahrene Hexen um Rat. Wir helfen uns gegenseitig, das kann ich aus eigener Erfahrung bestätigen. Bauen Sie sich allmählich ein Netzwerk von Kontakten mit Ihren Seelenbrüdern und -schwestern auf, damit Sie wissen, wen Sie im Notfall zu Hilfe rufen können.

Kontakte

Netzwerkkontakte lassen sich gewöhnlich wie folgt kategorisieren:

1. Austausch von Fakten und Meinungen über die spirituelle Entwicklung im Allgemeinen.
2. Austausch von Techniken und Methoden, zum Beispiel im Bereich der Weissagung und Telepathie. Ich habe festgestellt, dass Hexen zwar ihre Rituale verraten, aber Zaubersprüche nur auf Anfrage preisgeben.
3. Austausch von Erfahrungen bei der Ausbildung in verschiedenen Sparten und/oder Hexenorden. Hierzu eine leise Warnung: Vergessen Sie nicht, dass wir alle sowohl Lehrer als auch Schüler sind. Oft höre oder lese ich: »Ich bin verzweifelt auf der Suche nach einem Lehrer! Bitte hilf mir.« Wenn Sie bereit sind, erscheint der Lehrer von selbst – sei es in Form einer Person, eines Textes oder als Wind in den Bäumen. Man braucht keine Annoncen aufzugeben.

Wenn Sie sich entspannen und dem Leben seinen Lauf lassen, geschieht alles zur rechten Zeit. Je mehr Sie sich aufregen, desto länger dauert der jeweilige Lernprozess. Beim Hexen spielen synchronistische Fügungen eine maßgebliche Rolle. Also muss man sich in Geduld üben. Geduld ist sowohl eine innere Haltung als auch eine disziplinierte Praxis.

Nehmen Sie sich in Acht vor Leuten, die sich mit ihrem metaphysischen Wissen brüsten oder ellenlange Listen mit Ehrentiteln hinter ihren Namen setzen, die Sie noch nie gehört haben. Sie sind auf einem Egotrip, den man nicht fördern sollte. Lesen Sie zwischen den Zeilen und folgen Sie Ihrer Intuition. Selbstverständlich kann man eine oder zwei Personen als Referenzen angeben, um dem Briefpartner zu zeigen, dass man seriös ist, aber vernünftige Kontaktpersonen prahlen nicht mit ihren Verdiensten. Das haben sie nicht nötig.

Außerdem wird in einschlägigen Kreisen auch immer nach Sex- und Ehepartnern gesucht. Für mich ist die Zunft kein Heiratsmarkt, obwohl gute Partnerschaften sicher auch über Annoncen solcher Art zustande kommen. Ich weiß sofort, dass es sich wieder einmal um etwas Derartiges handelt, wenn ich etwa gefragt werde: »Siehst du so aus wie die Frauen auf deinen Bildern?«

Die Antwort ist natürlich: »Nein, deshalb male ich sie ja!« Selbst psychologische Laien werden Ihnen erklären können, dass es sich dabei um Wunschvorstellungen handelt. Wenn ich so phantastisch aussehen würde, müsste ich nicht für meinen Lebensunterhalt arbeiten!

Persönliche Begegnungen

Bevor Sie sich mit fremden Leuten treffen, müssen Sie sich so gründlich wie möglich über sie informieren. Unterhalten Sie sich am Telefon, und wenn die Person einen tadellosen Eindruck macht, bestimmen Sie einen Treffpunkt in der Öffentlichkeit, etwa ein gut besuchtes Restaurant, eine Bibliothek oder ein Museum, und teilen Ihrer Familie oder guten Freunden mit, wo Sie hingehen und warum.

Oft entsprechen Mitglieder der Zunft nicht den Erwartungen, deshalb sollte man seine Vorstellungen von vornherein herunterschrauben. Auch darf man sich nicht einbilden, dass jemand, der schon länger bei der Sache ist, ein Adept sein muss. Sie können elf Jahre lang bei den Pfadfindern gewesen sein und sich trotzdem noch im Wald verirren.

Nehmen Sie an keinen geheimen Treffen oder Ritualen teil, solange Sie nicht wissen, ob Sie den anderen Teilnehmern trauen können. Gleichgesinnte lernt man gewöhnlich in esoterischen Buchläden kennen, die zum Teil auch Vorträge und Seminare anbieten. Auf jeden Fall muss man sich gegenseitig auf den Zahn fühlen, bevor man sich auf Dinge einlässt, die man nicht abschätzen kann.

Verhaltensmaßregeln bei Gruppenaktivitäten

Ich will Anfängern nicht zu nahe treten, aber die Benimmregeln, die Sie von Muttern gelernt haben, gelten auch in Hexenkreisen, und da auch Einzelpraktizierende kein Eremitendasein führen, nehmen Sie garantiert irgendwann an einer Gruppenveranstaltung teil.

Nun haben Sie als Besucher die Pflicht, eine gewisse Einfühlsamkeit und Zurückhaltung an den Tag zu legen – kurzum, ein angemessenes Benehmen. Also bringen Sie Blumen, Kerzen oder meinetwegen auch etwas zum Knabbern als Gastgeschenk mit und verhalten sich ruhig, wenn etwas Erstaunliches im Lauf der Veranstaltung passiert. Ich weiß, dass man sich als Gast unter eingeweihten Praktizierenden oft wie das fünfte Rad am Wagen fühlt. Diese Erfahrung hat jeder von uns schon einmal gemacht. Aber Unsicherheit ist keine Entschuldigung für schlechte Manieren.

Der erste Brief

Der erste Brief an einen Fremden, mit dem Sie Kontakt aufnehmen wollen, sollte höflich und knapp sein, nicht länger als eine Seite. Fügen Sie das Datum und Ihre (Postfach-)Adresse hinzu, unter Umständen auch die Mondphase oder astrologische Konstellation des Tages. Manche finden das sehr aufschlussreich, anderen mag es lächerlich vorkommen.

Wenn Sie eine Kontaktadresse in einem Inserat oder im Anhang eines Buches gefunden haben, fügen Sie die jeweilige Ausgabe mit Datum oder den Titel hinzu, damit die Person weiß, auf welche Anzeigen das Feedback am größten ist.

Danach erklären Sie Ihr Anliegen ohne Umschweife. Theatralische Prosa können Sie hier nicht gebrauchen, und auch Informationen über Ihre Person sollten sich auf ein Mindestmaß beschränken. Fügen Sie einen frankierten Umschlag mit Ihrer Adresse bei, sonst bringen Sie die Leute, deren Hilfe Sie beanspruchen, womöglich in finanzielle Schwierigkeiten, besonders, wenn sie ihre Dienste kostenlos zur Verfügung stellen. Dasselbe gilt für Ihre eigenen Dienste: Lassen Sie sich nicht ausnutzen. Am Anfang meinen viele, dass sie eine spirituelle Pflicht erfüllen, wenn sie Ausgaben auf sich nehmen, um anderen einen Gefallen zu tun.

Falls Sie eine Rückantwort erhalten, bedanken Sie sich. Eine einfache Postkarte teilt der kontaktierten Person mit, dass Sie ihre Informationen erhalten haben. Zu meinem Dankeschön füge ich gewöhnlich hinzu, dass die Karte damit Makulatur ist und nicht mehr beantwortet werden muss. Überlastete Korrespondenten werden Ihnen tausend Kusshändchen dafür über Kontinente hinweg zuwerfen. Als Direktorin der Wiccan/Pagan Press Alliance weiß ich, wie lange und hart die Mitarbeiter solcher Organisationen arbeiten, und das oft kostenlos oder für einen Hungerlohn. Nichts ist frustrierender, als eine Bitte gewissenhaft in stundenlanger Arbeit zu beantworten und dann nie wieder etwas von dem Bittsteller zu hören.

Kontraproduktiv sind im Übrigen kaum lesbare Kritzeleien auf Papierfetzen, die von Achtlosigkeit zeugen. Was meinen Sie, wird zurückkommen, wenn professionelle Sachbearbeiter Ihr Ansinnen gar nicht erst entziffern können?

Kontaktkarteien

Wer weltweite Kontakte knüpft, braucht eine eigene Kartei für diesen Zweck. Man kann den Namen einer Person oder Organisation auf eine Karteikarte schreiben (nebst Adresse, Telefonnummer und so weiter) und relevante Informationen später hinzufügen. Oder Sie speichern alles in Ihrem Computer, und sobald Sie jemanden besser kennen, tragen Sie auch den Geburtstag und besondere Vorlieben ein, sodass Sie der Person gratulieren oder sonstwie eine Freude bereiten können.

Wenn Sie Inserate aufgegeben haben, notieren Sie die Anzahl und Art der Antworten, die Sie aus verschiedenen Quellen erhalten, damit Sie sehen können, ob sich die Kosten gelohnt haben.

Workshops

Mittlerweile werden zu allem und jedem Seminare und Kurse angeboten. Bevor Sie Ihr Geld ausgeben, ziehen Sie aber lieber erst einmal ein paar Erkundigungen ein.

Viele mehr oder minder bekannte Autoritäten veranstalten Workshops, die als kostenlos ausgeschrieben sind, aber am Ende wird doch eine freiwillige Spende verlangt. Geben Sie dann nicht mehr, als Sie sich leisten können. Haben Sie eine Menge dazugelernt? Gut, dann sind zehn oder zwanzig Mark großzügig genug.

Hin und wieder wird man auch angehalten, einen Haufen Bücher und andere Produkte vor, während oder nach einem Workshop zu kaufen. Mein Rat: Behalten Sie Ihr hart verdientes Geld. Wenn Sie den Kristall für hundert Mark wirklich unbedingt brauchen, kaufen Sie ihn, nachdem Sie sich die Sache gründlich überlegt haben.

Wenn Sie in einem Workshop sitzen, der bereits bezahlt ist, und sich langweilen, gibt es nur eines: das Beste daraus machen. Mein Mann und ich haben an Kursen teilgenommen, in denen ein oder zwei Unglücksraben die ganze Zeit für sich und ihre Probleme beanspruchten. Nicht alle Gruppenleiter sind imstande, solche Leute zum Schweigen zu bringen, besonders, wenn es ihr erster Kurs ist. Das bedeutet nicht unbedingt, dass sie nichts Wissenswertes zu vermitteln haben, sondern, dass sie ebenfalls dazulernen – bloß leider auf Ihre Kosten.

Außerdem kann es sein, dass Sie mehr über das Thema wissen als die Person, die den Workshop leitet. Jetzt sollten Sie es sich lieber zweimal überlegen, ob Sie sich einmischen, um Ihre überlegenen Fachkenntnisse zu demonstrieren. Damit verderben Sie allen anderen den Spaß und stehen am Ende selbst wie ein geltungssüchtiger Esel da. Auch wenn Sie feststellen, dass Sie völlig fehl am Platze sind, können Sie eine Menge von den Reaktionen der Leute ringsumher lernen. So verschwenden Sie außer Geld nicht auch noch kostbare Stunden und Tage.

Am Ende eines Workshops halte ich es dennoch für angebracht, meine Ansichten an den verantwortlichen Mann oder die Frau zu bringen. Manchmal wird Ihnen auch ein Umfrageblatt gereicht. Füllen Sie es aus! Aber nicht einseitig; geben Sie den Leuten ein ausgewogenes Feedback, damit sie wissen, was funktioniert hat oder was geändert werden sollte.

Manche stürzen sich auf den Kursleiter, sobald ein Workshop zu Ende ist, und reden zwanzig Minuten lang auf die arme Seele ein, während andere dastehen und sich lediglich mit einem Dankeswort verabschieden wollen. Wer an diesem Punkt noch etwas Bedeutsames zu sagen hat, sollte einen Termin für ein Gespräch vereinbaren oder sich schriftlich über sein Thema auslassen.

Über Kurse, die außerhalb Ihrer Heimatstadt stattfinden, müssen Sie sich noch genauer informieren als sonst. Sind sämtliche Materialien, Mahlzeiten und sonstiges »Beiwerk« in dem Pauschalpreis inbegriffen? Können Sie den Ort mit dem Transportmittel Ihrer Wahl erreichen? Außerdem sollten Sie sich folgende Fragen stellen:

1. Haben Sie genug Geld, um im Notfall auch unerwartete Kosten zu decken?
2. Akzeptiert das Hotel Ihre Kreditkarte oder einen Scheck, falls Ihnen das Bargeld ausgeht?
3. Haben Sie jemanden, der mitkommen will und sich an den Unkosten beteiligt?
4. Wie viel von Ihrer Anzahlung wird Ihnen im Notfall rückerstattet?
5. Wird ein Ritual vollzogen, das besondere Kleidung oder Ausrüstung verlangt?
6. Lebt ein Bekannter von Ihnen in der Nähe, bei dem Sie unterkommen oder den Sie besuchen können?
7. Wenn Sie Artikel schreiben und Fotos machen, können Sie einschlägigen Publikationen anbieten, eine Reportage über die Veranstaltung zu machen. Viele Herausgeber brauchen freie Mitarbeiter mit Fachkenntnissen.

Weiterführende Ausbildung

Eine Ausbildung kann Wochen und Monate dauern, in denen Sie sich regelmäßig mit einer Gruppe um eine Autorität versammeln, die ihren Schülern den Durchbruch in höhere Bewusstseinsgefilde, wenn nicht gar die Erleuchtung verspricht.

Besorgen Sie sich eine Kopie des Lehrplans, damit Sie wissen, wofür Sie Ihr Geld ausgeben. Erkundigen Sie sich bei Leuten, die den Kursus schon absolviert haben, ob die Lehrkraft erfüllt, was die Ankündigung verspricht. Wenn möglich, treffen Sie sich vorher mit der Lehrkraft und finden Sie heraus, ob Ihnen ihr Stil gefällt und Sie auf Anhieb verstehen, wovon die Rede ist. Auf jeden Fall unterschreiben Sie nichts, bevor Sie nicht das Kleingedruckte gelesen und genau verstanden haben.

Ein Lehrer, und sei er auch noch so gut, ist kein Gott und hat normalerweise auch eine gesunde Scheu davor, sich auf ein Podest heben zu lassen oder den eigenen vollmundigen Ankündigungen nicht gerecht werden zu können. Der Respekt, den wir zollen, fällt auf uns selbst zurück.

Trotz aller anfangs notwendigen Skepsis kann eine weiterführende Ausbildung bahnbrechend sein und lebenslange Freundschaften mit sich bringen. Seien Sie zugleich auf der Hut und vergessen Sie nicht, dass Lernen auch Spaß machen sollte.

Festivals

Wenn Sie etwas Unvergleichliches erleben wollen, gehen Sie einmal auf eines der vielen Hexenfeste, die im Lauf des Jahres überall auf der Welt abgehalten werden. Die meisten dauern mehrere Tage und finden um einen Sabbat herum statt. Gewöhnlich muss man die Tickets im Voraus bezahlen – die Preise werden absichtlich hoch gehalten, um die Anzahl der Teilnehmer zu beschränken. Aber manche Organisatoren bieten einen Preisnachlass für freiwillige Helfer an. Über das Internet und andere Medien kann man Näheres erfahren.

Nachdem Sie sich praktische Fragen über die Unterkunft und so weiter im Voraus beantwortet haben, informieren Sie sich vorsichtshalber auch, ob es Vorschriften im Hinblick auf Kleidung, Waffen und Alkoholkonsum gibt, sonst kommt Ihnen und Ihren drei Kindern womöglich ein waffenstarrender Mann mit Bockshörnern auf dem Kopf, Fellen an den Waden und nichts als nackter Haut dazwischen entgegen. Mir ist das jedenfalls einmal passiert – und ich stamme aus Pennsylvania, einer Hochburg der amerikanischen Prüderie.

Im Allgemeinen sind Sie bei unseren Zusammenkünften aber sicherer als in den Straßen jeder beliebigen Stadt, und Verkäufer können ihre Waren unbewacht herumliegen lassen, weil keiner sich daran vergreift. Aber hin und wieder spielen nichtpraktizierende Außenseiter verrückt und betrinken sich oder fallen sonstwie aus der Reihe. Überlegen Sie es sich daher auch gut, bevor Sie jemanden mitbringen.

Viele Orden pflanzen ein Banner neben ihrem Zelt oder Stand auf; ebenso können auch Einzelgänger ein Wappen oder Banner tragen. Wenn Sie wollen, entwerfen Sie das Design selbst.

Wer Dienstleistungen oder magische Produkte auf einem Festival verkaufen will, muss sein Kleingewerbe rechtzeitig anmelden, manchmal Monate im Voraus. Lassen Sie Visitenkarten drucken und verteilen Sie sie an potenzielle Kunden.

Die eigentlichen Festivitäten finden gewöhnlich nach Einbruch der Dunkelheit statt, wenn sich alle versammeln und den »Großen Kreis« bilden. Außerdem gibt es immer ein zeremonielles Ereignis, das den Höhepunkt und krönenden Abschluss des Festivals bildet. Danach brechen alle ihre Zelte ab und lassen hoffentlich den Platz in fast besserem Zustand zurück, als sie ihn vorgefunden haben. Wenn möglich, dankt man den Organisatoren persönlich für ihre Mühe. Wenn man hervorhebt, was einem gefallen hat, hilft man ihnen damit bei der Planung der nächsten Hexenversammlung.

Festivals bieten eine einmalige Gelegenheit, Leute zu treffen, denen man sonst nie begegnen würde – Menschen, die Ihre drängendsten Fragen beantworten und Ihre Schwingungen auf ein neues Niveau heben. Oft so erheblich, dass man in der Woche danach noch überschüssige Energien hat und weitaus mehr zustande bringt als sonst.

Zusammenfassung

Mit Vorbehalten und gründlicher Vorausplanung können Kontakte, Workshops und Festivals eine enorme Bereicherung sein.

Das Leben allein praktizierender Hexen ist auf die Dauer zu einsam. Dann laufen Sie durch die Welt und denken: »Wenn die anderen nur wüssten, was sie verpassen!« Mir ging es so. Ohne die Unterstützung und Freundschaft Gleichgesinnter kommt niemand sonderlich weit.

In die Zukunft sehen

Erlernbare Fähigkeit oder gottgegebenes Talent?

In einer Radiosendung hörte ich einmal eine Wahrsagerin verkünden, dass nur sehr wenige Auserwählte die Zukunft voraussehen könnten, da es sich nicht um eine Fähigkeit handle, die jeder Mensch zu entwickeln vermöge, sondern um eine Begabung, die man entweder von Gott erhalten habe oder eben nicht. Papperlapapp! Die Frau wollte offenbar bei dieser Gelegenheit neue Klienten werben, indem sie ihr begnadetes Talent gegenüber dem minderbemittelten Publikum herausstellte.

Wahr ist, dass manche Menschen sehr sensibel sind und mehr Informationen aus der universellen Datenbank »aufschnappen«, während andere offenbar noch nie etwas vorhersagen konnten. Aber sobald die inneren Sperren aus dem Weg geräumt sind, kann jeder das kollektive Unbewusste anzapfen und Fähigkeiten wie Voraussicht, wenn nicht gar Hellsicht entwickeln, zum mindesten für den persönlichen Gebrauch – davon bin ich felsenfest überzeugt.

Wahrsagen

Wie jeder weiß, gibt es gute und schlechte Wahrsager und überdies auch noch zahlreiche Methoden. Nun erhebt sich die Frage, warum man einen Wahrsager konsultieren sollte, wenn man doch über diese Begabung selbst verfügt. Ganz einfach – weil man von anderen lernen muss. Aus diesem Grund gehen auch Therapeuten zu Koryphäen auf ihrem Gebiet und lassen sich analysieren. Hin und wieder brauchen wir eben jemanden, der uns von einem übergeordneten Blickwinkel aus betrachten kann und nicht emotional in unsere Probleme verwickelt ist.

Zu den bekanntesten Methoden und Hilfsmitteln der Weissagekunst gehören die folgenden:

Karten: Wahrsager benutzen Tarotkarten, Runenkarten, gewöhnliche Spielkarten, Karma- und Medizinkarten und so weiter.

Kristallkugel: Durch die Konzentration auf ein Hilfsmittel – außer Kristallkugeln eignen sich auch Wasserschalen mit Tintentropfen, Teeblätter, magische Spiegel, glühende Kohlen, Rauchschwaden und der Dampf, der dem Hexenkessel entsteigt – wird die Selbstversenkung gefördert, die intuitive Assoziationen auslöst.

Pendel: Ein Gewicht, das an einem Faden hängt, oder eine Kette mit einer kleinen Kristallkugel.

Wünschelrute: Eine Astgabel oder gebogenes Metallinstrument. Fragen werden nach einer vorher festgelegten Methode mit Ja oder Nein beantwortet, aber Sie können auch Ihr eigenes System für detailliertere Angaben schaffen.

Numerologie: Wahrsagen mit Hilfe von Zahlen und Rechnungsweisen. Geburtsdaten oder Namen beispielsweise wird ein Zahlwert mit symbolhafter Bedeutung zugeordnet.

Handlesen: Prophezeiung aus der Hand einer Person.

Runen: Steine oder Plättchen mit den Zeichen eines magischen Alphabets, zumeist germanischen oder skandinavischen Ursprungs. Kann bei der Traumdeutung konsultiert werden, vor und nach Zaubersprüchen und bei der Herstellung von Talismanen. Runen liefern Stichworte für generelle Zukunftsprognosen.

Graphologie: Das Studium von Handschriften. Sehr aufschlussreich beim Knüpfen von Kontakten und bei Ferndeutungen für Klienten.

Geomantie: Die Kunst, aus Linien und Figuren im Sand wahrzusagen. Bei der astrologischen Variante wird eine Reihe von zufällig gewählten Punkten mit astrologischen Konstellationen verknüpft, um Einblick in die Zukunft zu gewinnen.

I Ging: Chinesisches Orakelsystem, bei dem drei Münzen oder Plättchen wie Würfel benutzt werden. Nach mehrmaligem Werfen erhält man ein Ergebnis, zu dem es eine bestimmte Deutung gibt. Sehr nützlich bei geschäftlichen Fragen.

Als Hexe sollten Sie mindestens mit einer Methode umgehen können und Ihr Orakel vor jedem Zauber konsultieren, damit Sie wissen, was auf Sie zukommt, und nicht versehentlich in die Gefilde der schwarzen Magie abgleiten.

In dieser Hinsicht habe ich einiges dazulernen müssen. Einer meiner ersten Sprüche sollte bewirken, dass der größte Hirsch in den umliegenden Wäldern meinem Mann gleich zu Beginn der Jagdsaison über den Weg laufen würde. Wie gesagt, wir haben eine große Familie, und was er erlegt, landet auf dem Esstisch, nicht an der Wand. Jedenfalls nahm ich an, dass mein Mann tatsächlich eine stattliche Beute mit nach Hause bringen würde, denn er ist ein guter Schütze. Nun ja – ein Prachtexemplar lief ihm auch gleich über den Weg, aber da mein Mann gerade seine Notdurft verrichtete, hatte er die falsche Waffe in der Hand, als der Hirsch vor ihm auftauchte. Und so sind wir in dem Jahr ohne Wildbret über den Winter gekommen.

Was hatte ich falsch gemacht? Zum einen hätte ich ein Orakel nach dem wahrscheinlichen Ergebnis meines Spruches befragen müssen. Das hätte mir gezeigt, dass etwas nicht ganz stimmte, und mir die Gelegenheit geboten, noch einmal von vorn anzufangen. Zweitens bin ich von einer Annahme ausgegangen. Annahmen und Vermutungen sind fehl am Platz. Beim Zaubern muss alles bis ins letzte Detail geplant werden.

Außerdem hätte ich das Krafttier des Hirschen vorher kontaktieren und ihm mein Ansinnen und seinen Zweck unterbreiten müssen. Danach wäre es nur recht und billig gewesen, wenn ich das Opfer des Tieres mit einer Opfergabe meinerseits gewürdigt und ein Dankesgebet gesprochen hätte. Nun ja ... man lernt nie aus!

Der Spielraum einer Methode

Bevor Sie sich als Wahrsager betätigen, müssen Sie wissen, was ein Orakel wie das Tarot, Pendel und so weiter Ihnen verraten kann und was nicht. Oft glauben die Leute, dass Sie alles sehen können, weil Sie im Großen und Ganzen ein bisschen besser durchblicken als sie. Um das zu verhindern, müssen Sie ganz klare Verhältnisse schaffen, sonst begeben Sie sich in eine unhaltbare Position, und obendrein gefährden Sie die Menschen, die Ihre Hilfe suchen.

Die Ebene, auf der man Eindrücke empfängt, variiert von Fall zu Fall. Manche Wahrsager, Hellseher oder »Hellfühlende« sind praktisch veranlagt und sehen konkrete Ereignisse wie Wasserrohrbrüche, Wohnungswechsel, Liebesaffären und so weiter genau voraus. Andere sind mehr auf spirituelle und mentale Strömungen eingestimmt und helfen anderen aus der Klemme, indem sie automatische Verhaltensmuster aufzeigen und den Leuten ihre Schwächen und Stärken bewusst machen. Aber es gibt auch Wahrsager, die beides können. So genannte Channels oder

Medien hören eine innere Stimme, die ihnen mitteilt, was sie sagen sollen.

Ich habe festgestellt, dass die Informationen, die ein Hilfesuchender zur Zeit braucht, zwar jederzeit vorhanden und abrufbar sind, aber nicht immer korrekt interpretiert werden. Die Karten machen keinen Fehler, aber Kartenleser haben bestenfalls in 85 Prozent der Fälle »Recht«. Warum nicht immer?

Erstens, weil die Zukunft fluktuiert und sich mit jeder Entscheidung, die der Fragesteller trifft, verändert. Das Hilfsmittel (die Karten, Runen und so weiter) zeigt, was mit großer Wahrscheinlichkeit geschehen wird, wenn der Fragesteller fortfährt wie bisher. Wohlgemerkt: »mit großer Wahrscheinlichkeit«. Zweitens beruhen Ihre Interpretationen auf den Erfahrungen, die Sie gesammelt haben – in diesem wie in früheren Leben –, und da Informationen von jeder Seele auf unterschiedliche Weise verarbeitet werden, sind Irrtümer nie ausgeschlossen. Aus diesem Grund muss man die Fragesteller aktiv an der Deutung beteiligen. Je intensiver die Beteiligung der Person, desto genauer Ihre Prognosen.

Tarotkarten und andere Orakel zwingen Sie, die fragliche Situation durch einen Filter zu betrachten – eine Art Schablone, die Sie veranlasst, eine andere Perspektive einzunehmen und nach den Gesichtspunkten einer Logik vorzugehen, die weniger persönlich gefärbt ist. Aber kein Hilfsmittel zeigt eine feststehende Zukunft an. Was Sie mit einem Hilfsmittel sehen, ist die wahrscheinliche Zukunft zur Zeit Ihrer Deutung. Mit den so gewonnenen Informationen kann man sich überlegen, was getan werden muss, um die angezeigten Schwierigkeiten zu vermeiden oder eine Situation glimpflicher verlaufen zu lassen, als es ansonsten der Fall wäre.

Außerdem spiegeln Hilfsmittel den momentanen Zustand des Lesers oder Fragestellers wider. Wenn Sie in Panik sind, erhalten

Sie wirre Informationen oder die Karten bestätigen Ihre vorgefassten Meinungen, anstatt Ihnen neue Perspektiven zu eröffnen.

Selbstvertrauen

Das größte Hindernis beim Wahrsagen besteht in Selbstzweifeln – der Befürchtung, dass Sie nicht imstande sein werden, die Botschaften der Karten oder Steine korrekt zu interpretieren und verständlich auszudrücken. Mangelndes Selbstvertrauen ist die Hürde, die wir alle überwinden müssen, auch wenn wir die Flinte am Anfang hundertmal ins Korn werfen wollen.

Das Deutungssystem, mit dem Sie sich vertraut gemacht haben, unterstützt Sie, solange Sie Vertrauen in Ihre eigenen, vielleicht noch schlummernden Fähigkeiten haben. Nach einer Weile brauchen Sie nicht mehr zum Handbuch zu greifen und in Notizblättern zu wühlen. Wenn Sie durchhalten, wird Ihnen irgendwann spontan eingegeben, was Sie wissen oder sagen sollen.

Selbst erfahrene Medien irren sich, und auch Ihnen wird es natürlich nicht anders gehen. Bleiben Sie dennoch nicht in Versagensängsten stecken. Übung macht schließlich den Meister. Bei manchen Deutungen funkt aber auch der Eigenwille des Fragestellers dazwischen: Vielleicht will er die Wahrheit gar nicht wirklich wissen.

Woher kommen prophetische Eingebungen?

Die Ansichten darüber gehen auseinander. Einer meiner Freunde meint, dass das Orakel durchaus beseelt ist und auf den Deuter ausstrahlt. Andere glauben, dass sie sich ins kollektive Unbewusste einklinken und die darin gespeicherten Informationen empfangen wie eine Satellitenschüssel. Wo immer sie herkommen mögen – Sie müssen die Informationen unzensiert aufgreifen können und an sie glauben. Sonst wird Ihre Ausbildung recht mühsam werden, fürchte ich.

Das geeignete Deutungssystem finden

Da es mittlerweile zu viele Arten und Methoden gibt, wählen Sie am besten ein Orakel, das Ihnen auf Anhieb gefällt, und konzentrieren sich darauf. Alle Deutungssysteme erfordern Einsatz und Mühe. Wenn Sie feststellen, dass das Tarot momentan zu arbeitsintensiv ist, probieren Sie etwas anderes aus, wie das I Ging oder Runen. Sie haben die Wahl.

Anderen die Zukunft deuten

Ich unterscheide zwischen zwei Arten von Klienten: Menschen, die an Magie glauben, und »Einmal Geborene« (ein von Bried FoxSong benutzter Begriff für Menschen, die nichts mit Reinkarnation und Zauberei am Hut haben). Deutungen für magische Menschen sind einfacher, weil sie ungewöhnliche Methoden und Ansichten oft sehr viel bereitwilliger akzeptieren.

»Einmal Geborene« trauen Ihnen dagegen nicht so leicht über den Weg. Sie müssen die psychologischen Schutzmaßnahmen kennen, mit denen sie Ihre Aussagen abschmettern, und lernen, wie Sie ihre Abwehrmechanismen entkräften können, sonst findet eine Art Kräftemessen bei Ihren Deutungen statt. »Einmal Geborene« sind im Allgemeinen nicht so sehr an der Wahrheitsfindung interessiert als an einem Eignungstest, dem sie Sie unterziehen, um Ihre Unfähigkeit zu beweisen. Damit will ich diese Menschen nicht schlecht machen, nur darauf hinweisen, dass sie Deutungen und ihren Zweck unter einem völlig anderen Blickwinkel betrachten als Sie.

Lassen Sie sich niemals auf die Probe stellen, es sei denn, Sie können sehr elegant mit Machtspielen umgehen. Geben Sie keine Deutungen auf Partys oder bei Veranstaltungen, an denen viele »Einmal Geborene« teilnehmen – es sei denn, Sie haben ein unerschütterliches Selbstvertrauen in Bezug auf öffentliche Auftritte entwickelt. Auch im magischen Volk gibt es Individuen, die Sie an der Nase herumführen und eine zutrauliche Seele oder einen Anfänger damit ins Schleudern bringen. Mit der Zeit lernt man, verlogene Energie auf den ersten oder zumindest zweiten Blick zu erkennen.

Wenn Sie das Gefühl haben, dass ein Klient sein Spiel mit Ihnen treibt, können Sie die Trumpfkarten eines Tarotspiels mischen und vor ihm ausbreiten. Dann bitten Sie ihn, eine Karte zu ziehen. Diese Karte verrät Ihnen normalerweise genau, woran Sie bei ihm sind. Und daraufhin können Sie die Sitzung entweder abbrechen oder fortsetzen, falls Sie glauben, dass Sie nicht absichtlich hintergangen werden, sondern unbewusst.

Niemand außer Ihnen und dem Fragesteller sollte anwesend sein, denn Weissagen ist eine Privatangelegenheit. Auch darf man keinem Klienten sagen, dass er oder ein Angehöriger demnächst sterben wird. Mildern Sie Ihre Formulierungen, indem Sie Dinge sagen wie etwa: »In Zukunft könnten ernste Schwierigkeiten im Hinblick auf ... entstehen.« Oder: »Welche Sicherheitsvorkehrungen haben Sie getroffen? Vielleicht gibt es Fenster und Türen in Ihrem Haus (Auto und so weiter), die winterfest gemacht werden sollten ...«

Wenn das Aufregung verursacht und Sie nach dem Grund für die Andeutungen gefragt werden, entgegnen Sie: »Wenn Sie den Gang der Dinge ändern und ein paar Vorkehrungen treffen, wird es keine Schwierigkeiten geben.« Dann zitieren Sie ein paar vernünftige Gründe für eine Verhaltensänderung der Person.

Behaupten Sie niemals, dass irgendetwas definitiv stattfinden wird. Benutzen Sie die Wörter »vielleicht«, »möglicherweise« oder »unter Umständen«. Als Lebensberater üben Sie enormen Einfluss auf die Gemütsverfassung Ihrer Klienten aus. Es ist schon vorgekommen, dass Leute nach einer Sitzung mit einem Wahrsager Unfälle verursachten oder Selbstmord begingen. Wer sind Sie, dass Sie sich anmaßen, jemandem seinen Tod innerhalb der nächsten 24 Stunden anzukündigen? Möglicherweise erfüllt die Person Ihre schreckliche Prophezeiung selbst!

»Einmal Geborene« konsultieren Sie gewöhnlich aus reiner Neugier oder weil sie ein für ihre Begriffe unlösbares Problem haben und sämtliche Alternativen erfolglos ausprobiert haben. Sie sind dann der Letzte in einer langen Kette, denn Familie und Freunde haben das Thema höchstwahrscheinlich schon lange satt.

Welche Art von Klienten Sie anziehen, hängt aber auch von Ihrer Person ab. Die Mehrzahl meiner Kunden sind in ernstlichen Schwierigkeiten und bereit, sich mit den psychologischen und spirituellen Aspekten ihres Wesens zu befassen. Um generelle Deutungen werde ich so selten gebeten, dass ich angenehm überrascht bin, wenn jemand mich nicht in höchster Not konsultiert.

Aufzeichnungen über Sitzungen

Aus zwei Gründen nimmt man seine Sitzungen auf Tonband auf oder macht schriftliche Aufzeichnungen, zum Beispiel von der Anordnung der Karten beim Tarot: Erstens kann man damit im Nachhinein feststellen, welche Symbole an welcher Stelle lagen und ob die eigenen Interpretationen tatsächlich korrekt waren. Jeder Tarotkarte werden zwar allgemein akzeptierte Bedeutungen zugemessen, aber nach einer Weile sehen Sie auch andere Dinge und finden Ihre eigenen Bedeutungen.

Angenommen, Sie ziehen die folgenden Karten bei einer Tarotsitzung mit mir: das Ass der Stäbe, die Herrscherin und die Drei der Münzen. Jetzt steht für mich fest, dass Ihnen eine Schwangerschaft bevorsteht. Aber zu diesem Schluss bin ich durch langjährige Erfahrungen gelangt. Für Sie und jeden anderen Leser mag eine andere Interpretation stimmen.

Ein weiteres Bespiel: Beim Tarotlegen für einen nicht persönlich anwesenden Mann zog ich der Reihe nach alle vier Ritter.

Später stellte sich heraus, dass der Mann seine Frau am selben Abend verlassen hatte, mit seiner neuen Freundin in eine neue Wohnung gezogen war und beschlossen hatte, seinen Job zu kündigen. Alles auf einen Schlag. Ein Wahnsinnskarma!

Zweitens brauchen Sie Ihre Aufzeichnungen, wenn Sie ein Orakel im Zusammenhang mit einem gut funktionierenden Zauberspruch konsultiert haben, damit Sie den Vorgang später Schritt für Schritt wiederholen können. Notieren Sie alles getreulich in Ihrem *Buch der Schatten*.

Einstiegshilfe für Anfänger

Bevor ich mir eine neue Orakelmethode aneigne, bitte ich um göttliche Führung in einem selbst verfassten Ritual. Auf diese Weise festige ich den Entschluss, mein Bestes beim Studium des noch unerforschten Gebietes zu geben.

Am Abend vor dem Ritual kaufe ich die neuen Orakelwerkzeuge oder stelle sie selbst her. Im Lauf des Rituals werden sie gereinigt und geweiht, oft mit der Hilfe einer bestimmten Gottheit, die für ihre einschlägigen Fähigkeiten bekannt ist. Gegen Ende des Rituals bitte ich darum, dass innere Blockaden von mir genommen werden, und öffne mich in schweigender Meditation, damit das Wissen in mich eindringen kann. Jedes Jahr wiederhole ich dieses Ritual dann zur ungefähr gleichen Zeit und bitte um Hilfe bei der Weiterentwicklung meiner Fähigkeiten.

Die richtige Umgebung

Es gibt Hellsichtige, die ohne materielle Anhaltspunkte und Hilfsmittel auskommen. Die meisten anderen ziehen bestimmte Zeiten, Orte und Orakelsysteme vor. Viele von ihnen brauchen ganz bestimmte Voraussetzungen – die Kerze muss brennen, die Karten oder Steine müssen auf einem speziellen Tuch liegen, die Kristalle rechts daneben und so weiter. Manche vollziehen ein langwieriges, mentales Ritual, bevor sie loslegen, andere versenken sich nur sekundenlang ins eigene Innere.

Solange ich zu Hause bin, bewahre ich die Utensilien, die ich am häufigsten benutze, in einem Korb auf. Für unterwegs habe ich ein kleines Falttäschchen aus schwarzem Satin, in dem ich ein Set Runenkarten, ein Set Tarotkarten, ein Pendel, eine Kerze und ein kleines Altartuch unterbringen kann.

Pflege der Utensilien

Da Orakelwerkzeug häufig von anderen Menschen berührt wird, muss man diese Dinge öfter reinigen und weihen. Dies gilt auch, wenn ein besonders negativer Klient oder ein ausgesprochener Unglücksrabe in ihrer Nähe war. Nach einem Tag, an dem Sie sehr viele Deutungen gegeben haben, ist es ebenfalls empfehlenswert. Ansonsten genügt es, sie einmal pro Woche zu pflegen. Die Prozedur ist einfach: Legen Sie Ihr Orakelwerkzeug ein paar Stunden lang in die Sonne oder ins Mondlicht und träufeln Sie ein paar Tropfen Weihwasser oder geweihte Essenz darauf.

Zur Aufbewahrung wickle ich meine Utensilien immer in dieselben Tücher (schwarz hält übrigens negative Vibrationen fern). Steine, Karten oder Münzen breitet man auf einem dafür bestimmten Tuch aus, entweder auf dem Tisch oder Fußboden. Größe und Design des Tuchs hängen von der Methode ab, die Sie benutzen. Bei ausufernden Legesystemen oder wenn zwei Methoden gleichzeitig angewandt werden, brauchen Sie natürlich mehr Stoff.

Kombinierte Deutungen

Um ausführlichere Informationen zu erhalten, können Sie ein zweites Orakel bei ein und derselben Sitzung konsultieren, zum Beispiel Runen zu den bereits ausgelegten Tarotkarten hinzufügen. Oder Sie pendeln, um festzustellen, ob die Eindrücke, die Sie durch die erste Orakeldeutung erhalten haben, korrekt sind. Auf diese Weise werden fragliche Punkte bestätigt und näher erklärt. Am Ende dieses Kapitels beschreibe ich eine derartige Kombinationsdeutung.

Ferndeutungen

Bei Ferndeutungen stimmen Sie sich auf Menschen ein, die nicht physisch anwesend sind. Es gibt verschiedene Methoden, um den Kontakt mit einer Person herzustellen: Wenn jemand Ihnen einen Brief mit der Bitte um Ferndeutung geschrieben hat, können Sie Ihr Orakelwerkzeug ein paar Minuten lang in den Briefumschlag stecken oder in das Papier wickeln. Unterdessen visualisieren Sie, dass die Energie der Person in Ihre Karten oder anderen Werkzeuge eindringt.

Ferndeutungen können erstaunlich genau sein. Da die meisten »Einmal Geborenen« solche Fähigkeiten für Humbug halten, behält man die so gewonnenen Informationen allerdings lieber für sich, um unnötige Auseinandersetzungen zu vermeiden.

Falls Sie nicht um eine Deutung gebeten wurden, sondern jemanden aus eigenem Antrieb mit dem Orakel »ansprechen«, müssen Sie die eventuellen Folgen tragen. Manche halten Ferndeutungen für eine Verletzung der Privatsphäre. Meines Erachtens habe ich jedoch ein gutes Recht, Erkundigungen über Leute einzuziehen, die auf irgendeine Art mit mir verbunden sind, solange ich keinen Unfug damit treibe.

Eine solche Situation war für mich beispielsweise gegeben, als die Ehe einer Freundin von mir in die Brüche ging. Einige Gründe waren meiner Freundin bekannt; ansonsten konnte sie sich keinen Reim aus dem Verhalten ihres Mannes machen und keine konkreten Erklärungen für das verhängnisvolle Gefühl in ihrem Bauch finden. Wir konsultierten die Karten, um zu sehen, was im Verborgenen schwelte, fanden aber nichts ... jedenfalls nicht sofort. Der einzige Anhaltspunkt war die Acht der Stäbe – überraschende Neuigkeiten. Also legten wir die Karten für ihren Ehemann, indem wir ihm eine Karte zuwiesen und die Acht der Stäbe darüber legten; dann folgten die restlichen Karten.

Und siehe da: Es war buchstäblich eine andere Frau mit im Spiel! Meine Freundin ist übrigens immer noch mit ihrem Mann verheiratet, und er fragt sich heute noch, woher sie die Einzelheiten seiner heimlichen Liebschaft hatte. Auf jeden Fall hat er seitdem mehr Respekt vor ihr und ihrer Einsicht in die Hintergründe – ganz zu schweigen von ihrer Nachsicht!

Graphologie

Wenn Sie Ferndeutungen auf eine schriftliche Aufforderung hin geben, brauchen Sie Grundkenntnisse auf dem Gebiet der Handschriftendeutung. Als ich anfing, Gefängnishäftlinge zu beraten, stellte ich fest, dass ihre Schriftzüge bestimmte Charakterzüge aufwiesen, die sie von allen anderen Korrespondenten unterschieden. Daraufhin stürzte ich mich auf die Graphologie und lerne seitdem fleißig weiter.

Handschriften vervollständigen Ihre Deutung. Sie runden den Eindruck ab, den Sie von der Persönlichkeit eines Menschen auf andere Art gewonnen haben, und zeigen ihre Schwachstellen deutlicher, als es oft bei Deutungen mit anderen Mitteln der Fall ist. Denn diese zeigen Ihnen das wichtigste Anliegen zum momentanen Zeitpunkt, beantworten aber nicht unbedingt die Frage, die Ihnen gestellt worden ist.

Handschriften verraten Ihnen sogar, was ein Mensch denkt – sowohl über die eigene Person als auch über ein bestimmtes Thema. In einem Brief, der beschreibt, wie gut es jemandem geht, können Sie an den Schwankungen in der Handschrift erkennen, ob die Wahrheit gesagt wird und wo die Gefühle anders waren als vorgegeben. Auch der Namenszug von in dem Brief erwähnten

Leuten kann Ihnen alles Mögliche verraten – zum Beispiel, dass der Verfasser Schwierigkeiten mit jemandem hat, oft sogar die Art der Schwierigkeiten.

Die meisten Graphologiehandbücher lehren, dass Sie die Handschrift im Ganzen betrachten müssen – was vollkommen richtig ist, wenn es um einen generellen Einblick in die Person und ihre Gemütsverfassung geht. Meistens wird allerdings verschwiegen, dass ein genaueres Studium einzelner Zeilen und Abschnitte zeigt, wie die Person auf das jeweilige Thema oder den zu Papier gebrachten Gedankengang reagiert. Allein schon die Art und Weise, wie Ihr Name und Ihre Adresse auf einen Umschlag geschrieben wurde, zeigt Ihnen, was der Schreiber von Ihnen hält.

Astrologische Querverbindungen

Kenntnisse im Bereich der Astrologie können Ferndeutungen ebenfalls erleichtern. Wenn Sie das Geburtsdatum und andere astrologische Einzelheiten kennen, gewinnen Sie einen Eindruck von den allgemeinen Reaktionen der Person in verschiedenen Lebensumständen. Das kann sehr nützlich sein, denn die meisten Hilfesuchenden haben keine Ahnung von den Kräften, die ihr generelles Verhalten diktieren. Wenn Sie ihnen Einblicke in ihre eigene Wesensnatur verschaffen können, leisten Sie damit hervorragende Dienste.

Schutzmaßnahmen

Ausführliche Deutungen dauern etwa zwei bis drei Stunden und sind sehr energieraubend. Deshalb muss man sich danach erholen, hinlegen, meditieren, ein heißes Bad nehmen und mental erden. Danach gehe ich aus dem Haus und mache einen Spaziergang oder etwas anderes ganz »Normales«.

Klienten, die zu Ihnen ins Haus kommen, bitten Sie in ein

Zimmer, wo Sie beide allein sind. Vor einer Deutung reinigen und weihen Sie dieses Zimmer, und nach einer besonders negativen oder gravierenden Sitzung ebenfalls. Sie können ein paar Brocken Rosenquarz im Raum verteilen, um liebevolle Energie zu verbreiten. Rauchquarz und Onyx wehren negative Einflüsse ab, Amethyst absorbiert Negativität. Manche Hexen tragen spezielle Schmucksteine, um sich zu schützen. Diese werden regelmäßig unter fließendem Wasser und mit Sonnenlicht oder Mondlicht geläutert.

Umgeben Sie sich die ganze Zeit mental mit einem blauen Lichtkreis, damit Sie nicht von der Energie der Person, die Ihre Hilfe beansprucht, angegriffen werden. Ich habe mir angewöhnt, innerlich »Schutzschild hoch!« zu sagen.

Am Anfang hält man Orakeldeutungen ohnehin kurz, und auch später beschränkt man die eigentliche Deutung lieber auf fünfzehn bis zwanzig Minuten und reserviert den Rest der Stunde für weiterführende Gespräche. Ferndeutungen können so lange dauern, wie man geistig und energetisch auf der Höhe ist.

Abhängigkeit

Obwohl ein Orakel vor jedem Ritual und in den meisten problematischen Situationen konsultiert werden sollte, darf man sich nicht blind auf die erhaltenen Auskünfte verlassen: Andere Gesichtspunkte müssen ebenfalls in Erwägung gezogen werden. Wo kämen wir hin, wenn wir keine Entscheidung mehr ohne Hilfsmittel treffen könnten und uns unseren Lebenslauf von Karten oder Pendeln diktieren ließen?

Auch die Freunde und Klienten von Hexen tappen in diese Falle, besonders die »Einmal Geborenen«. Die Gefahr, dass sie sich in ihrer Unwissenheit und Orientierungslosigkeit an Sie hängen, ist weitaus größer als bei magisch orientierten Menschen. Wenn Sie mitten in der Nacht ans Telefon gerufen werden oder jemand unangemeldet an der Tür klingelt, weil er Sie unbedingt und sofort sprechen muss, könnte das der Auftakt eines Abhängigkeitsverhältnisses sein, das zwar dem Ego des Beraters schmeichelt, ansonsten aber nichts als Unheil stiftet.

Als weiser Mensch lässt man Abhängigkeitsverhältnisse gar nicht erst entstehen – und zwar, indem man vollkommen authentisch und ehrlich ist. Veranstalten Sie keinen mysteriösen Mummenschanz, wenn Sie eine Sachlage nicht überblicken. Geben Sie zu: »Ich weiß es nicht.« Die Tatsache, dass Sie auch nur ein Mensch sind und nicht unfehlbar, macht Sie nicht zum schlechten Wahrsager – im Gegenteil. Bringen Sie sich nicht in eine Position, die Sie weder halten können noch wollen, wenn Sie kein Scharlatan sind.

»Einmal Geborene«, mit denen Sie häufig zu tun haben, sind normalerweise die ersten Kandidaten auf der Abhängigkeitsliste. Bieten Sie ihnen nicht von sich aus eine Beratung an. Wenn sie wirklich eine Konsultation brauchen, sollen sie selbst Sie darum bitten.

Bezahlung

Da die meisten magisch orientierten Menschen selbst orakeln oder einen Freund haben, der sie kostenlos berät, besteht die Mehrzahl unserer zahlenden Kundschaft aus »Einmal Geborenen«. Erkundigen Sie sich – *bevor* Sie Annoncen aufgeben und sich als professioneller Wahrsager betätigen –, ob Sie sich innerhalb des gesetzlichen Rahmens bewegen, wenn Sie Geld für Ihre Deutungen verlangen. In manchen Ländern brauchen Sie dafür einen Gewerbeschein. Wenn Sie das Geld dafür nicht ausgeben möchten, können Sie Ihre Klienten auch um eine Spende oder einen »freiwilligen Unkostenbeitrag« bitten – alles andere wäre in diesem Fall illegal.

Da »Einmal Geborene« erfahrungsgemäß entweder aus Neugier zu einer Deutung kommen oder in ausweglosen Situationen stecken, können Sie ein mittleres Honorar verlangen. Es sollte nicht zu niedrig sein, damit Sie nicht Hinz und Kunz von der Straße anlocken; andererseits wollen Sie aber auch mittellose Menschen, die Ihre Hilfe wirklich gebrauchen können, nicht mit zu horrenden Preisen abschrecken. Schließlich hat man als Hexe geschworen, allen Menschen zu dienen, und mit hohen Honorarsätzen dient man eigentlich nur sich selbst.

Eine meiner Freundinnen überlässt es ihren Kunden, zu geben, was sie für angemessen halten. Das habe ich ein paar Mal gemacht – und nie wieder. Nachdem ich eine schwerreiche Frau drei Stunden lang ausführlich beraten, in rituelle Praktiken eingewiesen und mit Materialien versorgt hatte, gab sie mir zehn Dollar. Wäre sie eine Hexenschwester gewesen, hätte ich sie kostenlos verarztet, weil das zu meinem Berufsethos gehört. Aber sie war eine »Einmal Geborene«, und so wundert es mich nicht, dass ich seither keinen Pieps mehr von ihr gehört habe.

Wenn Sie sich ausnutzen lassen, wird Ihr Wert unterschätzt; umgekehrt gilt: Je höher Ihr Preis, desto mehr Interessenten sammeln sich (solange ein tadelloser Ruf Ihnen vorauseilt). Nur in magischen Kreisen können Sie kostenlose Deutungen anbieten, ohne missverstanden zu werden; nur ist der Bedarf, wie gesagt, weitaus geringer.

Erkundigen Sie sich, was andere in Ihrem Umfeld für vergleichbare Dienste verlangen. Gehen Sie zu verschiedenen Deutungen und sehen Sie, wie man dort mit der Frage umgeht. Die Wahrsager in meiner Gegend verlangen im Durchschnitt so viel wie Frisöre für einen guten Haarschnitt oder eine mittelprächtige Dauerwelle.

Sitzungen mit einem Geistführer

Geistführer sind Wesen, die auf feinstofflichen Ebenen des Seins existieren und ihre Hilfe anbieten, ähnlich wie Schutzengel. »Einmal Geborenen« verrate ich nicht, dass ich mich von einem Geistführer bei meinen Deutungen unterstützen lasse. Da sie mich ohnehin schon für abartig halten, brauche ich sie nicht noch zusätzlich zu verwirren.

In einem späteren Kapitel erkläre ich, wie man seinen eigenen Geistführer kontaktiert. An dieser Stelle möchte ich nur darauf hinweisen, dass Lichtwesen Ihnen aus der Klemme helfen können, wenn Sie einmal nicht weiterwissen. Angenommen, Ihnen fällt absolut nichts zu einem Legemuster ein ... Als mir das zum ersten Mal passierte, verlor ich regelrecht die Fassung und bat den Fragesteller, die Karten nochmals zu mischen – worauf wir die meisten Karten zum zweiten Mal erhielten. Erst nachdem ich die Augen geschlossen und meinen Geistführer gerufen hatte, verlief die Deutung mit der gewohnten Treffsicherheit.

Die Informationen werden mir eingegeben, ich spreche sie aus – und damit hat es sich. Kaum etwas bleibt in meinem Gedächtnis haften. Aus diesem Grund bitte ich meine Klienten immer, einen Kassettenrecorder mitzubringen oder zu notieren, was sie im Lauf einer Sitzung für wichtig halten. Später werde ich oft gefragt: »Erinnerst du dich daran, dass du gesagt hast ...?« Nein. Die Informationen, die aus meinem Mund kamen, waren ja auch nicht für mich, sondern den Fragesteller bestimmt.

Verhalten bei einem Blackout

Hin und wieder kommt man selbst mit Hilfe eines Geistführers nicht mehr weiter. Sie stehen da wie der Ochs vor dem berühmten Berg und haben Maulsperre. Was nun?

Holen Sie tief Luft, entspannen Sie sich und kommen Sie erst einmal herunter ... Wenn Ihr Klient nicht gemerkt hat, dass Sie stecken geblieben sind, können Sie den fraglichen Punkt überspringen und später eventuell darauf zurückkommen. Ansonsten ist Ehrlichkeit angesagt: »Das verstehe ich nicht. Vielleicht ergibt sich der Sinn im Lauf der Deutung.« Oder Sie sagen: »Wir sind an einem Punkt, wo ich nähere Auskünfte brauche.« Daraufhin können Sie den Klienten weitere Karten zu dem fraglichen Punkt ziehen lassen oder ihm sagen, was die unverständliche Karte für Sie bedeutet, und ihn fragen, welche Assoziationen dies bei ihm auslöst. Bei Deutungen mit anderen Mitteln gilt dasselbe in abgewandelter Form.

Das Tarot

Suchen Sie sich ein Tarotdeck aus, das Ihnen auf Anhieb gefällt. Legen Sie Ihre vorher geläuterten und geweihten Karten auf ein Tuch, um negative Einflüsse aus dem Fußboden oder dem Tisch fernzuhalten. Außerdem bleiben die Karten auf diese Weise länger fleckenlos. Legen Sie einen Mondstein oder Kristallquarz auf das Tuch und daneben eine silberne Kerze – und zwar so, dass ihr Licht auf die Karten fällt.

Bei der folgenden Übung brauchen wir nur die Großen Arkana, also die von 0 bis 21 nummerierten Trumpfkarten.

Setzen Sie sich und öffnen Sie Ihre Energiezentren. Bitten Sie jetzt entweder laut oder im Geiste eine Gottheit oder den Geist des Orakels um Hilfe bei Ihrer Konsultation.

Stellen Sie eine einfache Frage. Mischen Sie dann die Karten, bis Sie fühlen, dass Energie aus Ihren Händen in die Karten strömt. Stellen Sie sich vor, dass sie mit blauem, pulsierendem Licht aufgeladen werden. Dann teilen Sie die Karten in drei Stapel. Am Anfang mischte ich sie minutenlang, weil ich nicht wusste, wie lange sie mit Energie aufgeladen werden müssen. Das ist aber nicht notwendig. Sie erhalten schon die richtigen Karten, ganz gleich, wie lange Sie sie mischen.

Nehmen Sie nun den rechten Stapel, legen Sie ihn auf den linken und packen Sie dann das Ganze über den mittleren Stapel. Ziehen Sie die drei obersten Karten; sie repräsentieren Vergangenheit, Gegenwart und Zukunft. Lesen Sie die Bedeutungen der einzelnen Karten nach, wenn Sie wollen, und deuten Sie sie dann.

Mischen Sie alle Karten ein zweites Mal. Denken Sie nun an eine Situation in der Vergangenheit, deren Ergebnis bereits feststeht. Teilen Sie die Karten wieder in drei Stapel, ziehen Sie die obersten drei Karten und sehen Sie sie sich an. Inwieweit stimmen ihre Aussagen mit den tatsächlichen Ereignissen in der Vergangenheit überein? Fällt Ihnen ein Muster auf?

Manche Tarotdeuter sprechen umgedreht aufgedeckten Karten einen umgedrehten Sinn zu. Ich lege all meine Karten von vornherein richtig herum hin, weil ich meine, dass man die vielen Bedeutungsebenen von 78 Karten mit all ihren Kombinationsmöglichkeiten nicht noch zusätzlich verdrehen und verwirren muss.

Wiederholen Sie diese Übung, bis Sie Zutrauen in Ihre eigenen Fähigkeiten gewonnen haben und komplexere Legemuster ausprobieren wollen.

Mit der folgenden Übung gewinnt man Einblicke in die tieferen Hintergründe des Tarotsystems:

Stellen Sie sich vor, dass Sie jeder der auf den Karten abgebildeten Figuren persönlich begegnen, beginnend bei den Großen Arkana. Sie versetzen sich in einen meditativen Zustand, sprechen zu den Figuren, als seien sie lebende Menschen, und stellen ihnen Fragen zu allem, was Sie wissen wollen. Danach schreiben Sie Ihre Impressionen in die Tarotsparte Ihrer Hexenchronik. Der Vorgang ist aufwändig, lohnt sich aber in jedem Fall.

Die Bedeutung der Großen Arkana

Der Narr: Der Anfang eines neuen Zyklus oder Unternehmens; etwas Überraschendes oder Ungeplantes; eine neue Richtung einschlagen; auf etwas Unbekanntes zusteuern; nichts Übereiltes, Leichtfertiges tun; verborgene Talente nutzen.

Der Magier: Meisterschaft, Selbstbestimmung; Verwirklichung von Plänen; enorme Kraftreserven stehen zur Verfügung; es wird Zeit, Ihre Fähigkeiten einzusetzen.

Die Hohepriesterin: Bewusstsein auf vielen Ebenen; verborgene Mächte erwirken neue Lösungen; weibliche Diplomatie und okkultes Wissen; Führungsqualitäten benutzen; matriarchalisches Denken.

Die Herrscherin: Finanzielle und emotionale Sicherheit; mütterliche oder reife Liebe; Glück und Freude; Inbegriff der weiblichen Partnerin; Schwangerschaft.

Der Herrscher: Vernunft regiert das Gefühlsleben; Regierung, Politik, System; Befehlsgewalt und Autorität; patriarchalisches Denken; Ruhmsucht.

Der Hierophant: Konformismus und Tradition; mit dem Strom schwimmen; etwas vortäuschen; Karma.

Die Liebenden: Die Wahl zwischen zwei Extremen; Entscheidung, die mehrere betrifft; Hellsicht; Liebe contra praktisches Denken.

Der Wagen: Balance durch Fortbewegung; zwei Gegensätze unter Kontrolle bringen; Selbstbeherrschung; Transportmittel benutzen.

Kraft: Überwindung von Schwierigkeiten; gutes Ende nach langen Mühen; spirituelle Stärke; scharfsichtige und wirkungsvolle Gedankengänge.

Rad des Schicksals: Eine neue Runde im Leben; Ebbe und Flut; stetige und geruhsame Änderung; steigende Tendenzen.

Der Eremit: Innenschau und spirituelle Erleuchtung; den nächsten Schritt durchdenken und planen; Suche nach Höherem; einem physischen Lehrer begegnen.

Gerechtigkeit: Legale Angelegenheiten, Verträge, Abkommen; ernten, was man gesät hat; nachdenken, bevor man handelt; die Göttin wird die Situation ins Gleichgewicht bringen.

Der Gehängte: Gedanken und Projekte in der Schwebe; festgenagelt werden; hellsichtige Fähigkeiten entwickeln.

Tod: Radikale, ungeplante Änderung; Zerstörung des Alten, um Platz für Neues zu schaffen; schlagartige Desillusionierung; ein neuer Lebensweg.

Mäßigkeit: Anpassungsfähigkeit an neue Situationen; Umsetzung höherer Eingebungen; reife Liebe; Beherrschung durch Weisheit; die Kunst des Mischens und Verbindens.

Der Teufel: Fesseln, Binden; ungezähmte Lust oder tiefe Leidenschaft; charismatische, aber nicht vertrauenswürdige Person; menschliche Schwächen besiegeln das Schicksal.

Der Turm: Zusammenbruch; die wahre Sachlage blitzartig erkennen; unerwartete Rückschläge oder Konsequenzen; Gefahr; schicksalhafter Umsturz.

Der Stern: Gottvertrauen und Hoffnung; positive Einflüsse; Illusionen durchschauen; neue Lebensphase mit besseren Möglichkeiten.

Der Mond: Träume, Intuition, Visionssuche; Einbildung; gefühlsgeladene Situation; in zwei Richtungen gleichzeitig gezogen werden; außersinnliche oder magische Ereignisse; mögliche Täuschung.

Die Sonne: Freude und Glück; verdiente Belohnung; neue, schöpferisch anregende Umgebung; gute Nachrichten sind auf dem Weg.

Das Gericht: Ein langer Prozess erreicht das Endstadium; eine endgültige Entscheidung steht an; Erweckung oder Erwachen angesichts unerwarteter Resultate; die Vergangenheit verfolgt einen.

Die Welt: Ende einer Phase; ein Abschluss oder absoluter Schlussstrich; zufriedenstellende Ergebnisse; neue Richtungen einschlagen.

Zeitbestimmung mit dem Tarot

Die genauen Zeiten und Daten zukünftiger Ereignisse sind generell sehr schwer einzukreisen, ganz gleich, welche Methode Sie anwenden. Für Tarotkarten gibt es zumindest ein paar Anhaltspunkte. Unter anderem kann man der Zahl einer Karte auch eine zeitliche Bedeutung zumessen. Zum Beispiel wird das Ass der Kelche (jedes Ass gilt als eins) als eine Stunde, ein Tag, eine Woche oder ein Monat interpretiert. Bei dieser Rechnungsweise wäre die Welt (gewöhnlich die Nummer 21) also 21 Stunden, beziehungsweise Tage, Wochen oder Monate.

Wenn Sie mit Jahreszeiten arbeiten wollen, können Sie folgendermaßen vorgehen: Stäbe repräsentieren den Frühling, Kelche den Sommer, Schwerter den Herbst und Münzen den Winter. Asse repräsentieren den Beginn einer Jahreszeit (demnach steht das Ass der Stäbe für die Woche vor der Frühlings-Tagundnachtgleiche). Zweien repräsentieren die Woche danach, Dreien die Woche darauf und so weiter. Könige weisen darauf hin, dass etwas vor einem Jahr stattgefunden hat, und Königinnen sagen Ihnen, dass etwas in der jüngst vergangenen Jahreszeit beendet wurde.

Man kann sich auch an den Kartenkombinationen orientieren. Je mehr Karten gleicher Art Sie haben (etwa vier Könige, drei Asse und so weiter), desto schneller ereignet sich etwas in der Zukunft. Kombinationen werden ebenfalls nach verschiedenen Richtlinien gedeutet.

Asse
- 4: Rapide Entwicklungen; sich nicht überrumpeln lassen.
- 3: Erfolg ist sicher und kommt sehr bald.
- 2: Bevorstehende Änderungen wie Berufs- oder Wohnungswechsel.

Zweien
- 4: Rasche Umorganisation, möglicher Umsturz.
- 3: Vorschnelle Urteile, auch Klatsch und Tratsch.

Dreien
- 4: Gelungener Endspurt und große Belohnungen.
- 3: Eine Lüge im Umfeld (Der Mond würde dies bestätigen).

Vieren
- 4: Schnell aufgebaute Fundamente – gibt es Brüche?

Fünfen
- 4: Eine bevorstehende Konfrontation.

Sechsen
- 4: Schlagartige Revision der Einstellung oder Betrachtungsweise.

Siebenen	4:	Ein bevorstehendes Unglück mit Fassung tragen.
Achten	4:	Überraschende Neuigkeiten (ob gut oder schlecht, ergibt sich aus den umliegenden Karten).
	3:	Die Koffer packen, eine Reise steht an.
Neunen	4:	Das Ende naht; bereit sein.
Zehnen	4:	Etwas wird in Kürze gekauft oder verkauft; das Kleingedruckte lesen.
Buben	4:	Neue Einfälle in nächster Zukunft; kreativer Schaffensrausch.
Ritter	4:	Sofortige Reaktionen; rasches oder übereiltes Handeln.

Die Nummer einer Karte kann sowohl einen Zeitraum anzeigen als auch eine Situation näher beleuchten.

Eins	Dies ist der Anfang.
Zwei	Dies ist die Richtung oder der erste Treffpunkt.
Drei	Dies ist der Plan oder die Grundidee.
Vier	Dies ist das Fundament, auf dem alles andere aufbaut.
Fünf	Dies ist die erste Hürde oder Panne.
Sechs	Hier verändert sich das Thema und wächst.
Sieben	Die Idee oder das Projekt erweitert sich.
Acht	Dies ist die Zeit der Auswertung.
Neun	Es erfolgt ein Schritt nach vorn in Richtung Vollendung.

Zehn	Dies ist dieVollendung, der Abschluss.
Buben	Dies ist ein Hinweis auf Risiken und Botschaften.
Ritter	Dies ist Bewegung und Ausrichtung.

Sie bezweifeln, dass Sie all diese Informationen im Gedächtnis behalten können? Keine Sorge – wenn es sein soll, fällt Ihnen das Richtige zur rechten Zeit ein. Orientieren Sie sich an den Abbildungen, der Position einer Karte und dem ersten Eindruck, den Sie erhalten. Ihr Gehirn lässt die jeweils korrekte Interpretation nach außen, solange Sie offen bleiben.

Das Silver-Kreuz

Das Keltische Kreuz ist eine der populärsten Legetechniken und wird in den meisten Handbüchern zum Tarot erklärt. Das Silver-Kreuz ist eine abgewandelte Form des Keltischen Kreuzes, mit der man ausführlichere Informationen erhält.

Hierbei wird eine zweite Orakelmethode benutzt, wie etwa die Runen.

Position 1: Die bedeutendste Karte. Sie haben zwei Möglichkeiten: Entweder suchen Sie eine Figur in dem Tarotspiel aus, die Sie (oder den Fragesteller) bildhaft repräsentiert, oder Sie nehmen eine bereits gezogene Karte, zu der Sie weitere Informationen erhalten wollen.

Position 2: Die Karte über Position 1 zeigt Ihre momentane Situation und Verfassung an.

Position 3: Was Sie kreuzt, behindert, Ihnen im Wege steht.

Position 4: Was Sie bewusst beschäftigt. Es kann sich um eine innere Einstellung oder Sachlage handeln.

Position 5: Was verborgen oder unbewusst ist und aufgedeckt werden muss, damit Sie besser mit der Situation umgehen können.

Position 6: Was in Kürze auf Sie zukommen wird. Der Auslöser für spätere Entwicklungen.

Position 7: Etwas Vergangenes, das die Gegenwart unmittelbar beeinflusst. Die Ursache der Ereignisse oder des Konflikts. Wenn die Deutung ein ungünstiges Ergebnis anzeigt, ist diese Karte die erste, die Sie durch einen Zauber verändern.

Position 8: Die Umstände oder Personen, die das Ergebnis diktieren. Dies ist die zweite Karte, die Sie bei ungünstigen Endergebnissen durch einen Zauber verändern.

Position 9: Wie die Mitmenschen auf Sie und Ihr Verhalten in dieser Situation reagieren. Der Eindruck, den Sie auf andere machen.

Position 10: Ihre Zukunft im Hinblick auf die aktuelle Angelegenheit. Was Sie vermeiden oder bewirken können. Dies ist die dritte Karte, die Sie gegebenenfalls durch einen Zauber verändern sollten.

Position 11: Das Ergebnis der Deutung – worauf die Sache hinausläuft, wenn Sie so weitermachen wie bisher. Dies ist die vierte Karte, die Sie gegebenenfalls durch einen Spruch verändern und die Ihnen nach dem Spruch mitteilt, ob Sie das Ergebnis erfolgreich beeinflusst haben.

Mischen und teilen Sie Ihr Tarotspiel. Legen Sie elf Karten in Form eines Keltischen Kreuzes aus. Betrachten Sie das Legemuster: Wie viele Karten der Großen Arkana haben Sie gezogen und wie viele Karten gleicher Art; tauchen bemerkenswerte Kombinationen auf?

Dann interpretieren Sie die Positionen der Reihe nach. Bei unklaren Karten oder wenn Sie nähere Auskünfte erhalten wollen, ziehen Sie eine Karte aus dem Packen und legen sie neben die fragliche Positionskarte. Falls nötig, ziehen Sie eine zweite oder dritte Karte aus dem Packen – aber nicht mehr, sonst wird es zu verwirrend. Eine Karte aus den Großen Arkana sollte Klärung bringen. Wenn nicht, hören Sie auf und deuten diese Position separat, nachdem Sie die laufende Deutung beendet haben.

Nach der elften Karte im Keltischen Kreuz kennen Sie das Endergebnis. Und nun befragen Sie ein zweites Orakel zu jeder einzelnen Position. Falls Sie mit anderen Karten oder Runen arbeiten, legen Sie diese auf die erstgezogenen Karten. Auf diese Weise wird die ursprüngliche Deutung bestätigt oder sogar noch vertieft.

Eine Position, die am Ende der Deutung noch unklar ist, können Sie als Ausgangspunkt für eine generelle Deutung nehmen. Sie mischen alle ursprünglich benutzten Karten und verwenden die fragwürdige Karte als Position 1.

Diese Technik werden Sie in keinem anderen Buch finden, weil ich sie selbst erfinden musste, nachdem keine allgemein bekannte Legemethode so präzise funktionierte, wie ich es mir wünschte. Damit will ich nicht sagen, dass sie für jeden geeignet ist, sondern nur, dass jeder seine eigenen Methoden finden kann.

Es gibt universelle Richtlinien, an die man sich halten sollte. Zum Beispiel sind die Stäbe im Tarot das Gegenteil der Kelche und die Schwerter das Gegenteil der Münzen. Die Bedeutung einer Karte mit Stäben wird abgeschwächt, wenn nicht gar negiert, wenn sie von Kelchen umgeben ist. Die Bedeutung einer Schwert-Karte, die von Münzen umringt ist, wird abgemildert oder in ihr Gegenteil verkehrt.

Sooft es geht, sollten Sie Aufzeichnungen von Ihren Sitzungen anlegen, damit die Muster erkenntlich werden, die wichtige Ereignisse wie Trennungen oder Scheidungen, Schwangerschaft oder Geburt, Berufswechsel und so weiter anzeigen.

Der Schnell-Check

Manchmal sieht man den Wald vor lauter Bäumen nicht. Mit dem folgenden Schnellverfahren können Sie nachprüfen, welche Auswirkungen das Treiben eines anderen Menschen auf Sie hat.

Mischen Sie Ihre Karten. Nehmen Sie einen kleinen Stapel von oben ab – ungefähr zehn Karten – und drehen Sie ihn um. Die oberste Karte sagt Ihnen, was die betreffende Person fühlt.

Nehmen Sie einen zweiten Stapel von oben ab und drehen Sie ihn um. Die oberste Karte sagt Ihnen, was die Person denkt – oft etwas anderes als der Betreffende fühlt. Der nächste Stapel sagt Ihnen, was die Person im Großen und Ganzen von der Angelegenheit hält. Der zuletzt abgenommene Stapel sagt Ihnen, was die Person im Hinblick auf die Angelegenheit plant.

Runen

Alle Hexen haben eine Orakelmethode, die sie bisher am weitesten gebracht hat. Für mich waren es die Runen, obwohl ich Runenmagie nicht mit derselben Kunstfertigkeit beherrsche wie das Tarot.

Um die Runen zu konsultieren, müssen Sie Karten oder Runensteine kaufen. Oder Sie bemalen Kieselsteine, Kacheln oder Holzplättchen mit weißen Zeichen. Manche Hexen glasieren un-

gebrannte, mit Zeichen bemalte Keramikplättchen; die Steine werden in einem Beutel aufbewahrt.
Nun stellen Sie eine Frage und ziehen einen Stein heraus, der die Antwort repräsentiert. Manche werfen alle Steine auf einmal auf ein extra dafür entworfenes Tuch mit einem speziellen Aufdruck, aber mir persönlich gefällt diese Methode nicht.

Mit Runen können Sie alles Mögliche anstellen, zum Beispiel drei Positionen festlegen, wie Vergangenheit, Gegenwart, Zukunft, und dann drei Steinchen dazu ziehen. Auch Tarot-Legemuster können für Runendeutungen herangezogen werden. Ich arbeite am liebsten mit Runenkarten; wenn ich aber doch einmal Runensteine benutze, borge ich mir ein Scrabble-Spielbrett aus; ich ziehe oft ein paar Steine, wenn ich Briefe beantworte und wissen will, was sie zu der Person sagen, der ich gerade schreibe.

Sie brauchen einen ruhigen Platz, ein einfarbiges Tuch als Unterlage für die Karten oder Steine und eine silberne oder weiße Kerze. Vor einer Befragung laden Sie alles mit Energie auf, und am Ende der Runenkonsultation legen Sie die Steinchen in den Beutel zurück und schütteln ihn. Dann schreiben Sie Ihre Ergebnisse ins Notizbuch. Wenn Sie im Traumreich mit einem Runenzeichen an einer Frage arbeiten wollen, können Sie ein Steinchen vor dem Zubettgehen ziehen. Schreiben Sie die Bedeutung des Zeichens auf ein Stück Papier, malen Sie das Zeichen darunter und legen Sie den Zettel unter Ihr Kopfkissen oder halten Sie ihn beim Einschlafen in der Hand. Ich habe mir die Rune manchmal sogar schon auf die Hand gemalt. Bevor ich einschlafe, öffne ich meine Chakren und meditiere. Bis zum Morgen habe ich die Antwort auf meine Frage dann entweder im Traum oder durch direkte Eingebung erhalten.

Nach drei Nächten rate ich Ihnen allerdings, eine Pause einzulegen, sonst erhalten Sie zu viele Botschaften und sind tagsüber müde von der intensiven Beschäftigung mit den Runen.

Die Bedeutung der Runen

(Es kursieren verschiedene Umschriften für die einzelnen Zeichen, sodass man in der Literatur auch unterschiedlichen Namen für ein und dieselbe Rune begegnet.)

ᚠ	Fehu	Glück, Wohlstand, Schöpferkraft
ᚢ	Uruz	Kraft, höheres Selbst, Entschlossenheit, Gesundheit
ᚦ	Thurisaz	Wahrer Wille, Formsache, Chaos, Konflikt
ᚨ	Ansuz	Weisheit, Okkultes, Macht, Rache, Heilung
ᚱ	Raido	Abwehr, Kontrolle übernehmen, Reise, Entscheidungen
ᚲ	Kenaz	Wissen, Lernen, Suche, angeborenes Wissen
ᚷ	Gebo	Abkommen, Einigungen, Grenzen
ᚹ	Wunjo	Segen, Willenskraft, Erfolg, Fruchtbarkeit
ᚺ	Hagalaz	Drastische Änderung, störende Einflüsse
ᚾ	Nauthiz	Notwendigkeit, Zukunft, Sieg, Gelegenheit, Abwehr
ᛁ	Isa	Stillstand, Verzögerungstaktik, Kokon
ᛃ	Jera	Aufkeimen und Neuwerden, Zyklus, Zeit
ᛇ	Eihwaz	Losgehen, Dynamik, Jagd, Evolution
ᛈ	Perth	Geheimnis, Entdeckung, Vorgeschichte
ᛉ	Algiz	Schutz, Schild, Hilfe
ᛊ	Sowelo	Heilung, Stärke, Zentrierung, Glück
ᛏ	Teiwaz	Gerechtigkeit, Legalität, Zuverlässigkeit, Mut
ᛒ	Berkana	Weibliche Mysterien, Geburtsvorgang, emotionale Stabilität

ᛖ	Ehwaz	Formwechsler, telepathische Verbindungen, Orientierung
ᛗ	Manaz	Kommunikation, Kooperation, legale Angelegenheiten
ᛚ	Laguz	Okkult, Sex, Einfluss, Bewegung
ᛝ	Inguz	Astral, Vehikel, Fortschritt, Empfänglichkeit
ᛟ	Othila	Rückbesinnung, Verwurzelung, Beschwörung, Familie, Kundalini
ᛞ	Dagaz	Unsichtbar gemacht, Katalysator, zwischen den Welten

Weissagen mit Wasserdampf

Für diese Methode brauchen Sie eine Kochplatte, einen Metalltopf oder schmiedeeisernen Kessel, Wasser, Weihrauch und Myrrhe.

Stellen Sie zwei silberne oder weiße Kerzen zu beiden Seiten des Topfes auf. Entspannen Sie sich und bringen Sie das Wasser zum Kochen, bis sanfte Dampfschwaden entstehen. Zünden Sie die Kerzen an und schlagen Sie Ihren magischen Kreis.

Öffnen Sie nun Ihre Energiezentren und betrachten Sie die Dampfschwaden, ohne an etwas Bestimmtes zu denken. Werden Sie nicht ungeduldig, wenn nicht gleich ein Farbfilm vor Ihrem inneren Auge abläuft. Viele »Hellseher« sind in Wirklichkeit »Hellfühler«, und oft sind vage Gefühle die Vorboten visueller Eingebung. Fokussieren Sie Ihren Geist jetzt auf eine bestimmte Frage und sprechen Sie sie gegebenenfalls laut aus. Strengen Sie sich nicht an; sehen Sie einfach entspannt in die Dampfschwaden hinein und akzeptieren Sie alles, was Ihnen in den Sinn kommt.

Wenn Sie fertig sind, versiegeln Sie den Kreis, löschen die Kerzen und nehmen das restliche Wasser mit nach draußen. Nachdem Sie es der Mutter Erde dargeboten haben, schütten Sie es auf den Boden. Gehen Sie in die Küche und essen Sie etwas Nahrhaftes, um sich zu erden.

Zaubersprüche, Arbeitsrituale und Mondenergie

Angewandte Magie

Nachdem Sie in verschiedene Bereiche der Hexerei hineingeschnuppert haben und wissen, wie man meditiert, Energie aufnimmt, sich erdet, Gottheiten kontaktiert und Rituale vollzieht, und nachdem Sie eine Menge Bücher im Alleinstudium durchgearbeitet haben, kommen Sie nun ernstlich zur Sache.

Jetzt brauchen Sie Mut – den Mut, Ihr Wissen praktisch anzuwenden und dabei aus Ihren garantiert vielen Fehlern und allein von Ihnen abhängigen Erfolgen zu lernen. Es ist, als würden Sie sich freiberuflich selbstständig machen. Hexerei ist ein Unternehmen, aus dem wir nur so viel herausholen, wie wir investiert haben.

Sie müssen Durchhaltevermögen beweisen, und das gelingt nur mit einem gefestigten Ego, das sich auf Kommando stark machen kann, weil es Selbstbewusstsein mobilisiert, wenn alles andere schief geht. Andererseits muss Ihr Ego bescheiden genug sein, gewisse Teile seiner selbst zu opfern – und nicht nur einmal, sondern immer wieder. Anpassungsfähigkeit an zum Teil schlagartig veränderte Umstände zeigt, wie reif man in Wahrheit ist.

Viele kommen bis hierhin und nicht viel weiter. Nach ein paar Vorstößen ins Reich der angewandten Magie beginnen sie sich vor der eigenen Vorstellungskraft zu fürchten. Kaum fällt ein Spruch auf sie selbst zurück oder funktioniert nicht, werfen sie den Zauberstab in die Ecke und machen das Handwerk für ihre Niederlagen verantwortlich.

Bis jetzt haben Sie noch nicht gezaubert. Sie haben das Bühnenbild gezimmert, die Requisiten zusammengetragen und den Prolog anlässlich Ihres Gelöbnisrituals gesprochen – aber die eigentliche Vorstellung hat noch nicht begonnen. Von dem Moment an, da Sie den Mond zum ersten Mal »herabziehen«, um ein echtes Arbeitsritual einzuleiten, praktizieren Sie die Kunst der Hexerei. Bis jetzt haben Sie mit verschiedenen Versatzstücken experimentiert, aber ohne das umfassende Verständnis, mit dem erstaunlichere Ziele erreicht werden als Ihre persönliche Ausbildung. Wollen Sie also ernstlich loslegen? Wenn ja, dann nichts wie volle Kraft voraus!

Der Energiefluss in Zauberritualen

Manche Menschen fühlen ein leichtes Kribbeln, ein inwendiges Pulsieren, oder ihnen wird warm, wenn sie Energie mobilisieren. Es gibt Leute, die geballte Energieladungen auf Wunsch ausstoßen können, was jedoch nicht bedeutet, dass sie bessere Hexen sind als Menschen, die ihre Vitalkräfte geruhsam und stetig fließen lassen.

Bevor Sie Ihre Energie mobilisieren, müssen Sie sich erden und zentrieren. »Erden« bedeutet, dass Sie psychologische Wurzeln schlagen und sie im Erdboden verankern. »Zentrieren« bedeutet, dass Sie Ihre Essenz in der Körpermitte sammeln, um ruhig und gelassen zu werden. Wenn Sie nicht geerdet und zentriert sind, haben Sie keine Basis für das Zaubern. Andererseits ist niemand permanent in Hochform. Es gibt Zeiten, an denen man zu müde, überfordert oder krank ist und ein Zauberunternehmen verschieben muss.

Geben Sie nicht auf, wenn Sie Ihr Energieniveau nicht auf Anhieb steigern können. Das bedeutet nichts. Jeder Mensch hat die Fähigkeit, seine ihm innewohnenden Kraftreserven zu mobilisieren. Mit der Zeit lernt man, wie es geht.

Aufputschmittel und Drogen

In die Diskussion darüber, ob Sie Magie unter dem Einfluss von Alkohol oder sonstigen Drogen praktizieren »dürfen«, mische ich mich gar nicht erst ein. Für mich ist es eine Frage der Logik, nicht der Moral. Der Energiehaushalt funktioniert am besten, wenn der Körper mindestens 24 Stunden vor einer anspruchsvollen Tätigkeit (wie Zaubern) nicht mit Aufputschmitteln vollgepumpt wird.

Führen Hexen ein alkoholfreies Leben? Nein, aber wir passen uns dem Zeitgeist an und lassen die Finger von Stimulanzien, die Abhängigkeit mit all ihren verheerenden Konsequenzen erzeugen, ganz zu schweigen von illegalen Drogen, für die Sie ins Gefängnis wandern können.

Selbst wenn Sie vom Arzt verschriebene Medikamente genommen haben, kann es sein, dass Sie die Kontrolle beim Zaubern verlieren. Manche Hexen sind so empfindsam, dass ihr Energiekörper nach der Einnahme eines normalen Erkältungsmittels schon in der Nähe der Zimmerdecke schwebt.

Hexen sind aber auch verantwortungsbewusste Menschen. Wer Aufputsch- und Beruhigungsmittel nimmt, lehnt es ab, die Verantwortung für den eigenen Körper zu übernehmen, und halst seiner Familie und der ganzen Umgebung eine Bürde auf, die sie nicht tragen können.

Der Zauberspruch

So, und nun kommen wir zur Sache, zu dem Punkt, auf den alle gewartet haben: zum Zaubern an sich.

Selbst den einfachsten Zauberspruch wirksam zu machen ist bei genauer Betrachtung nicht einfach, sondern ein bemerkenswertes Kunststück, denn durch einen Zauberspruch verwandeln Sie einen Gedanken mit bloßer Willenskraft und unter der Mitwirkung gewisser Werkzeuge und Astralwesen in eine Energieform oder physische Form. Ein erfolgreicher Spruch erzielt das gewünschte Ergebnis, ohne jemandem zu schaden – was zum Teil nicht so leicht ist, wie es sich anhört.

Zauber müssen sorgfältig geplant werden. Sie können sich nicht einfach vor eine Kerze stellen, ein paar wünschenswerte Dinge murmeln und erwarten, dass alles sich »wie durch Zauberhand« fügt – außer, Sie haben geradezu unverschämtes Glück. Ein Spruch muss zwar nicht unbedingt raffiniert ausgetüftelt sein, aber sehr genau formuliert werden – sonst kommt solcher Unfug zustande, wie er mir mit dem Hirsch im Wald passierte.

Sagen wir einmal, Sie bitten um Geld, damit Sie all Ihre Rechnungen bezahlen können. Das ist ein allseits beliebter Zauberspruch. Nur stehen Sie dumm da, wenn der Spruch insofern funktioniert, als Sie plötzlich einen Haufen alter Rechnungen im Briefkasten finden, die Ihrer Meinung nach längst vergessen und vergeben sein müssten. Jedenfalls ging es mir so.

Ein Spruch kann aber auch ohne jedes Ritual wirksam werden, zum Beispiel beim »Besprechen« von Warzen.

Den Zauberspruch finden

Formulieren Sie Ihren Wunsch ganz präzise. Richten Sie Ihre Bitte an bestimmte Gottheiten oder die Allmacht und schreiben Sie die Worte auf. Sie müssen sich nicht reimen, aber ein rhythmischer Satzbau ist eine gute Gedächtnisstütze, und wenn Sie Ihre Worte durch eine gewisse stimmliche Intonation und Gesten bekräftigen wollen, sind Verse Ihre Verbündeten.

Bitten Sie um die Essenz einer Sache. Handelt es sich um Gegenstände wie einen Computer, so bitten Sie um den für Sie am besten geeigneten Computer auf dem Markt. In meinem Fall hat es zwei Jahre gedauert, bis dieser Wunsch die für mich persönlich am besten geeignete Form annahm und seinen Weg auf den Schreibtisch fand.

Manche Sprüche grenzen an magische Rituale. Beispielsweise gibt es finanzielle Sprüche, die verlangen, dass Sie sieben Tage hintereinander jeweils eine Kerze zur selben Zeit abbrennen. Andere Zaubersprüche werden nach einem bestimmten Zeitpunkt unwirksam (wie der von Aschenputtel nach Mitternacht) und müssen erneuert werden, um wirksam zu bleiben.

Viele Hexen beginnen und beenden ihre Zaubersprüche mit bestimmten Sätzen, weil sie herausgefunden haben, dass ihre Energie auf diese Affirmationen reagiert. Vielleicht hebt ein einleitender Vers wie der folgende ihre Schwingungsfrequenzen an:

»Zu dieser Stund, in dieser Nacht,
beschwöre ich die Alte Macht.
O *Göttin und Gott im Lichtgewand,*
reicht mir eure Lichterhand!«

Mit dem Licht, das ich mir dabei vorstelle, tritt dic Energie der Allmacht in mich ein. In dem Zustand stimme ich mich auf die speziell für mein Anliegen zuständigen Gottheiten ein und bitte um ihre Hilfe bei der Ausführung. Arbeitsrituale werden auf dieselbe Art eingeleitet. Da Genauigkeit unerlässlich ist, formuliere ich so bestimmt wie möglich:

»Ich habe einen Wunsch. Ich bitte dich, ... [Name der Gottheit], *um deine Hilfe, sodass ich* ... [Ziel des Zauberspruchs] *erreiche.«*

»Ich bitte das Universum um die Bereitstellung der geeigneten astrologischen Verhältnisse, sodass mein Wunsch in Erfüllung geht.«

»Hiermit ziehe ich ... [Ziel des Zauberspruchs] *an mich, ohne den freien Willen anderer Wesen im Geringsten zu beschränken und Schaden irgendeiner Art zu stiften.«*
»Damit ist dieser Spruch wirksam. ... [Ziel des Zauberspruchs] *sei mein!«*
»Dieser Spruch möge sich in keiner Weise verkehren oder als Verwünschung auf mich zurückfallen!«
»Wie ich es will, so soll es sein!«

Auch bei den simpelsten Sprüchen schließe ich einen Dank an die Gottheit an, die ich angerufen habe.

Bevor Sie Ihren ersten Spruch vom Stapel lassen, rate ich Ihnen, verschiedene Formulierungen schriftlich auszuprobieren: Denn Fehler können Sie unter gewissen Umständen teuer zu stehen kommen.

Quartalszaubersprüche

Jede Saison hat ihre eigene Zauberkraft, mit der Sie arbeiten können. Auch im Hexenjahr gibt es natürlich vier Quartale.

Die Zeit des Pflanzens (oder Neubeginns) beginnt am 21. März und endet am 20. Juni. Die Zeit der Ernte (oder des Höhepunkts) beginnt am 21. Juni und endet am 22. September. Die Zeit des Planens (oder Rechnens) beginnt am 23. September und endet am 20. Dezember. Am 21. Dezember beginnt die Zeit der Zerstörung (oder Ersetzung).

Die meisten Quartalszaubersprüche brauchen eine ganze Saison, um Wirkung zu zeitigen, deshalb eignen sie sich nicht so gut für Nahziele. Manche Zaubersprüche müssen mehrmals in einem Quartal erneuert werden, sonst lässt ihre Energie nach – was Sie daran merken, dass, was immer Sie herbeizitiert haben, drei bis vier Wochen vor dem Quartalsende deutlich zurückgeht oder nachlässt. Ansonsten merken Sie unter Umständen gar nicht, dass die Zauberkraft Ihres Spruchs demnächst ausläuft.

Ein Spruch, den ich in jedem Quartal erneuere, dreht sich um Geben und Nehmen. In einer eigens für Verbrennungssprüche entworfenen Metallschüssel verbrenne ich Geld. Ja, ich lasse den allmächtigen Dollar tatsächlich in Flammen aufgehen, während ich die Feuerschale im Uhrzeigersinn neunmal umkreise und für mich singe:

> *»Saturn, Jupiter und Sonne,*
> *goldener Gott, bring du mir Wonne.*
> *Silberne Priesterin, fall ein in den Reigen*
> *und mach mir Geld und Wohlstand zu Eigen.«*

Kinderleicht, aber es funktioniert.

Die astrologische Konstellation

Jeder kennt das Sternzeichen, unter dem er geboren ist. Bei mir etwa stand die Sonne zur Zeit meiner Geburt im Zeichen der Jungfrau.

Die Berücksichtigung astrologischer Konstellationen im Zusammenhang mit Zaubersprüchen und Arbeitsritualen wirkt auf den ersten Blick wie eine unnötige, zusätzliche Verwirrung. Aber dank astrologischer Grundkenntnisse gewinnen Sie tiefere Einblicke in Ihre Wesensnatur, und wenn Sie den Stand der Planeten in den kommenden Wochen und Monaten wissen, können Sie den für Sie günstigsten Zeitpunkt für einen Zauber festlegen.

Besonders als Anfänger brauchen Sie jedes bisschen Hilfe, das Ihnen zur Verfügung steht – und schließlich hat ein zur rechten Stunde und in der korrekten Mondphase durchgeführter Zauber weitaus größere Erfolgsaussichten. Durch Übung kommen Sie irgendwann an den Punkt, wo Sie Ihre Energie so weit unter Kontrolle haben, dass Sie das Gewünschte fast immer erhalten; doch vorher sind Sie auf die Mitwirkung der Planeten angewiesen.

Wenn Sie die astrologischen Konstellationen nicht kennen und in Eile sind, können Sie Ihren magischen Kreis betreten und im Verlauf Ihres Zauberspruchs um die Mitwirkung der günstigsten Planetenkonstellationen bitten. Informationen über den aktuellen Stand der Planeten finden Sie im Internet und über Astrologie allgemein im Buchhandel.

Viele Hexen werden den Kopf schütteln und Ihnen sagen, dass Sie all das Zeug nicht wirklich brauchen. Und sie haben auch noch Recht – in den meisten Fällen. Wenn die Intensität Ihres Wunsches genügend emotionale und geistige Schwingungen erzeugt, brauchen Sie es wirklich nicht. Ich habe jahrelang gezaubert, ohne mich um astrologische Konstellationen zu scheren; nur: Seitdem ich sie ebenfalls berücksichtige, ist meine Erfolgsquote gestiegen.

Für andere zaubern

Zaubern Sie nicht ohne die Zustimmung aller beteiligten Personen, sonst geraten Sie in die Gefilde der »grauen Magie« (ein Begriff, der sich auf die oft unabsehbaren Auswirkungen eines Spruchs bezieht). Diese »Grauzone« ist der Bereich, den Sie nicht überblicken können. Deshalb ist es so wichtig, ein Orakel wie die Karten oder Runen zu befragen, bevor man einen Zauberspruch loslässt – nicht nur im Hinblick auf das mögliche Ergebnis, sondern auch, um festzustellen, ob Ihre Magie jemanden trifft, den Sie womöglich gar nicht kennen. Oder noch schlimmer: den Sie sehr gut kennen!

Zum Beispiel werden Sie nicht um Geld bitten wollen, für das Ihre Frau oder Eltern erst tot umfallen müssen (hoffe ich wenigstens). Dank einer Lebensversicherung oder Erbschaft wäre dann zwar Ihr Wunsch in Erfüllung gegangen, aber auf Kosten eines unersetzlichen Lebens. Kurzum: Beim Einsatz hochkonzentrierter Wunschkraft ist äußerste Vorsicht und weise Voraussicht geboten.

Wenn Sie wollen, dass Heinz sich unsterblich in Sie verliebt, ist es moralisch nicht vertretbar, Heinz zu »verhexen«. Stattdessen sollten Sie zaubern, damit die ersehnte Form von Liebe ihren Weg zu Ihnen findet. Sollte Heinz allen Ernstes der Mann Ihres Lebens sein, wird er den Weg dann schon zu Ihnen finden. Wenn nicht, haben Sie sich enorm viel Aufwand und Kummer erspart.

Eine Bekannte von mir hat ihrem Liebhaber mit einem Zauberspruch aufgetragen, nur sie allein zu lieben. Die beiden heirateten, setzten mehrere Kinder in die Welt, und er war die ganze Zeit so auf sie fixiert, dass seine Zuneigung obsessive Formen annahm. Vielleicht wäre ihr all dies ohnehin passiert; solche Entartungen sind leider nicht ungewöhnlich. Vielleicht wäre ihr Leben aber auch anders verlaufen, wenn sie ein Orakel nach der »Essenz« seiner Einstellung zu ihr befragt hätte, bevor sie den Mann an sich band – was ohnehin ein grober Verstoß gegen die Ethik ist.

Selbst wenn Sie Magie mit der ausdrücklichen Zustimmung einer Zielperson praktizieren, kann es Probleme geben – besonders bei einem Liebeszauber und wenn die Zielperson ein »Einmal Geborener« ist. Unerfahrene geben ihr Einverständnis, ohne die geringste Ahnung von den Mächten zu haben, die ein sorgfältig vorgebrachter Spruch entfesselt.

Die bizarrste Geschichte, die mir je in dieser Hinsicht zu Ohren gekommen ist, handelt von einem »Einmal Geborenen«, der eine Affäre mit einer alleinstehenden Hexe hatte. Als sie meinte, dass sie seine Lustgefühle durch magische Praktiken noch erheblich steigern könne, war er zwar skeptisch, sagte in seiner Verliebtheit aber: »Na, dann mal los, mein Schatz! Das kann schließlich nie schaden, oder?«

Kurz darauf hatte der Mann zwar mehr Liebeslust denn je – nur leider auf alle möglichen Frauen, was darauf hinauslief, dass er sich von seiner Ehefrau scheiden ließ, der Hexe den Laufpass gab und sich eine andere »Einmal Geborene« angelte. Das Tragische an dieser Anekdote ist, dass die beiden Zauberlehrlinge trotzdem noch jahrelang psychisch aneinander gefesselt waren wie ein unglückseliges Zwillingspaar.

Nun mag es sich bei diesen beiden um echte Seelengefährten handeln, die sich zu weit ins Unbekannte vorwagten, oder der Zauber war ganz einfach zu potent und ging eben schief. Wie dem auch sei – alle Beteiligten hatten noch jahrelang unter den Auswirkungen zu leiden, was beweist, dass ein unsachgemäß ausgeführter Liebeszauber viel Unheil anrichten kann. Der ganze Wirrwarr wäre vermeidbar gewesen, wenn die Hexe das Orakel ihrer Wahl konsultiert hätte, was sie, wie sie später zugab, versäumt hatte.

Da keiner von uns immer im Einklang mit den universellen Mächten steht, brauchen wir Stützen wie die in diesem Buch beschriebenen Hilfsmittel und sind auf die Auskünfte der verschiedenen Orakelmethoden angewiesen.

Bei den ersten Zaubersprüchen halte ich es für ratsam, nur mit der Energie des Mondes zu arbeiten. Seien Sie vernünftig und fangen Sie klein an. Der Mond hat großen Einfluss auf den Menschen.

Die aktuelle Mondphase ist Ihr erster Anhaltspunkt – es sei denn, Sie sind in Not oder die anderen Planetenkonstellationen sind gerade ausgesprochen spektakulär. Die Zeit des Neumonds und Vollmonds ist am wirkungsvollsten, obwohl manche Hexen die drei Tage vor und nach dem Neu- beziehungsweise Vollmond für die stärksten Phasen halten.

Generell gilt: Beim Neumond ziehen Sie etwas Wünschenswertes an und beginnen neue Projekte. Bei Vollmond verbannen, vertreiben oder heilen Sie unerwünschte Einflüsse und Gewohnheiten. Wenn Not am Mann ist, hilft es schon, wenn die geeignetste Mondphase *bevorsteht*.

Jeder Astrologe wird Ihnen erklären, dass der Beginn eines Unternehmens astrologisch gesehen wichtiger ist als sein Ausgang. Was um die Zeit des Neumonds in die Wege geleitet wird, trägt oft beim nächsten Vollmond Früchte, besonders bei Bitten um kurzfristige Dinge, wie etwas mehr Geld, den nächsten Auftrag und so weiter. Langzeitprojekte, wie Bitten um Grundbesitz, sollten bei Neumond angesprochen werden, brauchen verständlicherweise aber mehrere Mondumläufe, um Formen anzunehmen.

Da der Mond während der Vollmondphase komplett und hell zu sehen ist, ist dies auch die Zeit, in der Sie die Dinge mit größerer Klarheit sehen. Also fokussieren Sie die Lösung von Problemen und die Ergründung verborgener Dinge. Seit Urzeiten wird beim Licht des vollen Mondes orakelt. Die Vollmondenergie enthüllt selbst die dunkelsten Geheimnisse. Aus diesem Grund bringt man auch unvollendete Dinge vorzugsweise bei Vollmond zum Abschluss. Wenn Sie es sich aussuchen können, unterschreiben Sie wichtige Verträge einen Tag nach dem Vollmond, wenn der Mond kurz vor der Übergangsphase steht und noch vollständig erleuchtet ist, genau wie Ihr neues Projekt.

Viele Hexen praktizieren keine Magie während des »Dunkelmondes«, also in den drei Tagen vor einem neuen Mondzyklus. Dieser Zeitraum gilt als so finster und chaotisch, dass er Flüchen vorbehalten ist, bei denen Hekate oder Maat um gerechte Strafen gebeten werden.

In den meisten Pantheons gibt es Gottheiten, die mit Mondenergie oder einer Mondphase assoziiert werden. Zum Beispiel können Sie Diana bei einem Neumondzauber um ihre Hilfe bitten oder Selene beim Vollmond und Hekate, wie erwähnt, beim Dunkelmond.

Den Mond herabziehen

Damit ist gemeint, dass Sie die Energie des Vollmonds in sich aufnehmen und die dadurch gewonnenen Kräfte beliebig anwenden. Wenn Sie die Essenz des Mondlichts absorbiert haben, befinden Sie sich in einem tranceähnlichen Zustand, bei dem das Licht aus jeder Pore Ihres Körpers strömt und Ihr Bewusstsein auf höheren Ebenen rangiert.

Um einen magischen Zirkel vor störenden Einflüssen zu bewahren, wird der Mond im Verlauf eines Arbeitsrituals herabbeschworen. Gewöhnlich wird diese Beschwörung an Esbate vollzogen, unseren »Arbeitsfeiertagen«.

Da der Vorgang ziemlich aufwändig ist, kann man es sich auch einfach machen, indem man sich nur auf die Essenz der Mondenergie besinnt oder sie in Gestalt einer Mondgöttin anruft.

Manche Hexen ziehen den Mond mit ihrem Zauberstab oder Athame herab. Zuerst öffnen Sie Ihre Chakren. Dann, mit dem Werkzeug in der rechten Hand, nehmen Sie die Armhaltung der Göttin ein. Nachdem Sie die Arme langsam erhoben haben, greifen Sie den Stab oder Messergriff mit beiden Händen, richten Ihr Werkzeug auf den Mond und sprechen:

> *»Hiermit ziehe ich die Kraft der Mondgöttin*
> *in mich hinein und verschmelze mit ihrer Macht –*
> *der reinen Essenz der Göttin.«*

Heben Sie Ihre Schwingungsebene an und lassen Sie die Kraft des Mondes in den Stab fließen. Sie spüren, ob es funktioniert. Dann senken Sie den Stab allmählich mit beiden Händen und richten seine Spitze direkt auf Ihr Herz. Visualisieren Sie ein silberblaues Licht, das in Ihren Körper eindringt und jede Faser Ihres Seins bis weit über den Astralkörper hinaus durchflutet. Wenn die Energiefluten abebben, senken Sie die Arme zu beiden Seiten. Was Sie soeben geschaffen haben, nennen die Hexen einen Machtkegel. Damit sind Sie von der Mondgöttin ermächtigt worden. Gehen Sie weise mit den so gewonnenen Kräften um.

Wenn Sie nun etwas Magisches erwirken wollen, behalten Sie Stab oder Messer in der Rechten, um Ihre Energie auf das Wunschziel zu projizieren. Wenn nicht, nehmen Sie Stab oder Messer in die Linke (die empfängliche Hand) und meditieren, um die empfangene Energie restlos zu absorbieren. Danach erden Sie sich, indem Sie entweder aus dem Energiekegel heraustreten oder indem Sie beide Handflächen auf die Erde legen.

Solange Sie den Mond herabziehen und in sich selbst heraufbeschwören, können Sie sich auf nichts anderes konzentrieren. Es gibt Bücher, in denen Hexen herrliche Verse zitieren, während sie den Mond herabziehen. Lassen Sie sich nicht beeindrucken. Wenn Sie es richtig machen, kommt Ihnen kein überflüssiges Wort über die Lippen.

Das Arbeitsritual

Dies ist ein Ritual, mit dem Sie sich etwas erarbeiten, das Sie ansonsten für kaum erreichbar halten. Im Gegensatz zu zeremoniellen Ritualen, bei denen ein Anlass gefeiert wird, vollziehen Hexen ein Arbeitsritual, um einem bestimmten Zauberspruch so viel Kraft wie nur möglich mitzugeben.

Zunächst einmal schreiben Sie auf, was Sie tun und sagen wollen, genauso, wie Sie es beim Läutern und Weihen Ihres Raumes oder vor Ihrem Gelöbnisritual getan haben. Arbeitsrituale werden auf die bewährte Art begonnen und beendet; der einzige Unterschied ist, dass Sie »große Geschütze auffahren«, weil Sie ein Anliegen haben, das Ihrer Ansicht nach mehr Energie erfordert als bei einfachen Sprüchen.

Arbeitsrituale werden angewendet, wenn es um Heilungen geht, um die Lösung großer Probleme, das Ablegen von alten Gewohnheiten oder von Suchtverhalten, geschäftliche Umstrukturierungen oder einen neuen Anfang und dergleichen mehr. Nachdem Sie ein Arbeitsritual vollzogen haben, sollten Sie das Ganze ruhen lassen, genau wie bei einfachen Sprüchen. Grübelei ist ein Störfaktor – sie erzeugt Frequenzen, die eher verhindern, dass sich das Gewünschte konkret manifestiert.

Vor dem eigentlichen Zauberspruch nehmen Sie sich Zeit zum Meditieren und steigern Ihre Energie, indem Sie die Chakren öffnen. Nachdem Sie Ihren Zauberspruch formuliert haben, können Sie ein paar Affirmationen hinzufügen, als sei das Gewünschte bereits eingetreten.

Wenn ein Spruch oder Arbeitsritual nicht funktioniert

Misserfolge zeigen Ihnen, warum es so wichtig ist, genaue Aufzeichnungen zu machen: Mit ihrer Hilfe können Sie herausfinden, an welchem Punkt Sie einen Fehler gemacht haben. Beantworten Sie folgende Fragen bei der Durchsicht Ihrer Aufzeichnungen: Was haben Sie unterschwellig gefühlt? Welche Gedanken sind Ihnen beim Zaubern in den Sinn gekommen? Wurden Sie unterbrochen? Waren Sie geistesabwesend? Haben Sie versucht, jemanden auf ungebührliche Weise zu beeinflussen? Haben Sie heimlich gedacht, dass Sie das Erwünschte nicht verdienten? Vergessen Sie nicht, dass jeder ein Recht auf alles hat, was diese Welt uns bietet, solange wir anderen keinen Schaden damit oder dadurch zufügen.

Was, wenn Sie auch dann nicht herausfinden, was schief gegangen sein könnte? Ja, das ist sehr frustrierend, besonders, wenn Sie für eine andere Person gezaubert haben. Machen Sie sich klar, dass manche Leute nicht wirklich wollen, dass sich ihr Wunsch erfüllt. Aus irgendeinem Grund wollen sie die damit einhergehenden Veränderungen vermeiden. Die Manifestation mancher Dinge wird nicht von den »Mächten des Bösen« blockiert, sondern von den Bittstellern selbst.

Erfolgreich zaubern

Wenn ein Wunsch in Erfüllung gegangen ist, notieren Sie die Einzelheiten in Ihrem *Buch der Schatten*. In vielen Fällen manifestiert sich etwas auf unerwartete Weise. Da wir auf übernatürliche Phänomene hoffen, wie sie im Fernsehen gezeigt werden, übersehen wir die oft nahezu unmerklichen Wunder, die sich tagtäglich ereignen.

Magische Alphabete

Zaubersprüche, die mit den Buchstaben eines magischen Alphabets (wie dem Runenalphabet) geschrieben werden, sind er-

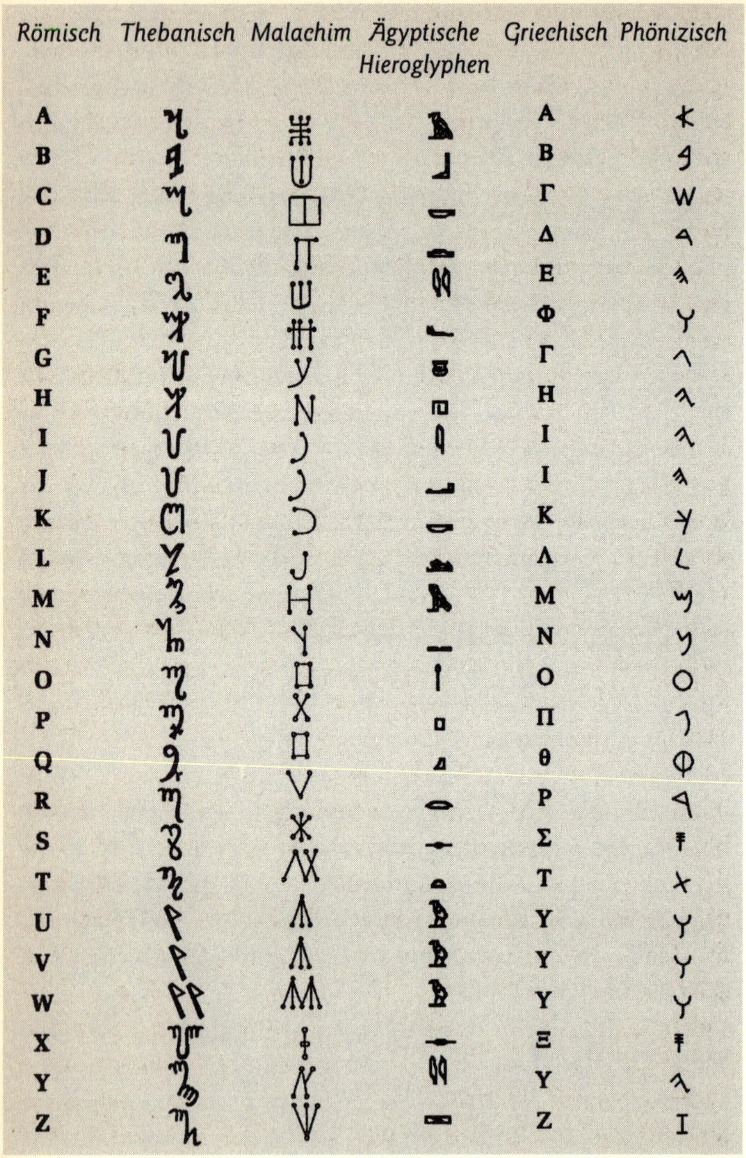
Römisch
Thebanisch
Malachim
Ägyptische Hieroglyphen
Griechisch
Phönizisch
A B C D E F G H I J K L M N O P Q R S T U V W X Y Z
Α Β Γ Δ Ε Φ Γ Η Ι Ι Κ Λ Μ Ν Ο Π Θ Ρ Σ Τ Υ Υ Υ Ξ Υ Ζ

staunlich wirkungsvoll, und Sie brauchen nur wenige Requisiten. Nachdem Sie den günstigsten Zeitpunkt festgelegt haben, nehmen Sie ein fleckenlos reines Stück Papier und tauchen eine Schreibfeder in schwarze Tinte. Obwohl viele Hexen einen Filzstift oder Kugelschreiber benutzen, bestehe ich auf einer Krähenfeder. Sie können Vogelfedern in Geschäften für Kunstmaler kaufen.

Zuerst suchen Sie die genaue Formulierung für Ihren Zauberspruch in Ihrer Muttersprache. Dann ziehen Sie ein magisches Alphabet zu Rate und übersetzen jeden einzelnen Buchstaben. Manche Alphabete haben keine Zeichen für alle 26 Buchstaben, also müssen Sie phonetisch denken, um Ihre Formel zu übersetzen. Nachdem Sie die magischen Buchstaben zu Papier gebracht haben, verbrennen Sie den Zettel im Lauf eines Arbeitsrituals, und zwar in einer Schale, die nur für diesen Zweck bestimmt ist. Notieren Sie die Resultate in Ihrem *Buch der Schatten*.

Warum wird ein unbekanntes Alphabet benutzt? Ganz einfach: Weil es mysteriös ist, und ein Spruch, den Sie in einer mysteriösen Sprache schreiben oder laut äußern, eine Elementarkraft enthält – die Kraft des reinen Glaubens. Und das ist die Macht, die Berge versetzt!

Runen können ebenfalls zu einem effektvollen Talisman kombiniert werden. Die Runen Ihrer Wahl werden mit Strichen verbunden, wobei die Rune im Zentrum der Zeichnung als die »bindende Rune« gilt und das Gewünschte an Sie bindet. Wenn Sie beispielsweise für gefahrlose Astralreisen sorgen wollen, wählen Sie Raido, die Rune für Reisen, Ehwaz für das Vehikel und Hagalaz für Hel – das Astralreich, das Sie möglicherweise erkunden wollen. Kano, die letzte und bindende Rune, gewährt Ihnen sicheres Geleit auf Ihren Streifzügen in anderen Dimensionen.

Nach einem Arbeitsritual kann man die Requisiten (wie Kräuter, Kerzen, Kristalle, Edelsteine, Runen und so weiter), weiterbenutzen, sofern die Gegenstände vor der nächsten Anwendung geläutert und geweiht werden. Außerdem kann man etwas, das einen erfolgreichen Zauber bewirkt hat, als Talisman mit sich herumtragen.

Versatzstücke für ein Arbeitsritual

Jeder Wochentag wird von einem Sternzeichen und einem Planeten regiert. Außerdem wird ihm ein Engel, ein (Edel-)Stein und eine Farbe als Entsprechung zugeordnet (siehe dazu auch die Tabellen auf den folgenden Seiten).

Wenn Sie nun also einen Liebeszauber veranstalten wollten, würden Sie anhand der Tabellen zu folgenden Elementen kommen:

Tag	Erster Freitag nach dem Neumond
Farben	Rosa/Weiß
Edelsteine	Rosenquarz (für eine Liebesbeziehung); Mondstein (für harmonischen Energieaustausch)
Pflanzen	Efeu (für Treue) und rosa Rosen (Liebesbeziehung)

Rot würde etwas mehr Leidenschaft erzeugen. Nehmen Sie dann eine rote Rose oder einen Hahnenkamm (die Pflanze) oder einen Rubin. Selbst eine rote und eine weiße Kerze sind wirkungsvoll.

Um üble Nachrede, Klatsch und Tratsch zu bannen, eignen sich folgende Entsprechungen:

Tag	Erster Samstag nach dem Vollmond
Farbe	Schwarz
Edelsteine	Jett, Amethyst
Pflanzen	Schierling und Myrrhe

Denken Sie daran: Diese »Entsprechungen« sind nur Ideen, keine realen Korrespondenzen, und meinen alles, was mit dem Zauber Ihrer Wahl verbunden oder *assoziiert* wird.

Entsprechungen für Zaubersprüche

Tag	*Planet*	*Zeichen*	*Engel*	*Farbe*
Sonntag	Sonne	Löwe	Michael	Gold, Gelb
Montag	Mond	Krebs	Gabriel	Silber, Weiß
Dienstag	Mars	Widder, Skorpion	Samuel	Rot
Mittwoch	Merkur, Chiron	Jungfrau, Zwillinge	Raphael	Orange, Hellblau, Grau
Donnerstag	Jupiter	Schütze, Fische	Sachiel	Lila, Königsblau
Freitag	Venus	Waage, Stier	Uriel	Grün, Rosa
Samstag	Saturn	Steinbock, Wassermann	Kassiel	Schwarz

Tabelle für die Elemente

Pflanze	*Stein*	*Zweck*	*Element*
Ringelblume	Karneol	Gesundheit	Feuer
Heliotrop	Citrin	Erfolg	
Sonnenblume	Tigerauge	Karriere	
Butterblume	Bernstein	Ambition	
Zeder	Bergkristall	Ziele	
Buche/Eiche	Roter Achat	Finanzen	

Pflanze	*Stein*	*Zweck*	*Element*
Nachtblüten	Mondstein	Übersinnliches	Wasser
Weide	Aquamarin	Psychologie	
Birke	Perle	Träume/Astralreisen	
Mutterwurz	Bergkristall	Vorstellungskraft	
Eisenkraut	Fluorit	Weibliche Mysterien	
Weiße Rose/Iris	Mandelstein	Reinkarnation	
Rote Rose	Karneol	Leidenschaft	Feuer/Wasser
Hahnenkamm	Heliotrop	Partnerschaft	
Tanne	Rubin	Mut	
Thymian/ Margarite	Granat	Schnelligkeit	
Pfeffer	Rosa Turmalin	Energie	
Farn	Glimmerquarz	Weisheit	Erde
Lavendel	Heliotrop	Heilen	
Haselnuss	Hämatit	Kommunikation	
Kirsche	Moosachat	Intelligenz	
Immergrün	Sodalith	Gedächtnis/ Ausbildung	
Zimt	Sugilit	Business/Logik	Feuer/Wasser
Buche	Amethyst	Glücksspiel	
Butterblume	Türkis	Gesellschaftliche Angelegenheiten	
Huflattich	Lapislazuli	Politische Macht	
Eiche	Saphir	Materieller Reichtum	
Rosa Rose	Rosenquarz	Romantische Liebe	Erde/Luft
Efeu	Mondstein	Freundschaft	
Birke/Heide	Rosa Turmalin	Schönheit	

Pflanze	*Stein*	*Zweck*	*Element*
Clematis	Peridot	Seelengefährten	
Salbei/ Veilchen	Smaragd	Künstlerische Begabung	
Wasserlilie	Jade	Harmonie	
Myrrhe/Moos	Jaspis	Binden	Alle
Schierling	Rauchquarz	Schutz	
Eisenhut	Amethyst	Neutralisierung	
Huflattich	Onyx	Karma	
Nachtschatten-gewächse	Obsidian	Tod	
Fichte	Lava/Bimsstein	Manifestation	

Wie man einen Zauberspruch bricht

Wenn ein Zauber auf Sie zurückfällt (was hin und wieder vorkommt) und eine anhaltende Pechsträhne zur Folge hat, müssen Sie ihn widerrufen: am besten am Samstag nach einem Vollmond oder in der nächsten Vollmondnacht. Nehmen Sie eine weiße und eine schwarze Kerze, um ein Gleichgewicht herzustellen.

Da Sie eine Schutzwirkung erzielen wollen, benutzen Sie Steine wie Amethyst, Obsidian oder Rauchquarz. Formulieren Sie Ihr Anliegen sehr genau. Zum Beispiel:

> »*Am Abend des* ... [Tag] *habe ich einen Zauber gesprochen,*
> *den ich von Stund an widerrufe.*
> *Er sei ab jetzt gebrochen*
> *und verwandelt zu segensreichem Behufe.*«

Verlassen Sie sich darauf, dass ein Spruch nicht länger als dreißig Tage wirksam bleibt – es sei denn, Sie haben andere Zeitgrenzen gesetzt oder die astrologischen Korrespondenzen haben für weitreichende Schwungkraft gesorgt.

Zusammenfassung

Der Übergang von der Theorie zur Praxis ist ein Schritt, der Ihren späteren Lebensweg bestimmt. An diesem Punkt können Sie sich noch zurückziehen, doch was Sie gelernt haben, wird Sie auf ewig beeinflussen. Ob Sie es sich eingestehen oder nicht, Ihr Unterbewusstsein ist nun nachhaltig verändert. Wenn die Energie der Göttin in Sie eingedrungen ist, bleibt ein unauslöschlicher Funke von ihrer Kraft in Ihnen.

Jetzt werden Sie sich mit der Frage der Ethik Ihrer magischen Praxis auseinandersetzen müssen, sonst erleben Sie herbe Rückschläge. Die Göttin behüte Sie auf all Ihren Wegen.

Farben, Kerzen und wohl wollende Magie

Bindemittel zwischen Energie und Materie

Farben, Kerzen und Objekte wie eine Haarlocke, ein Foto von einer Zielperson oder ein Symbol, das etwas Erwünschtes repräsentiert, sind gewissermaßen wie Kitt, denn sie fungieren als »Bindemittel«, das Ihre Worte, Ihre Absichten und Ihre Energie in eine gebündelte Energieform verwandelt, die Sie beim Zaubern auf ein Ziel richten.

Mit entsprechenden Requisiten erzeugen Sie eine Atmosphäre, in der Sie sich leichter sammeln, indem Sie sich auf etwas Materielles konzentrieren, und besser mit unsichtbaren Mächten verbinden können. Denn selbst wenn Sie eine hervorragende Vorstellungskraft haben, reagieren Körper und Geist auf die materielle Realität (wie sie es von Kindheit an gewohnt sind).

Da es in Wirklichkeit jedoch keine Materie gibt, sondern nur winzige, unsichtbare Energiequanten, die eine Verbindung miteinander eingehen, um unsere Welt für uns sinnlich erfahrbar zu machen, müssen die Geschöpfe, die auf der körperlichen Ebene miteinander umgehen, fähig sein, die materielle Realität zu deuten. So gesehen formen wir selbst unsere materielle Welt in jeder einzelnen Sekunde unseres Erdenlebens – ohne es je zu merken! Also tun wir beim Zaubern nichts anderes, als was uns von Natur aus am leichtesten fällt, nur dass wir es ganz bewusst tun!

Warum funktioniert kreative Visualisierung nicht immer?

Beim Hexen stellen Sie sich etwas so lebhaft wie irgend möglich vor. Diesen Vorgang nennt man »kreative Visualisierung«. Dass dabei nicht in jedem Fall etwas herauskommt, liegt in erster Linie an den Grenzen, die wir uns selbst gesetzt haben. Sie können nicht Ihr Leben lang daran glauben, dass Sie eine neue Wohnzimmercouch nur auf eine Art erhalten – nämlich, indem Sie sie kaufen –, und am nächsten Tag davon überzeugt sein, dass Sie sie aus dem Nichts herbeizaubern können oder die 3000 Mark dafür auf wundersame Weise auf Ihrem Bankkonto landen.

Ist Ihnen bewusst, wie automatisch der bewusste Verstand sich auf die gewohnte Art der Aneignung von begehrenswerten Dingen versteift? Der menschliche Geist hat unbewusste Sperren errichtet, so offen er auch sein mag, damit wir nicht vollends aus den Gleisen geraten, die wir für allgemein gültig und praktikabel halten. Um völlig neue Sichtweisen zuzulassen, muss der Geist mit viel Ausdauer und Mühe umerzogen werden. Wir Menschen sind eben Gewohnheitstiere.

Manche Hexen haben auf Anhieb mehr Erfolg mit Zaubersprüchen, die geistig-seelische Veränderungen in der eigenen Person hervorrufen (wie Ehrlichkeit, Humor, die Überwindung von Jähzorn und so weiter), als mit materiellen Manifestationen (wie ein Auto und so weiter). Da wir weder unsere eigenen Gehirnfunktionen noch die universellen Gesetze verstehen, wird eine Veränderung der eigenen Persönlichkeit eher für möglich gehalten. Bei Gegenständen aber mischt sich die Logik in den Zauberspruch ein und meldet Zweifel an. »Woher soll das Auto denn kommen?«, ist die erste Frage. Damit ist der Verstand abgewandert und konzentriert sich auf die Beschaffung des gewünschten Objekts mit althergebrachten Mitteln. Und als Nächstes versucht er, den Aufenthaltsort des Gegenstands zu lokalisieren und macht einen Schaufensterbummel …

So wird ein Zauberspruch entmachtet, weil der Verstand in die entgegengesetzte Richtung strebt. Aus diesem Grund wird in nahezu jedem Zauberbuch erklärt, dass Sie den Spruch formulieren und danach vergessen sollen, sonst veranstalten Sie ein inwendiges Tauziehen, aus dem nichts Produktives herauskommen kann.

Außerdem gibt es einen weiteren Hinderungsgrund: Wenn eine kreative Visualisierung erfolglos bleibt, kann man dies auch auf das »eingebaute Filtersystem« zurückführen, das die Durchschlagskraft der menschlichen Emotionen abschwächt. Da negative Emotionen nur bis zu einem gewissen Grad vom eigenen Willen kontrolliert werden können und Aggressivität, Destruktivität und Rachegefühle zu einem normalen Gefühlshaushalt dazugehören, muss es einen Filter geben, der die Wirksamkeit solcher Energieströme in Grenzen hält, sonst wären wir alle längst tot.

Meiner Theorie zufolge werden unsere Schöpferkräfte von einer übergeordneten Instanz reguliert. Dass sich also all unsere Wünsche manifestieren, wird von einer Intelligenz verhindert, die manche als guten Geist oder Schutzengel bezeichnen. Mehr über diese Art von Helfer lesen Sie weiter hinten im Buch.

Der dritte Hinderungsgrund ist die Vorsehung. Damit ist keine Schicksalsmacht gemeint, die alles vorherbestimmt und Ihnen keinen Raum für Veränderungen lässt, sondern das, was Sie selbst vor Ihrer Geburt für sich vorausgesehen und geplant haben. Ich glaube, dass manche (nicht alle) Ereignisse in unserem Leben zu vorherbestimmten Zeiten stattfinden, damit wir die Gelegenheit erhalten, viel höhere Ziele zu erreichen, als uns vielleicht momentan bewusst ist.

Farben

Farben nehmen wir bei der Betrachtung unterschiedlicher Wellenlängen des Lichts wahr. Obwohl es zahllose Farben gibt, kann man sie in sieben sekundäre Farben unterteilen: Gelb, Orange, Rot, Violett, Indigo, Blau und Grün. Und diese können wiederum auf drei Grundfarben reduziert werden: Rot, Grün und Blauviolett. Ist für alle drei Grundfarben ein bestimmtes Mischungsverhältnis gegeben, so ergibt sich Weiß – besser gesagt: so wird Weiß interpretiert. Schwarz ist keine Farbe, sondern die Abwesenheit sämtlicher Farben, also das Gegenteil von Licht.

Licht ist Vibration. Jede Farbe vibriert auf einer anderen Wellenlänge oder Frequenz. Rot vibriert am schnellsten in dem für uns wahrnehmbaren Spektrum und hat eine stimulierende Wirkung. Violett vibriert am langsamsten und hat eine beruhigende Wirkung auf das Nervensystem. Die verschiedenen Schwingungen der Lichtwellen können vom menschlichen Gehirn zum Heilen und Meditieren benutzt werden.

Die Anwendung von Farben fällt unter die Rubrik der praktischen Magie, weil ein Element benutzt wird: das Licht. Solange Sie nicht mit gefährlichen Frequenzen des Spektrums arbeiten, wie etwa ultraviolettem Licht, können Sie hier hochinteressante Wirkungen mit recht einfachen Mitteln erzielen.

Jede Farbe steht für ein bestimmtes Prinzip oder ein Realitätsbild mit bestimmten Werten. Die folgende Liste zeigt, was Farben in der Magie bedeuten. Sie können sich bei der Auswahl einer Kerzenfarbe daran orientieren.

Farben und ihre Bedeutung

Rot Energie, Stärke, Leidenschaft, Mut, Element des Feuers, Karriere, rasches Handeln, Lustgefühle, Monats-

	blutungen, Vitalkräfte, Antriebskraft, Liebe, Überlebenswille
Orange	Geschäftliche Ziele, Verträge, Ambition, Karriereziele, allgemeiner Erfolg, Justiz, legale Angelegenheiten, Verkauf, tatkräftiges Eingreifen
Kupfer	Leidenschaft, finanzielle Ziele, professionelles Wachstum, fruchtbare Unternehmen, geschäftliches Kalkül
Gold	Wohlstand, der Gott der Hexen, Gewinn, maskuline Selbstsicherheit und Macht, Glücksgefühle, Verspieltheit, Humor
Gelb	Sonne, Intelligenz, rasche Auffassungsgabe, Gedächtnis, logisches Vorstellungsvermögen, mentale Blockierungen überwinden, Eigenliebe
Rosa	Romantische Liebe, Wohlgesonnenheit, emotionale Heilung, Friede, Zuneigung, herzliche Partnerschaft, Zärtlichkeit, Fürsorge, Mitgefühl
Grün	Mutter Erde, physische Heilung, finanzieller Erfolg, Fülle, Fruchtbarkeit, Baum- und Pflanzenmagie, Wachstum, Element der Erde, persönliche Ziele
Blau	Glück, Kommunikationsfähigkeit, Weisheit, Schutz, spirituelle Inspiration, Gelassenheit, Rückversicherung, sanftes Fortschreiten, Wasserelement, Kreativität
Lila	Einfluss auf mächtige Personen, das dritte Auge, außersinnliche Fähigkeiten, spirituelle Macht, Selbstsicherheit, geheimes Wissen
Silber	Telepathie, Hellsicht, Hellhören, Psychometrie, Intuition, Träume, astrale Kräfte, weibliche Macht, Kommunikation, die Göttin

Braun	Einfluss auf Freundschaften, besondere Gefälligkeiten
Schwarz	Schutz, Abwehr von Negativität, Verbindung, Formwechsel
Weiß	Spiritualität, die Göttin, Friede, höheres Selbst, Reinheit, Unantastbarkeit des Geistes, ein Ersatz für jede andere Farbe

Die Energie der Farben

Mit Farben können Sie eine Atmosphäre schaffen, die Erfolg, Wohlbefinden, Reichtum und Liebe magisch zu Ihnen hinzieht. Wenn Sie Körperteile mit den richtigen Farben bestrahlen, können Sie sie heilen. Außerdem werden die Chakren mit Hilfe von Farben geöffnet, ausbalanciert und geheilt.

Farben sind Energie. Wenn Sie Farben benutzen, benutzen Sie Energieformen. Der rote »Powerschlips«, den viele Geschäftsleute in den achtziger Jahren getragen haben, mag uns heute eher lächerlich vorkommen, hatte aber einen Sinn: Er signalisierte Unternehmungslust – die Bereitschaft, sich energisch ein- und aggressiv durchzusetzen. Das Auge leitet die Sinneseindrücke an das Gehirn weiter und setzt einen elektrochemischen Prozess in Gang, der körperliche und geistige Veränderungen bewirkt.

Bevor Sie jemanden besuchen, der emotional aufgewühlt ist, sollten Sie weiße, cremefarbene oder blaue Kleidungsstücke anziehen. Für ein intimes Treffen wählen Sie Rosatöne, ebenso aber auch, wenn Sie Streitigkeiten zwischen zwei Personen schlichten wollen. Wollen Sie unauffällig im Hintergrund verschwinden? Dann kleiden Sie sich hellgrau. Violette Farbtöne verleihen Ihnen dagegen eine königliche Ausstrahlung, während Schwarz Sie mit einer Aura der Unnahbarkeit umgibt. Aus diesem Grund wird Schwarz, diese Abwesenheit sämtlicher Farben, von vielen Männern als besonders attraktiv empfunden.

Eine schwarz gekleidete Frau hat etwas Mysteriöses an sich und stellt eine Herausforderung dar: Die Farbe entfacht das männliche Jagdfieber. Eine rot angezogene Frau hingegen weckt Lustgefühle.

Wenn Sie glauben, dass Farben keinen Einfluss darauf haben, wie Sie von anderen Menschen behandelt werden, machen Sie die Probe aufs Exempel. Dann wissen Sie, wie einflussreich Farben sind.

Prismen

Viele Anhänger der Zunft halten Prismen für nutzlos, weil sie nicht aus Naturkristallen bestehen, sondern aus Bleikristall und künstlich angefertigt werden. Ich bin anderer Ansicht.

Prismen brechen Lichtstrahlen und erzeugen regenbogenfarbene Streifen, Kreise, Dreiecke und so weiter. Weil der menschliche Körper verschiedene Frequenzen des Lichts zum Überleben braucht, absorbiert er die Farben, die ihm zur Zeit fehlen. Also eignen Prismen sich sehr wohl für magische Verwendungszwecke, besonders für Heilungen, und können genauso effektvoll sein wie Edelsteine. Ein Prisma gehört in das Archiv jeder Hexe.

Die Aura

Obwohl das Thema in dem Kapitel über Heilverfahren besprochen wird, sei schon an dieser Stelle erwähnt, dass die Aura aus den Energiemustern besteht, die von den sieben feinstofflichen Körpern jedes Geschöpfs erzeugt werden. Die »Substanzen« dieser Energiekörper kann man als grobstoffliche, flüssige, gasförmige, ätherische, astrale, mentale und spirituelle Ausstrahlungen wahrnehmen. Die Farben dieser Ausstrahlungen verraten die Verfassung und Disposition eines Menschen. Gewöhnlich nimmt man die Farben zunächst rein gefühlsmäßig wahr und schreitet irgendwann zur visuellen Wahrnehmung der Aura fort.

Ein wahrhaft liebevoller Mensch hat eine rosige Aura, spirituelle Leute strahlen hingegen vorwiegend Blautöne aus; Stärke und Mut werden wiederum durch Rot signalisiert. Da die Aura in erster Linie von Gefühlszuständen beeinflusst wird, fluktuiert sie von Situation zu Situation.

Die Wahrnehmung der Aura kann trainiert werden. Schreiben Sie in den nächsten drei Wochen auf, welche Farbe(n) Ihnen beim ersten Blick auf eine Person in den Sinn kamen und inwieweit die Körpersprache und das Verhalten der Person bestätigten, was Sie intuitiv wahrgenommen haben.

Farben-Hausaufgabe

Öffnen Sie Ihren Kleiderschrank und die Schubladen, in denen Sie Ihre Kleidungsstücke aufbewahren. Schreiben Sie auf, welche Farbe am häufigsten vorkommt. Notieren Sie, wie viele Kleidungsstücke Sie in jeder Farbe haben. Wenn Sie fertig sind, vergleichen Sie Ihre Ergebnisse mit der Liste in diesem Kapitel, die Ihnen sagt, was die einzelnen Farben bedeuten.

Welche Farben fehlen in Ihrer Garderobe? Fragen Sie sich warum. Können Sie zusätzliche Farbtupfer gebrauchen? Oft genügt ein Schal oder Schlips in der Farbe, die eine beabsichtigte Wirkung projiziert. Mit welchen Farben würden Sie Ihrer Zuneigung zu jemandem Ausdruck verleihen? Wie signalisieren Sie dezentes erotisches Interesse? Was könnten Sie bei den unangenehmen Verhandlungen tragen, die demnächst auf Sie zukommen?

Nachdem Sie sich überlegt haben, welche Farben in allen erdenklichen Situationen für Sie am besten sind, machen Sie Testversuche und notieren die Resultate – am besten auf einer Liste, die Sie in Ihren Kleiderschrank hängen: Montag – Vorstandssitzung – Resultat. Sie werden sich wundern, wie stark Ihr Leben von Farben beeinflusst wird!

Von alters her werden Kerzen im Zusammenhang mit Fürbitten und Andachten angezündet und feierlich abgebrannt. Handgezogene Kerzen enthalten etwas von der Essenz ihres Herstellers, weshalb viele Hexen am liebsten mit selbstgemachten Kerzen arbeiten; in Hobbyläden kann man sich alles Notwendige hierfür besorgen. Maschinell hergestellte Kerzen brennen oft schneller ab als professionell handgezogene Kerzen. Ich halte Bienenwachskerzen für besonders wirkungsvoll, weil sie ein hundertprozentiges Naturprodukt sind.

In einem gut ausgerüsteten magischen Kabinett finden Sie mindestens zwei Kerzen in jeder Farbe auf der Liste in diesem Kapitel. Außerdem ist ein Vorrat von zehn schwarzen und zehn weißen Kerzen anzuraten, denn Weiß ist eine universell anwendbare Farbe und dient als Ersatz, wenn Ihnen eine bunte Kerze fehlt. Schwarze Kerzen sind nicht so leicht zu finden, besonders in ländlichen Gegenden; doch da sie negative Einflüsse abwehren und es sehr frustrierend ist, wenn ein Freund vergeblich um Ihre Hilfe bittet, sollten Sie stets über einen ausreichenden Vorrat verfügen.

Nun können Sie vergleichbare Wirkungen auch mit anderen Mitteln erzielen, aber mit Kerzen geht es oft leichter, schneller – und es funktioniert nahezu jedes Mal!

Die Vorbereitung der Kerzen

Alle Kerzen müssen präpariert werden, bevor Sie sie beim Zaubern benutzen, ganz gleich, ob sie gekauft oder mit eigener Hand gezogen wurden.

Eine Form der Reinigung von Kerzen ist die Salbung, gewöhnlich mit Pflanzenöl aus speziellen Kräuter- oder Blütenmischungen – alles, was kein Tierfett enthält, weil die Energie von geschlachteten Tieren unerwünschte Nebenwirkungen erzeugen könnte. Manche Hersteller bieten Öle mit verführerischen Namen an, etwa »Liebesrausch« oder »Seligkeit«. Aber es gibt keinen Industriestandard, an den sie sich halten müssen. Auch Hexen bieten selbst gebraute Essenzen zum Verkauf an. Probieren Sie sie aus, wenn Sie die Möglichkeit haben. Ansonsten nehmen Sie einfach ganz normales Olivenöl, Safranöl und dergleichen. Falls sich Ihr Zauberspruch um Fruchtbarkeit oder Ernte bittet, empfehle ich Maisöl. Alle Salbsubstanzen müssen dem göttlichen Paar oder der Allmacht geweiht werden, bevor sie die Kerzen berühren.

Wenn Sie etwas zu sich hinziehen wollen, streichen Sie die Salbe von oben nach unten bis zur Kerzenmitte; dort halten Sie inne. Dann salben Sie die Kerze von unten bis zur Mitte. Wenn Sie etwas verbannen wollen, verstreichen Sie die Salbe von der Mitte ausgehend nach oben und unten – also fort von Ihnen. Machen Sie keine Rückwärtsbewegungen, denn damit wäre die ganze Prozedur hinfällig. Danach tupfen Sie sich etwas von dem Öl auf das dritte Auge und das Brustbein. Und nun sprechen Sie Worte, die Macht für Sie haben, wie:

> *»Ich reinige und weihe diese Kerze im Namen der Göttin, auf dass ihr Licht gute Dienste tun möge.«*

Dann verkünden Sie den Zweck, den die Kerze erfüllen soll.

Wenn Sie eine Kerze mit Inschriften versehen, machen Sie es wie beim Salben: Mit Ihrem Athame ritzen Sie Zeichen von oben bis zur Mitte der Kerze ein, falls Sie etwas magnetisch zu Ihnen hinziehen wollen. Bei abwehrenden Zaubern machen Sie es umgekehrt.

Wie effektvoll ist Kerzenzauber?

Wenn Sie Zweifel an der Wirksamkeit von Kerzen haben, lesen Sie diese Geschichte. Eine Freundin von mir hatte zur Zeit des

Julfestes nicht genug Geld, um Geschenke für ihre zahlreichen Kinder zu kaufen. Trotz aller Sparmaßnahmen fehlten ihr selbst die Rücklagen für so lebensnotwendige Dinge wie das Schulgeld.

Zwei Wochen vor dem Julfest leistete sie sich eine einzige grüne Säulenkerze, starrte in die Flamme, rief die Alten Götter um Hilfe an und visualisierte einen Haufen Geschenke unter dem Julbaum für all ihre Sprösslinge. Am dritten Tag erhielt sie einen Auftrag für einen Job, der ihr 100 Dollar einbrachte. Gut – aber nicht ausreichend in ihrer Situation. Also brannte sie ihre Kerze ein Stückchen weiter ab und betete wieder inbrünstig um Hilfe.

Am fünften Tag brachten ein paar Freunde vier Tüten mit Lebensmitteln, drei Beutel mit Kleidern, zwei Beutel voller Spielzeug und einen Geschenkgutschein im Wert von 100 Dollar vorbei. Am siebten Tag erhielt sie einen 100-Dollar-Scheck für einen Job, dessen Bezahlung seit über einem Monat fällig war. Am neunten Tag stiegen die Aktien ihres Ehemanns, sodass den beiden plötzlich 300 Dollar zur Verfügung standen. Danach beendete sie ihr Ritual und dankte den Göttern. Die Festtage vergingen, und während alle anderen ihre Kreditkartenrechnungen abzahlen mussten, hatte meine Freundin noch 100 Dollar übrig, die einen Tag vor dem Julfest per Scheck eingetroffen waren. Also scheint es wirklich schon zu genügen, wenn Sie eine einzige Kerze anzünden und sich darauf konzentrieren!

Abgewandelter Kerzenzauber

Wie gesagt, Sie können einen Zauberspruch mit einer einzigen Kerze wirksam machen oder Kerzen mit anderen Hilfsmitteln kombinieren. Bei einem Vollmondritual werden weiße oder silberne Kerzen bevorzugt; wenn Sie mit den Elementen arbeiten, nehmen Sie grüne oder braune Kerzen, um die Erde zu repräsentieren, blaue oder violette Kerzen für Wasser, rote oder orangefarbene für Feuer und weiße oder silberne für die Luft. Der Hexengott wird von Kerzen in roten und goldenen Farben repräsentiert; die Göttin von weißen oder silbernen Kerzen. Oder Sie denken an den Himmelsvater (blau) und die Erdmutter (grün). Der Möglichkeiten sind unzählige. Das einzig Wichtige ist, dass diese Repräsentationen von Ihrem Gehirn als einleuchtend und bedeutsam empfunden werden.

Bei der Auswahl der jeweiligen Farben können Sie sich an der Liste in diesem Kapitel orientieren und damit experimentieren, bis Sie herausgefunden haben, welche Kombinationen von Fall zu Fall am wirksamsten sind.

Angenommen, Sie haben zwei Kerzen zur Beleuchtung auf dem Altar stehen und dazu eine silberne Kerze in Halbmondform, um die Göttin bei einem Arbeitsritual zu versinnbildlichen. Um einen Liebeszauber auszuführen, könnten Sie jetzt noch eine rote Kerze hinzufügen, auf deren Flamme Sie sich bei Ihrer Fürbitte konzentrieren. Außerdem können Sie den jeweiligen Wochentag noch mit einer weiteren Kerze »ins rechte Licht rücken«.

Abschließend noch ein Wort zu den Reaktionen auf verschiedene Farben. Ab und zu hört man Kommentare wie: »Wenn ich mit rosa Kerzen arbeite, ist noch jedes Mal etwas schief gegangen!« Das mag sein, muss aber nicht auf Sie und mich zutreffen. Machen Sie Ihre eigenen Experimente und Erfahrungen.

Der praktische Umgang mit Kerzen

Kerzen werden ausschließlich mit Feuerzeugen oder einer Geburtstagskerze angezündet, niemals mit Streichhölzern, weil der Schwefel sich nicht mit Ihrem zaubrischen Ansinnen verträgt. Verwenden Sie eine Geburtstagskerze oder eine einfache weiße Kerze, die mit Inschriften und magischen Zeichen für diesen Zweck versehen wurde.

Brennende Dochte werden nicht mit den Fingern gelöscht,

denn damit löschen Sie auch Ihre Fürbitte aus. Auch indem Sie Ihre Kerzen auspusten, blasen Sie das Erwünschte von sich fort, was ja nicht in Ihrem Sinn ist. Deshalb benutzen die meisten Hexen einen Kerzenlöscher oder wedeln die Hand über der Flamme hin und her, bis sie erloschen ist.

Bereits benutzte Kerzen werden sorgfältig verstaut oder auf einem anderen Grundstück vergraben, wenn der Zauberspruch etwas von Ihnen fortbewegen (verbannen) sollte. Nach einem Zauberspruch, der eine unbenutzte Kerze erfordert und etwas zu Ihnen hinziehen soll, vergraben Sie die Kerze auf Ihrem Grundstück.

Das heruntergetropfte Wachs wird aufbewahrt (es sei denn, Sie haben etwas mit der brennenden Kerze vertrieben) und wiederverwendet. Wachsreste von einem heilenden Zauberspruch können Sie einem Medizinbeutelchen beifügen, auf einen Talisman träufeln, der im Lauf desselben Rituals geweiht und ermächtigt wurde, oder einfach als Glücksbringer in die Tasche stecken. Die Wachstropfen von einem Vollmondritual fügen Sie, wenn Sie möchten, der Kräutermischung bei, mit der Sie ein Duftkissen füllen, um prophetische Träume hervorzurufen. Nichts sollte sinnlos verschwendet werden.

Wohl wollender Kerzenzauber

Unsere Vorfahren hüllten sich in das Fell des Tieres, das sie erlegen wollten, und flochten die Federn des Vogels, dessen Geist sie beschworen, ins Haar. Das ist eine Form der wohl wollenden Magie. Um Verbindung mit etwas aufzunehmen, umgeben Sie sich mit den Attributen des jeweiligen Geschöpfs oder Objekts.

Mit Kerzen geht das folgendermaßen: Sie können einer Kerze die Form des Tieres verleihen, das Ihr Vertrauter oder Ihr Krafttier werden soll. Ein Jäger würde eine Kerze anzünden, die den Geist des Tieres repräsentiert, das er jagen will. In beiden Fällen geht es darum, das kollektive Unbewusste der Spezies zu kontaktieren und um seine Zustimmung zu bitten.

Fruchtbarkeitszauber werden von manchen Hexen mit einer phallusförmigen Kerze vollzogen. Für Heilungen nehmen Sie Kerzen mit menschlichen Zügen. Weiße Wachsfiguren werden mit Heilkräften assoziiert, schwarze mit der Umkehrung von Zaubersprüchen und der Verbannung von Übel.

Wohl wollende Magie mit Kerzen ist ausgesprochen wirkungsvoll. Einmal kaufte ich eine spinnenförmige Kerze, weil ich den Beistand dieser Tiere erbitten wollte. Obwohl der Zauberspruch auf lange Sicht erfolgreich war, wachte ich am nächsten Morgen vom schmerzhaften Juckreiz der Spinnenbisse auf, mit denen mein Körper übersät war. Mein Fehler: Ich hatte um den stärksten Schutz gebeten, den die kosmische Spinne gewähren kann, ohne aber eine »Sicherheitsklausel« für mich selbst hinzuzufügen, wie zum Beispiel: »Dieser Schutzzauber soll mir in keiner Weise auch nur den geringsten Schaden zufügen!« In diesem Fall hätte Schwester Spinne ihre Hilfsbereitschaft auf eine andere Art kundgeben müssen. Aber der Zauber tat seine Wirkung, und die Gefahr, in der ich mich befand, ging (juckend) an mir vorüber.

Wenn Sie Namen oder magische Symbole in Kerzen ritzen und sie im Lauf einer Beschwörung verbrennen, ist dies ebenfalls eine Form der wohl wollenden Magie. Bei besonders drängenden Bitten können Sie eine Hutnadel nehmen und sie direkt unter dem Docht in die Kerze stechen, ohne sie abzubrechen. Dabei sagen Sie:

> *»Sobald diese Kerze bis zur Nadel verbrennt, wird …* [Ihr Anliegen] *beginnen, die gewünschte Form anzunehmen.«*

Dann stechen Sie eine zweite Nadel unter die erste und sagen:

> *»Sobald diese Kerze bis zur zweiten Nadel verbrennt, wird* ... [Ihr Anliegen] *wunschgemäß erfüllt sein und an ein Ende kommen.«*

Natürlich können Sie andere Worte gebrauchen, dies ist nur die generelle Vorlage.

Alle Formen der wohl wollenden Magie beruhen auf einer einfachen Prämisse: Gleich und gleich gesellt sich gern. Artverwandte Energien werden zueinander hingezogen. Rot zum Beispiel zieht Leidenschaft, Mut und Stärke an.

Personengebundene Hilfsmittel

Am häufigsten werden Haarlocken, Fotos von einer Person und Dinge, die jemand am Körper getragen hat, benutzt: zum Beispiel ein Ring, eine Kette oder eine Krawatte, manchmal auch ein Tropfen Blut. Diese Dinge garantieren eine starke seelische Verbindung zu der Zielperson, der Sie helfen wollen.

Wenn Sie wohl wollende Magie für jemand anderen praktizieren, müssen Sie diese Zielperson vorher um ihre Einwilligung bitten. Manchmal haben Sie allerdings nichts anderes als einen Brief mit einer Bitte. In solchen Fällen stecke ich den Brief in einen Umschlag in der Farbe, die die angestrebte Wirkung erzeugt, oder in handgenähte Filztaschen in verschiedenen Farbkombinationen, die der Zielperson helfen können.

Tattwas

Der hermetische Orden von der goldenen Dämmerung trug maßgeblich zu unserem okkulten Wissen bei. Der Orden trat 1877 zum ersten Mal in London an die Öffentlichkeit und machte altüberlieferte esoterische Praktiken bekannt, unter anderem in der Astrologie und Alchemie, der Kabbalistik und dem Hinduismus. Der Begriff der Tattwas entspringt der hinduistischen Religion: Dahinter verbergen sich abstrakte Elemente, die mit den Sinnen des Menschen in Verbindung stehen sollen – verschiedene Schwingungszustände auf verschiedenen Existenzebenen, die wiederum mit Elementen, Farben und Jahreszeiten korrespondieren. Tattwas können allein (als Symbol) und in vielfältigen Kombinationen beim Meditieren und Zaubern zur Anwendung kommen. Zum Beispiel kann man Gegenstände läutern, indem man sie in Falttaschen steckt, die mit farbigen Tattwa-Symbolen gekennzeichnet sind.

Um eine Tattwa-Tasche anzufertigen, brauchen Sie:

- 1 weißes Filztuch (etwa 45 Zentimeter lang und 30 Zentimeter breit)
- 3 weiße Kreise aus Klettband
- je 1 Stück schwarzen, blauen, roten und gelben Filzes
- 1 Stück silbernen Stoffs
- Nähseide in den entsprechenden Farben

Schlagen Sie den unteren Teil des weißen Filztuchs etwa 15 Zentimeter hoch um und nähen Sie die rechte und linke Seite der Tasche zusammen. Befestigen Sie die Klettkreise so, dass die Klappe fest verschlossen werden kann. Schneiden Sie nun die fünf Tattwa-Symbole in den entsprechenden Farben aus Ihren Filzstücken und nähen oder kleben Sie sie auf die Klappe der Tasche.

Bevor Sie die Tattwa-Tasche benutzen, vollziehen Sie ein Gleichgewichtsritual und weihen die Tasche. Danach ermächtigen Sie sie dazu, dass alle negativen Kräfte, die in Kontakt mit ihr kommen, neutralisiert werden. Nun stecken Sie alles, was negative Energie enthalten könnte (wie Briefe, Fotos oder die

Schmuckstücke eines Bittstellers), in Ihre Tattwa-Tasche und bewahren es 24 Stunden lang darin auf, um die Kräfte ins Gleichgewicht zu bringen. Danach legen Sie die Tasche zehn Minuten lang in helles Sonnenlicht, um sie zu lüften.

Ansonsten kann man die Gegenstände auch in schwarzen oder weißen Täschchen mit einem einzigen Tattwa oder einer beliebigen Kombination der Symbole auf der Vorderseite läutern.

Die folgende Aufstellung enthält nur fünf Tattwas und ihre Entsprechungen (obwohl es eigentlich sieben gibt).

Symbol	*Tattwa*	*Element*	*Farbe*	*Jahreszeit*	*Kabbala*
●	Akasha	Großer Geist	Schwarz	Fließend	Die Krone
○	Vayu	Luft	Blau	Herbst	Emanation
▽	Tejas	Feuer	Rot	Frühling	Schöpfung
☾	Apas	Wasser	Silber	Sommer	Formung
□	Prithivi	Erde	Gelb	Winter	Aktion

Puppenzauber

Ich habe mich lange Zeit gescheut, Puppen bei meinen magischen Praktiken anzuwenden, weil ich die Kräfte fürchtete, die damit entfesselt werden könnten – nicht, weil ich zu viele Horrorfilme gesehen hatte, sondern wegen einer wahren Geschichte, die mir vor über siebzehn Jahren erzählt wurde.

In den Jahren, bevor ich eine meiner besten Freundinnen kennen lernte, litt sie unter den Nachwirkungen einer Kinderlähmung, und da sie außerdem von ihrem Ehemann geschlagen und misshandelt wurde, konnte sie kaum noch laufen. Sie hatte die Scheidung eingereicht, aber der Mann weigerte sich, das gemeinsame Haus zu verlassen, und mit mehreren Kindern im Schlepptau konnte meine Freundin nicht einfach umziehen. Außerdem hatte sie die Behinderung mit ihren Beinen.

Die Rechtslage war zu der Zeit in ihrem Staat noch so frauenfeindlich, dass gewalttätige Männer bis zur endgültigen Scheidung in der gemeinsamen Wohnung leben durften. In ihrer Verzweiflung bat meine Freundin ihren Vater eines Tages, zwei Voodoo-Püppchen von einer Reise nach Haiti mitzubringen. Dem Vater gelang es tatsächlich, einen Eingeborenen ausfindig zu machen, der ihn in eine nahezu unbewohnte Gegend der Insel führte, wo er zwei Puppen aus Baumrinde erwarb – eine männliche und eine weibliche; nach seiner Rückkehr überreichte er seiner Tochter dieses ein wenig merkwürdige, aber hübsche Souvenir.

Mittlerweile waren die häuslichen Zustände bei meiner Freundin unerträglich geworden. Eines Abends saß sie im Wohnzimmer und spielte mit den Voodoo-Puppen, während ihr Mann in der oberen Etage zu fluchen begann und sich in einen seiner Wutausbrüche hineinsteigerte. Am Ende ihrer Leidensfähigkeit angekommen, packte sie eines seiner schmutzigen Taschentücher, wickelte es der männlichen Puppe um die Beine, nahm eine lange Nadel und hob die Hand, um der Puppe die Nadel ins Herz zu stechen.

Während der Mann ihr von oben mit neuerlichen Misshandlungen drohte, stieg eine rasante Gefühlsmischung in meiner Freundin auf. Hass, Angst und Verzweiflung verschmolzen zu einer einzigen, rohen Kraft. Mit der Nadel in der erhobenen Hand flüsterte sie unentwegt »Mambo jambo, mambo jambo«, und stach die Nadel schließlich heulend in das Bein der Puppe, weil sie es nicht fertig brachte, dem Rindenmännlein das Herz zu durchbohren.

Als meine Freundin mir viel, viel später ihren »Gewaltakt« vorspielte, musste ich beinahe lachen – sie hatte wirklich keine Ahnung von Magie, geschweige denn Voodoo, gehabt und unsinniges Zeug vor sich hin gemurmelt, war in ihrer Not aber willens gewesen, ein Experiment zu machen, das sie selbst für dumm hielt.

Damals schleuderte sie aber die Puppe ihrem Mann entgegen, der gerade die Treppe herunterkam. Sie landete vor seinen Füßen. Schnaubend kickte er das Rindenmännlein weg, marschierte zur Tür und verließ das Haus. Als er nach der Spätschicht nicht wieder auftauchte, machte sie sich keine Gedanken, weil er eine Geliebte hatte. Erst am nächsten Abend rief sie seine Eltern an und erfuhr, dass er im Krankenhaus lag. Sein Bein war ganz plötzlich mir offenen Geschwüren bedeckt. Zutiefst erschrocken packte meine Freundin die beiden Puppen, rollte sie in ein Handtuch und ließ sie von ihrem Sohn auf dem Dachboden verstecken – wo sie heute noch liegen.

Also nahm ich selbst den Puppenzauber nur mit schweren Bedenken und äußerster Vorsicht in Angriff. Im Übrigen zeigt diese Geschichte, wie stark die Wirkung unkontrollierter Gefühle sein kann – und das selbst bei Menschen, die noch nie etwas mit Magie zu tun hatten und sich auch nie wieder darauf einlassen wollen, wie meine Freundin.

Die Herstellung einer Puppe

Puppen können aus Holz, Stoff, Ton, Pappe, Stroh und vielem mehr bestehen. Wichtig ist nur, dass sie menschliche Züge tragen und das Geschlecht der Zielperson haben, denn die Puppen als solche sind nutzlos, solange sie nicht mit inbrünstigen Gedanken und Gefühlen ermächtigt werden.

Sie können eine Figur mit Papiertaschentüchern oder Stroh ausstopfen oder Kräuter, eine Haarsträhne oder ein Schmuckstück der Zielperson hineinfüllen. In Notfällen kann man eine Figur auch mit Buntstift auf ein Stück Papier malen und das Ritual damit vollziehen. Bei einem Bannspruch rollen Sie die Puppe zusammen und verschnüren sie mit einem schwarzen Faden.

Nachdem Sie eine Puppe hergestellt haben, wickeln Sie sie in ein weißes Tuch. Im Lauf des Rituals wickeln Sie sie aus; dann läutern und weihen Sie die Puppe. Dadurch entsteht eine psychische Verbindung zwischen ihr und der lebenden Person. Um diesen Akt zu besiegeln, sagen Sie etwa:

»Bis jetzt wart ihr getrennt,
doch nun seid ihr verbunden.
Das eine hat zum anderen gefunden.«

Puppen dürfen nicht zerstört werden. Wenn sie mit der Einwilligung der Zielperson benutzt wurden, geben Sie sie dem Betreffenden zur Aufbewahrung. Puppen für Ihren eigenen Gebrauch bewahren Sie in einem weißen Tuch in Ihrem magischen Kabinett auf. Wenn die Puppe für ein Kind gemacht wurde, schenken Sie sie den Eltern oder behalten sie selbst. Puppen für einen Bannspruch werden begraben.

Bannsprüche

Ein Zauberspruch, bei dem Sie die negative Energie einer Person oder Sache binden, wird als Bannspruch bezeichnet. Dabei packen Sie die unerwünschten Kräfte sozusagen am Schopf und machen sie unschädlich, sodass sie kein Unheil mehr anrichten können.

Bevor Sie einen Bannspruch in Erwägung ziehen, müssen Sie alle anderen Möglichkeiten erschöpft haben. Überlegen Sie sich, wie Sie Ihren eigenen Schutzschild stärken können: Befreien Sie

Ihre Wohnung und Ihren Arbeitsplatz von negativer Energie oder sprechen Sie einen Zauber, der Sie aus der unheilvollen Situation befreit, sei es durch Fortbildung, einen Wohnungswechsel oder eine berufliche Beförderung.

Wenn Sie sich in Gefahr für Leib und Leben befinden, müssen Sie sich physisch entfernen, und zwar sofort. Falls Sie das aus irgendeinem Grund nicht allein schaffen, bitten Sie eine Vertrauensperson oder eine Hilfsorganisation um Beistand. Oft lassen wir uns die schrecklichsten Misshandlungen gefallen, weil wir halbbewusst glauben, nichts Besseres verdient zu haben. Fallen Sie nicht auf selbstzerstörerische Gefühle dieser Art herein!

Nachdem Sie sich aus der unmittelbaren Gefahrenzone entfernt haben, müssen Sie sich genau überlegen, was nun zu tun ist. Dazu können Sie sowohl rechtliche Schritte als auch magische Praktiken unternehmen. Das eine schließt das andere nicht aus.

Bannsprüche werden niemals aus Bosheit ausgeführt, sondern einzig und allein aus Schutzgründen. Das wichtigste ist, dass Sie Ihre eigenen gewalttätigen Reaktionen, Hass und Angst unter Kontrolle haben. Und das ist die Schwierigkeit. Sind Ihre Absichten ehrenhaft und lauter? Dann wird Aradia, die Königin der Hexen, Ihnen bei einem Bannspruch zur Seite stehen; ihr Symbol ist das rote Strumpfband (siehe Seite 91).

Wenn Sie bei einem Bannspruch um Gerechtigkeit bitten, wenden Sie sich an Maat, die Göttin, die die Waagschale im Gleichgewicht hält. Auch dann müssen Sie absolut sicher sein, dass Sie nicht mitten in Ihrem Ritual von Rachsucht und Hass übermannt werden, sonst wiegt die Göttin das Maß der Gewalttätigkeit an Ihrer eigenen Seele ab! Ihr Symbol ist eine blütenweiße Feder.

Der Bannspruch an sich ist einfach. Sie nähen eine Stoffpuppe, die die betreffende Person repräsentiert; sie kann mit Erde ausgestopft werden oder mit Textilien, Rosmarin, Salbei und so weiter. Fügen Sie einen Rauchquarz- und einen Amethystsplitter hinzu, und – falls möglich – eine Haarsträhne der Person, abgeschnittene Fingernägel oder Ähnliches. Wenn Sie nichts anderes haben, stecken Sie ein Stück Papier mit der Handschrift der Person oder ein zusammengerolltes Foto von ihr in die Puppe. Denken Sie immer daran, dass der Schaden auf Sie zurückfällt, wenn Sie der Zielperson bei Ihrem Ritual Schaden zufügen wollen. Also ist äußerste Vorsicht geboten!

Wenn das Ritual nicht sofort stattfindet, lassen Sie den Kopf der Puppe offen und verwahren sie in einem weißen Tuch. Im Lauf des Rituals nähen Sie den Puppenkopf zu, während Sie sich energetisch mit der Person verbinden. Danach nähen Sie die Arme und Beine mit ein paar Stichen an. Am Schluss schnüren Sie die Puppe in schwarze Bänder ein wie eine Mumie. Nach dem Ritual vergraben Sie die Puppe.

Man kann einen Menschen auch mit bloßer Gedankenkraft binden oder bannen. Die Autorin und Hexe Laurie Cabot beispielsweise bannt jeden Terroristen und Mörder, der im Fernsehen gezeigt wird, indem sie sein Gesicht auf dem Bildschirm mit einem weißen X durchkreuzt. Ich wickle die Kerle mental in weiße Bandagen ein und stelle mir vor, dass diese »Mumien« sich nun nicht mehr rühren können.

Der Umkehrbann

Im Unterschied zu einem reinen Bannspruch wird negative Energie bei einer Umkehrung auf den Urheber zurückgeworfen. Da Ihre Aura, wenn Sie geistig und körperlich gesund sind, ohnehin von Natur aus negative Energie abweist, muss man sich fragen, ob und wann eine Umkehrung wirklich notwendig ist – denn auch hier bewegen wir uns wieder am Rande des moralisch Vertretbaren.

Wenn Sie die Energie, die Ihnen gesandt wird, reflektieren wie ein Spiegel, fällt sie auf den Absender zurück, ohne Sie zu tangieren. Manche Hexen sind der Ansicht, dass man sich damit gleichzeitig die Rolle des Richters und Henkers anmaßt. Andere halten es für durchaus angebracht, schädliche Einflüsse abzuwehren, die man nicht selbst erzeugt hat und für deren Konsequenzen man deshalb nicht verantwortlich gemacht werden kann.

Bei allen möglichen Schutzmaßnahmen wird negative Energie umgekehrt. Talismane, magische Schmuckstücke, die Stärkung des eigenen Schutzschilds und so weiter – all diese Methoden dienen letztlich auch nur diesem Zweck. Es gibt einen alten Brauch in Pennsylvania, bei dem man sein Hemd auszieht und es zwischen Tür und Angel klemmt, damit das Böse, das einem jemand angehext hat, aus dem Hemd gedrückt wird und zu seinem Urheber zurückkehrt.

Um üble Nachrede zu stoppen, wird ein Papier mit der Handschrift der »bösen Zunge« in ein fest verschließbares Einweckglas gesteckt. Wenn die Gefahr vorüber ist, wird das Papier verbrannt. Sie können negative Energie auch mit Spiegeln umkehren, aber Vorsicht: Richten Sie den Spiegel auf keinen Fall auf sich selbst, während Sie das Ritual vollziehen, und lassen Sie keinen anderen Menschen in den Spiegel blicken. Schreiben Sie sich diese Warnung hinter die Ohren!

Zusammenfassung

Die Informationen in diesem Kapitel bilden die Grundlage der angewandten Magie. Sie können nahezu jeden Aspekt Ihres Lebens mit Kerzen, Farben und den Methoden der wohl wollenden Magie beeinflussen.

Angewandte Magie ist eine Tätigkeit, die Ihren Wunschvorstellungen bewusst beabsichtigte Formen verleiht, sei es im Bereich von Geld, Karriere, Liebe, Gesundheit oder was auch immer. Dazu braucht man keine exotische oder teure Ausrüstung, sondern einfache, überall erhältliche Dinge. Die ethischen Grundsätze im Hinblick auf gewisse Praktiken wurden andeutungsweise erörtert und laufen auf eine einfache Formel hinaus: Was du nicht willst, dass man dir tu, das füg auch keinem anderen zu.

Ich rate Ihnen, die hier beschriebenen Methoden eine Zeit lang zu praktizieren, bevor Sie in Ihrer Ausbildung fortfahren. Wenn Sie ein paar praktische Erfahrungen mit Zaubersprüchen gesammelt haben, sind Sie besser für die nächsten Schritte gerüstet.

Steine, Kräuter und Heilungen

Naturmagie

Im Gegensatz zu künstlich hergestellten Utensilien sind Steine und Kräuter beseelt – sie haben ein Eigenleben unabhängig von ihrem Verwendungszweck. Deshalb müssen Hexen die Steinen und Pflanzen innewohnende Intelligenz zur Kenntnis nehmen und ihr Respekt erweisen, bevor sie sich dieser Utensilien bedienen.

Außerdem meine ich, dass alle Hexen sich im Laufe ihrer Ausbildung eingehend mit dem Schamanismus der Indianer auseinandersetzen sollten. Schamanen beherrschen die Kunst der Kommunikation mit der Erde und all ihren Bewohnern, ähnlich wie auch unsere Vorfahren, die Anhänger der Alten Religion.

In ihrem Buch *American Indian Ceremonies* beschreiben Medicine Hawk und Grey Cat die Grundlage des schamanistischen Realitätsbilds:

> *»Jedes Individuum ist buchstäblich ein Cousin, ein Bruder, eine Schwester von allem anderen ... Sämtliche Erscheinungsformen enthalten etwas von der geistigen Substanz, die das wahre Wesen des Kosmos ist: Und diese selbe Geistesessenz wohnt jedem einzelnen Menschen inne.«*

Den Indianern ist jeder Aspekt des Universums heilig. Um mit den Kräften des Universums zu arbeiten, muss man sich selbst als Bestandteil des Universums verstehen. Also ist ein Dankeswort angebracht, wenn Sie mit Hilfe eines Bestandteils des Universums hexen. Ein einfacher Segensspruch genügt meist; bei der

Zusammenarbeit mit Steinen, Pflanzen, Naturgeistern und Krafttieren beweisen Sie jedoch mehr Einfühlungsvermögen, wenn Sie auch etwas zurückgeben.

In meiner Kindheit wurde mir erklärt, dass auch Steine lebendig sind, nur bewegen sie sich so langsam, dass ihr Wachstum nicht mit menschlichen Sinnen wahrgenommen werden kann. Erst viel später, als ich anfing, mit Steinen und ihren Eigenschaften zu arbeiten, ging mir auf, dass tatsächlich etwas Wahres an dieser ungewöhnlichen Theorie ist.

Die Eigenschaften von Steinen

Steine sind Ausdruck der universellen Lebenskraft und enthalten Energie – genau wie Sie und ich. Seit Jahrhunderten werden sie deshalb bei Religiosen Praktiken benutzt. Die Juden glaubten beispielsweise, dass der Amethyst Visionen und Offenbarungen hervorruft. Kriegsrüstungen und Waffen wurden von jeher mit Edelsteinen verziert, um dem Träger Schutz zu gewähren. Manche Indianerstämme arbeiten heute noch mit ihren altüberlieferten Ritualen, bei denen Steine zum Heilen, Schützen und bei spirituellen Kontaktaufnahmen benutzt werden.

Der Unterschied zwischen Edel- und Halbedelsteinen besteht lediglich darin, dass erstere seltener und damit auch wertvoller sind als die anderen. Würden etwa gewöhnliche Bergkristalle nicht mehr auf den Markt geworfen, so würden sie bald Diamanten den Rang ablaufen. Da die Nachfrage in letzter Zeit erheblich gestiegen ist, werden Naturkristalle jetzt schon zu überhöhten Preisen angeboten, obwohl sie keine Raritäten sind.

Die Energie eines Steins kann vom menschlichen Körper absorbiert werden und die diesem innewohnenden Heil- oder Zauberkräfte aktivieren. Auch können Sie sich mit Hilfe bestimmter

Steine leichter in Meditation versetzen. Da Steine definitiv eine gewisse »Ausstrahlung« haben, kommt es vor, dass man zu viel von einer Energie absorbiert. Ob es an dem Stein liegt, muss man durch Experimente in verschiedenen Mondphasen herausfinden. Außerdem kann es sein, dass Ihre Energie sich einfach nicht mit der einer bestimmten Mineralienfamilie verträgt. Mir »bekommt« beispielsweise grüner Malachit nicht. Woher weiß ich das? Weil bei mir physische Symptome wie Kopfschmerzen, leichte Übelkeit, manchmal auch leichte Schwindelgefühle beim Umgang mit diesem Halbedelstein auftreten. Ein generelles Gefühl der Desorientierung oder Gereiztheit sind ebenfalls Warnzeichen beim Umgang mit Steinen.

Obwohl sich bei vielen Steinen weitgehend allgemein gültige Eigenschaften feststellen lassen, reagiert der Chemiehaushalt jedes Menschen auf andere Weise auf sie. Dass Rosenquarz mir Glück bringt, bedeutet nicht, dass es bei Ihnen genauso gut funktioniert. Machen Sie sich auf die Suche nach Steinen, die Ihnen ins Auge stechen, als wären sie für Sie bestimmt. Manch ausgetrocknetes Flussbett ist eine Fundgrube in dieser Hinsicht. Sie brauchen den Namen und die Eigenschaften eines Steins nicht zu kennen, um zu wissen, dass das Universum Ihnen hier ein Geschenk zu Füßen gelegt hat. Lassen Sie sich intuitiv eingeben, welche Anwendungsmöglichkeiten der Stein in Ihren Händen hat.

Bei Testversuchen können Sie sich an der Bedeutung der Farben eines Steins orientieren. Wenn ein Stein zum Beispiel eine rosa Färbung zeigt, wissen Sie, dass Rosa zarte Gefühle, Zuneigung und Heilsamkeit bedeutet, auch wenn Sie die übrigen Fähigkeiten des Steins nicht sofort erkennen.

Alle Steine müssen zunächst geläutert, geweiht und ermächtigt werden. Sie können sie dazu in ein Glas mit Quellwasser legen oder unter fließendes Wasser halten. Mond- und Sonnenlicht sind ebenfalls gute Reinigungsmittel.

Tragen Sie die Steine stets in Körpernähe – auf der Haut, in der Hosentasche, Handtasche und so weiter. Sie können sie auch in den Saum eines Kleidungsstücks einnähen oder sie am Gürtel, Stirn- oder Strumpfband befestigen.

Darüber hinaus kann man auch Steine unter Stühlen, Schreibtischen, Autositzen oder über dem Armaturenbrett anbringen oder hinter Bildern, Türen und unter Teppichen verstecken – eben überall, wo Sie die Energie eines Steins gebrauchen können. Mit Kleber oder Drähten können Sie Schmucksteine auch an Ihrem hexischen Werkzeug befestigen und wunderschöne Kelche, Tarotkästen, Zauberstäbe, Körbe und Kräutertöpfe gestalten.

Die Größe eines Steins ist unwichtig – vergessen Sie das nicht. Sie brauchen keinen fünfzig Pfund schweren Rosenquarzbrocken, um Ihr Haus in liebevolle Schwingungen einzuhüllen. Ein Stück von der Größe Ihres kleinen Fingernagels reicht vollauf.

Dies ist die beste Art, sich mit einem Stein vertraut zu machen: Setzen Sie sich an einen ruhigen Ort und halten Sie den Stein in der linken Hand. Lassen Sie seine Energie in Ihre Handfläche eindringen. Stellen Sie sich vor, dass Sie ein zartes Geistwesen in der Hand halten, das Sie nicht zerquetschen wollen.

Nehmen Sie Ihre Gefühle wahr. Wenn Sie nichts spüren, ist das auch kein Problem. Öffnen Sie Ihr drittes Auge und betrachten Sie den Stein aus diesem Blickwinkel. Nehmen Sie ihn in die rechte Hand und sehen Sie, was dann passiert. Macht es einen Unterschied, in welcher Hand Sie den Stein halten?

Inwiefern? Schreiben Sie auf, was Sie empfinden. Machen Sie Experimente mit verschiedenen Steinen und lesen Sie nach, welche Bedeutungen ihnen zugeordnet werden.

Achat (verschiedene Farben): Es gibt mehrere Arten. *Gestreift:* Mildert Stress und emotionale Schmerzen. *Milchig mit blauen/schwarzen Flecken:* Schutz auf Reisen. *Auge in der Mitte:* Physischer Schutz, Überlebenshilfe. *Versteinerungen im Achat:* Heilkräfte, rasche Wundheilung. Reinigt, stimuliert und stärkt. Besänftigende Wirkung bei Verletzungen. *Milchig mit feuerroter Federzeichnung:* Anregend, fördert Klarsicht, Vorstellungskraft, Durchsetzungsvermögen. Achate sind besonders wirkungsvoll, wenn sie mit anderen Steinen kombiniert werden, weil sie unterschiedliche Eigenschaften harmonisch miteinander verknüpfen.

Amethyst (durchscheinend violett): Transformiert Negativität, stärkt die Sehkraft des dritten Auges oder der Intuition. Sorgt für gutes Einvernehmen in Heim und Büro. Wirkt gegen Alpträume und Schlafstörungen. Lindert Kopfschmerzen, wirkt ausgleichend bei Suchtverhalten.

Aventurin (grün, blau oder rötlich): Schimmert in metallischen Splittern. Ein Glücksbringer. Versorgt Sie mit zusätzlicher Energie.

Bernstein (gelb oder orange): Versteinertes Baumharz. Ein Allzweckhelfer. Beschützt Kinder, verstärkt Zauber und wirkt anziehend auf Geld und Gut. Eine Hohepriesterin trägt Bernsteinschmuck ebenso wie Jett, um ihren Rang nach außen hin zu kennzeichnen. Die Hexen der alten Zeit verwendeten Bernstein offenbar für alle möglichen Praktiken.

Fluorit (blau, violett, rosa und türkis): Ein erdgeschichtlich relativ junger Stein. Würfel- oder pyramidenförmige Formationen. Fördert Meditation, Kontakte mit dem höheren Selbst, Einblicke in tiefere Zusammenhänge und frühere Lebenszeiten. Kann die Inspiration fördern. Stärkt analytische und intellektuelle Fähigkeiten.

Heliotrop (dunkelgrün mit roten oder orangefarbenen Streifen oder Flecken): Eigentlich ein Chalzedon, aber wegen seiner hervorragenden Eigenschaften verdient der Heliotrop gesonderte Erwähnung. Wird auch Blutjaspis genannt und seit Jahrhunderten zum Heilen von körperlichen und geistigen Beschwerden benutzt. Ein Heliotrop in der Tasche schützt Sie, wenn Sie andere Menschen heilen, und umgibt Sie mit einer Schutzhülle, wenn Sie nicht gesehen werden wollen. Außerdem behütet er schwangere Frauen, bewahrt seinen Träger vor Verletzungen, zieht Geld an und steigert die Produktivität. Es heißt, dass die roten (Blut-)Flecken eines Heliotrops verblassen, wenn seine Energie aufgebraucht ist. Dann soll man den Stein den Elementen überlassen, aus denen er hervorgegangen ist.

Jaspis (verschiedene Farben): Hart, undurchsichtig. Stärkt den Energiefluss und lindert Stress. *Rot:* Nächtlicher Schutz, Abwehrzauber, die Zurückweisung von negativer Energie. *Grün:* Heilung. *Braun:* Erdung und Stabilisierung.

Karneol (durchscheinend rot oder orange): Ein besonders energiereicher Chalzedon, der die Antriebskraft erhöht, das Erfolgsstreben, die Handlungsfähigkeit. Der Karneol treibt alles schneller voran. Mit einem Karneol in der Tasche können Sie Ihr Schwingungsniveau anheben und verhindern, dass Ihre Gedanken von Leuten aufgeschnappt werden, die Sie auf Abstand halten wollen.

Malachit (blau oder grün mit getönten Streifen): Dieser Stein hat eine einzigartige Fähigkeit – er bricht entzwei, um Sie vor drohender Gefahr zu warnen. Außerdem wird ihm nachgesagt, dass er bei der Visionssuche hilft.

Mandelstein: Gestein mit Einschlüssen von Kristallen, Amethysten, Topasen oder anderen Mineralien. Stimulierende Wirkung, Freizügigkeit. In der Magie wird gebündelte Energie auf einen Mandelstein konzentriert und dann freigesetzt.

Mondstein (bläulich-weiß, zartrosa oder grünlich-weiß): Ruft zartfühlende Liebe, Anteilnahme und Sympathie in Ihnen und Ihrem Gegenüber hervor. Verstärkt außersinnliche Fähigkeiten aller Art. Legen Sie einen Mondstein in Ihr magisches Kabinett und einen zweiten unter Ihr Kopfkissen, wenn Sie überfordert sind und Ruhe brauchen. Mit der Hilfe dieses Steins können Sie aufgestaute Gefühle zum Fließen bringen und Kommunikationsstörungen zwischen Liebespartnern glätten. Viele meiner Erfolge beim Zaubern führe ich auf die Mitwirkung eines Mondsteins zurück.

Obsidian (schwarz): Ein Vulkanglas und grundsätzlich ein Schutzstein; Spiegel aus Obsidian werden in der Zunft aber auch wie Kristallkugeln verwendet. Obsidiane sind meine bevorzugten Helfer. Wenn ich sie zu meinem Bargeld stecke, geht es mir nie ganz aus. Falls Sie sich ausgenutzt oder bedrängt fühlen, können Sie sich mit einem Obsidian in Körpernähe abschirmen.

Rauchquarz (durchscheinend grau/schwarz): Ein Energiespender und Schutzstein. Mein Mann hat einen Rauchquarz am Rückspiegel seines Pick-ups hängen, als Schutz vor Pannen und Einbruch; das funktionierte so lange, bis ich mir den Stein für eine längere Fahrt mit meinem alten Wagen ausborgte. Während bei mir alles gut ging, brach der Pick-up meines Mannes ächzend zusammen.

Rhodochrosit (schlierig rosa und weiß): Der Kraftspender unter den Mineralien. Nehmen Sie diesen Stein zu Hilfe, wenn Sie trotz Müdigkeit weiterarbeiten und ein Projekt zu Ende bringen müssen.

Rosenquarz (rosa): Ruft sanfte, friedfertige, liebevolle Gefühle hervor. Verstärkt Schönheitssinn, Selbstachtung und Mitgefühl. Geben Sie Ihren Kindern ein Stück Rosenquarz in die Hand, wenn sie außer Rand und Band sind, und sagen Sie ihnen, dass sie still sitzen sollen. Kurz darauf ist die Rasselbande gezähmt, versprochen! Auch Trauer über den Verlust eines geliebten Menschen kann von Rosenquarz gelindert werden.

Sodalith (tiefblau mit hellen Streifen): Wird oft mit Lapislazuli verwechselt. Reduziert Stress und Aufregung und lässt Sie unberührt vom Chaos des Alltags. Fördert meditative Selbstversenkung, besonders bei Erwachsenen.

Tigerauge (honigfarben bis braun mit farbigen Streifen): Ein Glücksbringer, dem nachgesagt wird, dass er Lügen enthüllt, Klarsicht schafft und Verborgenes entschleiert. *Falkenauge (blau):* Nicht so »scharfsichtig« wie die braune Variante, aber effektvoll, wenn etwas zu entgleisen droht und Sie Standfestigkeit beweisen müssen.

Türkis: Ein poröser Stein, der seine Färbung verliert, wenn er von überforderten Menschen auf der Haut getragen wird, weil er ihren Stress absorbiert. Da Türkise die Umwandlung von Gedanken in Sprache erleichtern, werden sie auch als »sprechende Steine« bezeichnet. Wer eine Rede oder einen Vortrag halten muss, kann Nervosität durch am Hals getragene Türkise vertreiben. Darüber hinaus wird den Steinen eine Kraft spendende, heilende und beschützende Wirkung nachgesagt.

Natürlich erhebt diese Liste keinen Anspruch auf Vollständigkeit. Sie enthält nur Steine, mit denen ich selbst schon Erfahrungen gesammelt habe. Keiner von ihnen sollte oral eingenommen werden, aber Sie können mit ihnen arbeiten und sie auf der Haut tragen, wenn unmittelbarer Kontakt erforderlich ist.

Vergessen Sie nicht, Ihre Experimente mit verschiedenen Steinen in Ihrem *Buch der Schatten* aufzuzeichnen. Probieren Sie alle möglichen Kombinationen aus, damit Sie wissen, ob ihre Energien zusammenarbeiten und sich gegenseitig ausbalancieren.

Kristalle

Da ich Kristalle bei sehr vielen Praktiken benutze, behandle ich sie getrennt von den (Edel-)Steinen. Mein erster Rat: Jedes Mal, wenn Sie einen Kristall in die Hand nehmen, stellen Sie sich vor, dass Sie ihn damit an Ihr Energiesystem anschließen wie ein Fernsehkabel an eine Steckdose.

Kristalle können außersinnliche Kräfte stimulieren, Visionen auslösen und als Schutzschilde fungieren. Sie werden zum Weissagen, Aufladen und zum Abrufen gespeicherter Gedanken benutzt. Weil sie Energie projizieren, schmücken sie die Spitzen zahlloser Zauberstäbe. Sie können einen Kristall »programmieren«, indem Sie ihn auf Ihr drittes Auge legen und sich auf einen Gedanken konzentrieren – beispielsweise, dass mächtige Schutzzauber von dem Kristall ausgehen.

Eine Bestrahlung mit Mondlicht reinigt Kristalle und verstärkt ihre Kräfte. Bei gewissen Vollmondritualen wird der Altar und jedes Viertel des magischen Kreises mit Kristallen bestückt. Manche Tarotdeuter legen zwischen ihre Karten Kristallsplitter, um sie zu schützen und aufzuladen. Mit Armbändern aus Leder und Kristallstücken an beiden Handgelenken kann man seine Projektionsfähigkeit erhöhen. Legen Sie die Handgelenke aneinander, sodass die Kristalle einander berühren, und richten Sie Ihre Gedanken und Vitalkraft auf ein bestimmtes Ziel.

Viele Hexen gehen mit einem solchermaßen programmierten Kristall unter dem Kopfkissen des Nachts auf Traumreise. Bei Heilungen werden Kristalle in verschiedenen Mustern um den Körper eines Patienten verteilt, damit unausgewogene Energien ins Gleichgewicht kommen. Oder man legt sie (häufig zusammen mit anderen Steinen) auf den Körper, sodass ihre Energie in die blockierten Chakren strömt. Mit einem Kristall auf dem Stirnband werden Gedanken auf einen Empfänger übertragen, oder es wird Klarsicht bei der Selbsterforschung herbeigeführt.

Die Anwendungsmöglichkeiten sind schier endlos. Wenn Sie ein Geschenk brauchen, sind Kristalle und andere, von Ihnen selbst ermächtigte Steine schlichtweg »zauberhaft«. Regen Sie sich aber nicht auf, wenn Sie einen Kristall verlieren. Vielleicht macht er nur »Urlaub« und kehrt zu Ihnen zurück, nachdem er sich erholt hat. Sollte er für immer verschwunden bleiben, so ist sein Auftrag offenbar erfüllt, was Sie betrifft. Lassen Sie ihn gehen.

Pflanzen und Kräuter

Mir gefällt die Idee, dass die Geister (oder das kollektive Unbewusste) von Pflanzen menschliche Formen annehmen und uns als Feen erscheinen können, wenn ihnen der Sinn danach steht.

Alle Pflanzen sind von Geistwesen beseelt. Deshalb ziehe ich meine Kräuter und Gewürze am liebsten im eigenen Garten, anstatt sie irgendwo zu kaufen.

Die Pflanzen auf der nachfolgenden Liste kenne ich am besten, weil sie in unserem lokalen Klima gedeihen und von mir selbst geerntet werden. Nach der Lektüre dieses Kapitels sollten Sie eruieren, welche Pflanzen in Ihrer Gegend beheimatet sind, und zunächst mit ihnen arbeiten.

Magische Bedeutung

Äpfel: Heilen, Liebe

Basilikum: Liebe, Reichtum, Schutz

Birke: Reinigung

Efeu: Schutz, Heilen

Flieder: Schutz, Schönheit, Liebe

Gewürznelke: Geld, Schutz, Reinigen

Hahnenkamm: Ein gebrochenes Herz heilen

Ingwer: Geld, Erfolg, Macht

Iris: Weisheit

Katzengras: Katzenzauber

Klee: Geld, Liebe, Glück

Knoblauch: Schutz, Heilen

Kornblume: Außersinnliche Kräfte

Lorbeer: Weisheit, Schutz, außersinnliche Kräfte

Majoran: Schutz, Liebe, Heilen

Minze: Geld, Glück, Reisen

Mistel: Schutz, Fruchtbarkeit, Heilen, Übersinnliches

Nelke: Schutz, Heilen

Ringelblume: Träume, geschäftliche und rechtliche Angelegenheiten

Rose: Liebe, außersinnliche Kräfte, Prophetie

Rosmarin: Liebe, Macht, Heilen, Schlafmittel

Salbei: Schutz, Weisheit

Stechpalme: Traummagie, Balance

Thymian: Heilen, außersinnliche Kräfte

Veilchenwurzel: Prophetie

Weide: Liebe, Prophetie

Zeder: Läuterung, Heilen

Zimt: Spiritualität, Heilen, Reinigung

Medizinische Verwendung

Anis (als Tee): Ein Beruhigungsmittel; angezeigt bei Koliken.

Basilikum (als Tee): Erkältungen, Influenza, Krämpfe, Blasenkatarrh.

Cayennepfeffer: Rasche Genesung, stoppt innere und äußere Blutungen. Der Sage nach vorbeugend bei Herzbeschwerden, lindert Depressionen und Kopfschmerzen.

Fenchel (als Tee): Bei Schleimhautreizungen.

Gewürznelke: Bei Zahnschmerzen kauen, Mittel gegen Übelkeit und Brechreiz.

Ingwer (als Tee): Gegen Magenkrämpfe, Übelkeit; äußerlich angewendet gegen Muskelsteifigkeit; beim Kochen zur Entgiftung von Fleisch, speziell Hühnerfleisch.

Kümmel: Sanftes Verdauungsmittel.

Knoblauch: Bei zu hohem und zu niedrigem Blutdruck; gegen Parasiten und Infektionen.

Lorbeer: Nicht genießbar; nur als Brustwickel bei Erkältungen und Bronchitis angezeigt.

Rosmarin (als Tee): Gegen Kopf- und Muskelschmerzen.

Schwarzer Pfeffer: Einnahme beim ersten Anzeichen einer Erkrankung.

Thymian (als Tee): Gegen Würmer im Darm und Bazillen im Mund.

Zimt (als Pulver oder in Milch gekochte Stangen): Erleichtert die Verdauung; auch bei Durchfall und anderen Darmbeschwerden angezeigt.

Kräutersammeln

Im Frühjahr, wenn der letzte Schnee schmilzt, hole ich meinen Kräuterkorb aus meinem magischen Kabinett und stelle ihn auf den Hausaltar, um ein Ritual zu vollziehen, bei dem der Korb, mein Kräutermesser und sämtliche Kräutergefäße gereinigt und geweiht werden – vorzugsweise in einer Neumondnacht, weil es ja um den Beginn eines neuen Unternehmens geht.

Außerdem mache ich eine Inventur meiner Vorräte. Im Winter arrangiere ich die Kräutergefäße in alphabetischer Reihenfolge (nach dem Inhalt). Wenn der Frühling naht, arrangiere ich sie je nach Erntezeit. Was zuerst geerntet wird, kommt nach vorn im Schrank.

Im Lauf der Wintermonate habe ich Duftkissen und Beutelchen vorbereitet, die mit der neuen Ernte gefüllt werden sollen, und stelle dann jedes Mal fest, dass ich noch mehr davon gebrauchen kann. Zwischendurch ziehe ich los, um frische Samen und Blumenerde für den Kräutergarten im Haus zu besorgen.

Über den ganzen Sommer und Herbst hinweg mache ich mich in der Morgensonne auf, nachdem der Tau verdunstet ist, und sammle, was ich brauche – nicht mehr, denn ich werde nicht unverschämt, schon gar nicht bei Pflanzen, die bis zum nächsten Frost fortlaufend weiterwachsen und ihre volle Potenz erst vor dem Absterben entfalten. Kurzlebige Gewächse behalte ich im Auge, bis ihre Zeit gekommen ist, dann greife ich mit vollen Händen zu.

Am Abend vorher streue ich Tabakbrösel oder Düngemittel um die Pflanze und erweise dem Geist, der ihr innewohnt, Ehre. Beim Sammeln in Wald und Feld nehme ich diese Dinge sozusagen als Gegengeschenk immer mit und bedanke mich nach dem Ernten. Unmittelbar vor dem Schneiden halte ich ein Kraut behutsam in den Händen und übermittle meine Liebe und Dankbarkeit für seine Schönheit und Nützlichkeit. Dann erkläre ich ihr, warum ich tue, was ich tue. Manche Hexen zeichnen auch einen Kreis im Uhrzeigersinn auf den Erdboden rings um die Pflanze, während andere einen Kreis in der Luft beschreiben (ebenfalls im Uhrzeigersinn). So bleibt die Energie des Krauts beim Einschnitt unversehrt. Schnitte werden mit der Bolline, dem Kräutermesser, vollzogen. Bevor Sie Rosen, Flieder und Bäume beschneiden, müssen Sie sich informieren, wann und wie es am besten geht. Gärtner und Pflanzenbücher können darüber Auskunft geben.

Bei kleinen Mengen können Sie Ihre Ernte auf Papiertüchern trocknen lassen. Größere Mengen werden am besten zusammengebunden und in einem gut durchlüfteten Raum aufgehängt.

Nach dem Trocknen zerstampfen Sie sie mit dem Stößel aus Ihrem magischen Kabinett – aber nur grob, nicht zur Pulverform. Diesen letzten Akt vollziehe ich zum Beispiel erst, wenn die Pflanze bei einem Zauberspruch verwendet wird.

Die übrig gebliebenen Kräuter vom letzten Jahr verstreue ich in der Natur, um Platz für die neue Ernte in meinen Einweckgläsern zu schaffen. Das neueste Erntedatum wird auf die Etiketten mit den Kräuternamen geschrieben.

Die Ermächtigung von Pflanzen

Bei dieser Art der Ermächtigung vermischen Sie Ihre Energie mit der Energie der Pflanze. Damit sich der gewünschte Effekt einstellt, tragen Sie der Pflanze im Lauf dieser Verschmelzung auf, was sie bewirken soll. Sagen Sie es ihr ganz genau; das ist sehr wichtig, denn auf diese Weise ziehen beide – Ihr Geist und der Geist der Pflanze – sozusagen am selben Strang und ermächtigen sich gegenseitig.

Auch Gewürze können ermächtigt werden, bevor sie in die Suppe kommen. Knoblauch ist ohnehin gesund, aber wenn Sie ihn auf die beschriebene Art ermächtigen, wirkt er doppelt so stark. Für Kräutertee gilt dasselbe. Beruhigungstees wie Kamille können beauftragt werden, nicht nur für guten Schlaf zu sorgen. In Büchern und Gesundheitsmagazinen finden Sie weitere Anregungen.

Heilen

Wie man sieht, erfordert jeder Bereich der Zunft ein hohes Maß an Fachkenntnis und praktischen Erfahrungen auf dem jeweiligen Gebiet. Manches fliegt Ihnen förmlich zu, andere Künste müssen Sie sich mühsam erarbeiten. Die Indianer sagen, dass wir das Medizinrad in Zyklen durchlaufen – in einer Phase lernen wir permanent dazu, in einer anderen lehren wir das Gelernte, und zu bestimmten Zeiten ziehen wir uns zurück, um die anderen Phasen innerlich zu verarbeiten.

Wenn die Leute merken, dass Sie sich gewisse Fachkenntnisse angeeignet haben, werden Sie garantiert irgendwann um Hilfe gebeten. Sie können nicht schlafen, die Migräne nicht loswerden, ihre Sprösslinge nicht zu einem anständigen Lebenswandel zwingen und dergleichen mehr. Zunächst müssen Sie wissen, dass Sie graue Magie praktizieren, wenn Sie etwas für eine dritte, Ihnen unbekannte Person erwirken, ohne ihre ausdrückliche Zustimmung einzuholen.

Zweitens können Sie nicht von der Annahme ausgehen, dass die Leute Sie richtig verstehen, wenn Sie ihnen einen Rat geben. Also müssen Sie sich vergewissern, dass ein Zauber, der jemanden heilen soll, um nur ein Beispiel zu nennen, nicht von unterschwelligen, negativen Tendenzen in einen Fluch verwandelt wird. Und umgekehrt: Was Ihnen von einem unbekannten Bittsteller vorgetragen wird, könnten Sie aufgrund Ihrer eigenen Lebenserfahrungen ganz anders auslegen, als es in Wirklichkeit gemeint ist.

Deshalb sage ich nie, dass ich das Problem *garantiert* (mit diesem oder jenem Mittel) aus der Welt schaffen kann, und verlange, dass die Bittsteller sich selbst an der Magie beteiligen – beispielsweise, indem sie einen heilenden Stein mit sich herumtragen, Affirmationen wiederholen und sonstige Anweisungen befolgen. Ohne die Mithilfe des Patienten kann auch kein Arzt eine Krankheit heilen.

Manche Fälle sind von vornherein zum Scheitern verurteilt, weil der Bittsteller nicht geheilt werden will, sondern die Krankheit benutzt, um Aufmerksamkeit auf sich zu ziehen. Bieten Sie Ihre Kräfte niemals als Ersatz für ärztliche Betreuung an und erkundigen Sie sich sofort, ob bereits ein Arzt konsultiert wurde. Erzählen Sie niemandem, dass er die Pillen, die ihm verschrieben wurden, nicht mehr nehmen soll. Bei fragwürdigen Diagnosen schicken Sie den Bittsteller auf der Stelle los, um eine zweite und dritte Diagnose einzuholen.

Die meisten Beschwerden beginnen in der Seele oder im Geist des Menschen. Deshalb frage ich immer, in welcher Gemütsverfassung sich jemand befand, bevor die Krankheit oder das Problem psychisch und körperlich in Erscheinung trat. Viele Krankheiten können auf Stress zurückgeführt werden – Überanstrengung. Was ungebührlich überanstrengt wurde, ist gewöhnlich das Energiezentrum in der Nähe des Krankheitsherds; wenn Sie daher diesem Chakra die Last abnehmen, indem Sie die Energie naturgemäß im ganzen Körper verteilen, verschwindet auch das Übel.

Berücksichtigen Sie beim Heilen immer auch die Heilmethoden des behandelnden Mediziners. Hüten Sie sich davor, einen Arzt schlecht zu machen, denn wenn Sie seine Entscheidungen und seinen Ruf unterminieren, untergraben Sie zugleich auch die Urteilsfähigkeit des Patienten, der diesen Arzt konsultiert hat.

Seien Sie nicht beleidigt, wenn sich herausstellt, dass Sie nur in Notfällen aufgesucht werden und die Leute ansonsten nichts von sich hören lassen. So ist es nun einmal: Solange es den Menschen gut geht, lassen sie sich nicht blicken. Seien Sie dankbar, dass Sie in der Lage sind, jemandem zu helfen, und nutzen Sie die Gelegenheit. Lernen Sie die wichtige Lektion, dass Sie andere Menschen nicht besitzen und auch nicht die Aufgabe haben, ihre Gedanken zu kontrollieren.

Menschen werden uns vom Lebensstrom zugetragen und wieder fortgeschwemmt. Das ist der Lauf der Dinge, und wir können ihn nicht aufhalten, so geschickt wir auch versuchen mögen, ihm Zügel anzulegen. Letztlich haben wir keine andere Wahl, als die

Wechselhaftigkeit der menschlichen Gefühlswelt zu respektieren, wie das Wetter, die Ebbe und die Flut.

In den meisten Fällen wird man um Heilungen, Schutzzauber und Liebeszauber gebeten, seltener um einen Geldsegen – und zwar, weil viele nicht zugeben wollen, dass sie in finanziellen Schwierigkeiten sind. Also müssen Sie zwischen den Zeilen lesen. Manchmal ist materielle Unterstützung in Form von Lebensmitteln, Kleidung und Bargeld hilfreicher als irgendein Zauberspruch oder Ritual.

Und in manchen Fällen besteht die eigentliche Magie darin, dass Sie einfach nur zuhören, die unausgesprochenen Dinge hinter den Worten in sich aufnehmen und mit allen Sinnen auf das Gesagte reagieren. Das spüren die Menschen – ungeteilte Aufmerksamkeit bewegt sie dazu, jemandem ihr Herz auszuschütten. Danach werden Sie dankbar sein, weil Sie jedes Mal etwas Neues dazulernen; und die Leute werden Sie für einen außerordentlichen Heiler halten, weil Sie schweigen können und ein guter Zuhörer sind.

Selbstheilung

Trotz aller vorbeugenden Maßnahmen und einen gesunden Lebenswandel werden auch Hexen hin und wieder krank, und dann sinkt das Selbstvertrauen so rapide, wie das Fieber steigt. Nun liegt es zwar im Bereich des Möglichen, sich ganz einfach selbst zu heilen, aber für meine Begriffe ist das schwerer als alles andere.

Ich habe viele Selbstheilungstechniken ausprobiert, als ich krank war, doch ohne jeden Erfolg – bis ich den »Staubsauger« benutzte, den Sie schon kennen (siehe Seite 115 f.). Die Grundidee fand ich in einem Zeitschriftenartikel. Was mir allerdings nicht einleuchtete, war, dass der Saugball vollgepumpt mit negativer Energie einfach im blauen Dunst hängen gelassen wurde. So geht es nicht, dachte ich und ließ den imaginären »Staubsaugerbeutel«

per Visualisierung im Erdboden verschwinden. Bei der nächsten Erkältung wandte ich diese Technik also an, und siehe: Der Schnupfen verschwand in Minutenschnelle! Als ich mir die Hand verstauchte, probierte ich es wieder. Innerhalb von fünfzehn Minuten waren die Symptome »wie weggeblasen«.

Achten Sie auf die Signale des Körpers. Schon beim ersten Anzeichen einer Krankheit, wie Kopfweh, Schwächezustände und so weiter, sollte man den »Staubsauger« für ein paar Minuten anwerfen. Wenn Sie ernstlich krank werden, wiederholen Sie die Übung, sooft es geht, nehmen aber natürlich alle von Ihrem Arzt verschriebenen Medikamente unverdrossen weiter. So werden Sie schneller gesund.

Außerdem gibt es ein Hausrezept, das sich bei mir seit Jahren bewährt hat. Meine Anfälligkeit für Bronchitis, die früher bis zur Lungenentzündung ausarten konnte, behandelte mein Vater, ein alter Kräuterkenner, mit folgender Mixtur:

- 1 Glas Tomatensaft
- 1 Prise Cayennepfeffer
- ¼ TL schwarzer Pfeffer

Diesen Saft trinke ich drei Tage hintereinander jeden Morgen, sobald sich die ersten Anzeichen von Halsweh einstellen. Seither bekomme ich keine ernstlichen Erkältungen mehr, und die Leute, denen ich das Rezept gegeben habe, berichten dasselbe. Es ist erfreulich, wenn man ohne Chemie auskommt, die nur müde oder nervös macht. Nichtsdestotrotz müssen Sie erst einen Arzt konsultieren, denn es gibt keine Garantie, dass dieses oder irgendein anderes Hausrezept in Ihrem Fall funktioniert.

Der Powerbeutel

Der Powerbeutel ähnelt dem Medizinbeutel der Schamanen. Es ist ein handgenähter Stoff- oder Lederbeutel, den Sie mit Kräutern, Wurzeln, Edelsteinen, Kristallen, Vogelfedern, beschrifteten Papierstücken und so weiter füllen. Alle Dinge müssen jedoch erst einzeln ermächtigt werden, bevor sie in den Beutel kommen. Am Schluss wird der Beutel samt Inhalt ermächtigt, einen bestimmten Zweck zu erfüllen, möglicherweise mit einem Ritual. Manche Powerbeutel sind reich verziert und wiederverwendbar, andere werden nur einmal gebraucht.

Der Medizinschild

Der Medizinschild fungiert als Schutzschild und wird sowohl von Indianern als auch Hexen benutzt, um destruktive Elemente fernzuhalten und etwas Positives zu bewirken. Bei einem Medizinschild ist die richtige Herstellung ebenso wichtig wie das Endprodukt.

Im Lauf der Arbeit an dem Schild wird dieser mit Kräften aufgeladen, die seinem Träger Mut, Siegessicherheit, außersinnliche Fähigkeiten, Heilkräfte und so weiter verleihen. Der Medizinschild nimmt schließlich ein Eigenleben an: Manche sind daher männlich, andere weiblich, oder sie vereinen bestimmte Vorzüge beider Geschlechter. Ein fertiger Medizinschild funktioniert wie ein Spiegel zwischen Ihnen und Ihrer Umwelt, und zwar auf der körperlichen Ebene ebenso wie auf anderen Existenzebenen.

Medizinschilde müssen nicht unbedingt kreisförmig sein – es gibt auch andere magische Formen – und können aus nahezu jedem Material angefertigt werden, selbst aus Pappe und Papier. Sie bestehen aus zwei Schichten: einem Kern mit magischer Bedeutung und einer Schutzhülle. Medizinschilde können reich verziert oder auch ganz unscheinbar sein, wie es Ihnen eben beliebt. Vor ihrer Anwendung werden sie mit einem eigens hierfür konzipierten Ritual »erweckt« und ermächtigt.

Andere Menschen heilen

Es gibt klare Richtlinien: Die andere Person muss geheilt werden *wollen*, ein gewisses Maß an Selbstvertrauen haben und Ihnen als Heiler vertrauen. Darüber hinaus muss sie an eine übergeordnete Macht glauben, die das Universum zusammenhält – den himmlischen Vater, die Erdgöttin, die formlose Allmacht, was auch immer.

Dies sind die generellen Richtlinien für Diagnose und Behandlung:

1. Lassen Sie den Patienten aufzeichnen, an welcher Körperstelle etwas nicht stimmt, wie tief der Schmerz reicht, wie weit und so weiter – so genau wie möglich.

2. Stellen Sie folgende Fragen:
   - Wurde ein Arzt konsultiert? Wenn ja – wie lautete die Diagnose? Wurde eine zweite Meinung eingeholt?
   - Welche Drogen oder Arzneimittel nehmen Sie?
   - Rauchen oder trinken Sie?
   - Haben Sie ein chronisches Leiden?
   - Welche Krankheiten kommen in Ihrer Familie vor?
   - Sind Sie schwanger?
   - Schlafen Sie gut?
   - Sind Sie starken Belastungen ausgesetzt?

3. Nehmen Sie den Patienten körperlich in Augenschein.

4. Erklären Sie Ihr Heilverfahren Punkt für Punkt.

5. Schlagen Sie den magischen Kreis.

6. Beschwören Sie die Gottheit(en).

7. Vollziehen Sie das Heilverfahren.

8. Danken Sie den Gottheiten, die Sie gerufen haben.

9. Versiegeln Sie den magischen Kreis.

Handauflegen

In vielen Religionen ist dies eine anerkannte Heilmethode. Sie müssen nur aufpassen, dass Sie nicht selbst dabei krank werden!

Lassen Sie den Patienten in bequemer Haltung sitzen oder liegen. Nehmen Sie Rücksicht auf seine Gemütsverfassung beim Schlagen des magischen Zirkels. Bei nervösen Leuten tun Sie es stillschweigend im Geiste; wenn sie dagegen einen Hauch von »Mysterium« brauchen, ziehen Sie getrost alle Register, versprengen Weihwasser, schwenken den Weihrauchbrenner, murmeln magische Worte und so fort. Öffnen Sie nun Ihre Energiezentren und fangen Sie an, Energie auf die Art zu sammeln, die bei Ihnen am besten funktioniert – durch Singen, Beten oder schweigende Kontemplation. Jeder hat seinen eigenen Stil.

1. Schritt: Legen Sie beide Hände auf den Patienten und lassen Sie sich eingeben, welche Chakren blockiert oder zu weit geöffnet sind. Wenn ein Krankheitsherd vorhanden ist, ziehen Sie ihn mit der linken Hand aus dem Körper und schleudern ihn mit der rechten Hand in den Ball, der negative Energie aufsaugt.

2. Schritt: Ziehen Sie beide Hände vom Patienten zurück und schütteln Sie eventuelle Energiereste aus. Vielleicht müssen Sie ein paar Schritte zurück und aus dem Energiefeld der Person heraustreten.

3. Schritt: Legen Sie die rechte Hand auf die erkrankte Stelle und lassen Sie Ihre gesammelte Energie durch die rechte Hand in den Patienten strömen. Während sein Körper davon durchdrungen wird, stellen Sie sich vor, dass das goldene Licht des Götterpaars vom Himmel herabfällt und den Patienten mit neuer Kraft erfüllt. Wenn Sie fertig sind, lassen Sie den »Saugball«

im Erdboden verschwinden und erden sich. Schütteln Sie überschüssige Energie aus und halten Sie die Hände unter kaltes fließendes Wasser.

Der zweite Schritt ist am wichtigsten. Wenn Sie Ihre Hände nicht ausschütteln und nicht aus dem Energiefeld heraustreten, falls es notwendig sein sollte, können Sie sich selbst eine Krankheit zuziehen. Ich kann nicht sagen, wie oft ich meine Kinder mit dieser Methode geheilt habe und dann am nächsten Tag selbst kaum noch aus dem Bett krabbeln konnte. Jahrelang war mir schleierhaft, was ich verkehrt machte. Die christlichen »Wunderheiler« im Fernsehen brauchten doch auch einen Menschen nur sekundenlang zu berühren, »Gepriesen sei der Herr!« zu brüllen, und schon war er geheilt. Natürlich wusste ich, was da gespielt wurde, dachte aber, dass diese selbst ernannten Heiler immerhin naturgetreu nachstellten, was bei echten Geistheilungen passierte.

Irgendwann ging mir auf, dass ich die aufgefangene Negativität nicht vorschriftsgemäß entsorgt hatte. Seitdem ich aber meine »Saugball«-Methode anwende, habe ich nichts mehr von meinen Patienten aufgeschnappt.

Fernheilungen

Abwesende Personen können mit Hilfe ganz verschiedener Methoden mit Heilkräften bestrahlt werden, unter anderem mit Kerzenmagie, Puppen, Tarotkarten und Runen. Sie können jemandem auch im Traum erscheinen und die »Saugball«-Technik am Astralkörper anwenden. Auch hier brauchen Sie die vorherige Erlaubnis des Patienten. Schreiben Sie auf, was funktioniert hat und was nicht, damit Sie erfolgreiche Heilmethoden jederzeit wiederholen können.

Zusammenfassung

In diesem Kapitel ging es vornehmlich um die Anwendung von Heilkräften, die Lebewesen innewohnen. Da Pflanzen und selbst Steine lebendig sind, werden sie Ihnen in vielen Situationen nützlich sein. Die Kombinationsmöglichkeiten sind schier endlos. Was von der Erdmutter hervorgebracht wird – wie Steine und Pflanzen –, enthält die Elemente, aus denen das Weltall besteht, und die Zusammenarbeit mit diesen Urkräften ist angewandte Magie. Bedienen Sie sich ihrer Weise.

Für Fortgeschrittene

Telepathie, Psychometrie und Mentalkräfte

Nicht nur für Hellseher!

Wie oft haben Sie sich schon gewünscht, die Gedanken eines anderen Menschen lesen zu können? Wie oft haben Sie allein im Haus gesessen und sich gefragt, ob jemand gerade an Sie denkt?

Dabei ist es gar nicht so schwer, sich auf die Gedankenfrequenzen anderer Leute einzustimmen, wie uns eingeredet wird. Sie müssen nicht erst vom Blitz getroffen oder von Außerirdischen entführt werden, um telepathische Fähigkeiten zu entwickeln. Lassen Sie sich nichts von selbst ernannten professionellen Hellsehern vormachen. Das Einzige, was Sie brauchen, ist Geduld und Ausdauer.

Wie Sie wissen, sind Gedanken Energieschwingungen, die mittlerweile auch mit wissenschaftlichen Instrumenten gemessen werden können. Mit etwas Übung können Sie Gedanken ebenso mühelos empfangen und aussenden wie sensible elektronische Geräte.

Telepathie ist der Austausch von mentalen und emotionalen Schwingungen. Die aufgefangenen Daten werden sowohl körperlich als auch geistig aufgenommen. Um Ihre Fähigkeiten im Interpretieren dieser Daten zu entwickeln, brauchen Sie ein hohes Maß an Menschenkenntnis – denn die Gedanken anderer müssen nicht nur wie beim Fernsehen »gehört« und »gesehen«, sondern auch mit sämtlichen Sinnen aufgefangen und in ihrer Gesamtheit verarbeitet werden. Wir gehören normalerweise nicht zu jenen besonders begabten Personen, die richtiggehende Bilder

schen oder die Gedankengänge des anderen tatsächlich hören. So etwas kommt äußerst selten vor. In den meisten Fällen ist das, was als »Hellsicht« bezeichnet wird, eine besondere Feinfühligkeit für die Fluktuationen der Energie von Lebewesen und die akkurate Wahrnehmung ihrer momentanen Gemütsverfassung. Dieses Feingefühl kann sich auch auf Tiere, Pflanzen und Astralwesen erstrecken.

Körpersprache und Telepathie

In den sechziger und siebziger Jahren wurde die psychologische Entschlüsselung der Körpersprache des Menschen als hochinteressante »Neuentdeckung« gefeiert und allseits diskutiert. Dass jeder von uns die Körpersprache seiner Mitmenschen von Geburt an studiert, mag uns bis heute entgangen sein. Aber es ist eine Tatsache, dass das Unterbewusstsein permanent zu dechiffrieren versucht, was die Gesten und Mimik der Leute ringsumher zu bedeuten hat – ob wir das nun wissen oder nicht. Oft ist der bewusste Verstand so intensiv mit der Bewertung der Worte einer Person und ihrem Gesichtsausdruck beschäftigt, dass wir ignorieren, was unser Unterbewusstsein dazu zu sagen hat. Manchmal ist ein Gefühl der Unbehaglichkeit der einzige Hinweis auf einen innerlichen Konflikt, weil das, was bewusst wahrgenommen wird, im krassen Gegensatz zu den Mitteilungen unseres Unterbewusstseins steht.

Die Beschäftigung mit der Körpersprache des Menschen ist unerlässlich für eine Hexe, wenn sie als Ratgeber fungieren soll. Damit schärfen wir gleichzeitig auch das Feingefühl, mit dem wir die telepathischen Signale der Mitmenschen interpretieren.

Die Mimik

Was jemand denkt, steht ihm nicht unbedingt ins Gesicht geschrieben. Wir alle sind weit bessere Schauspieler, als wir zugeben wollen – beispielsweise wenn es darum geht, Ahnungslosigkeit vorzutäuschen. Nun mag Ihr Unschuldsblick zwar keine ausgesprochene Lüge sein – vielleicht haben Sie Ihrem besten Freund geschworen, ein Geheimnis für sich zu behalten –, aber als wahrheitsgetreu kann man Ihre Miene beim besten Willen auch nicht bezeichnen.

Plötzliche Verfärbungen der Haut und Iris können kaum kontrolliert werden und sind daher aufschlussreicher. Was es von Fall zu Fall bedeutet, wenn jemand rot wird oder leichenblass (sehen Sie auch auf den Hals), ergibt sich aus dem Gesamteindruck. Starke Gefühlsaufwallungen wie Zorn, Betroffenheit und Liebe verändern auch die Augenfarbe, was bei helläugigen Menschen mehr auffällt als bei dunkeläugigen. Allerdings muss man sehr aufmerksam sein, sonst entgeht einem dieses fast unmerkliche Flackern. Blaue Augen können blasser werden, eine grünliche Färbung annehmen oder unter Umständen für längere Zeit »blitzeblau« aufleuchten. Braune Augen können wie erloschen wirken, fast schwarz werden oder honigfarbene Goldtöne annehmen.

Die Blickrichtung kann Ihnen weitere Hinweise geben. Gewöhnlich wird der Blick beim Formulieren einer Lüge vom Gegenüber abgewandt; doch dass jemand die Augen beim Sprechen nach rechts, links, oben oder unten schweifen lässt, bedeutet wiederum nicht unbedingt, dass Ihnen Lügen aufgetischt werden. Viele blicken in eine bestimmte Richtung, wenn sie etwas Konkretes aus dem Gedächtnis abrufen, und in eine andere, wenn sie einen abstrakten Gedankengang formulieren wollen. Also darf man keine vorschnellen Schlüsse ziehen.

Natürlich nützt Ihnen nichts von alledem, wenn Sie es mit einem Fremden zu tun haben (außer in einem Fall, zu dem ich gleich kommen werde), denn Augenfarbe und Blickrichtung müssen erst studiert werden. Beobachten Sie die Verhaltensweisen von fünf Personen über drei Wochen hinweg, damit Sie ein wenig Übung bekommen.

Selbst Geistesgestörtheit und kriminelle Tendenzen können von den Augen abgelesen werden – in manchen Fällen sogar auf den ersten Blick. Es ist schwer zu beschreiben, denn was Sie sehen, geht über die physischen Merkmale hinaus. Die Iris solcher Menschen wirkt oft klein und hell und ist von einem ungewöhnlich breiten, dunklen Ring umgeben. Beide Augen werden die meiste Zeit unnatürlich weit offen gehalten und erzeugen jenen starren Blick, der Ihnen das Gefühl gibt, von einer ungesunden Kälte angeweht zu werden.

Das erste Mal fiel mir dieses Phänomen bei jemandem auf, den ich sehr gut kannte. Daraufhin sah ich es bei einem jungen Mann wieder. Er stand vor einem Laden, und im Vorübergehen trafen sich unsere Blicke. Ich flüsterte meinem Mann zu: »Der Knabe ist gefährlich. Seine Augen sind wie tot.« Mein Mann sagte nicht viel dazu. In den Spätnachrichten sahen wir den jungen Mann wieder: Er war in einen Laden eingebrochen. Seitdem habe ich mir eine Reihe von Dokumentarfilmen über Verbrecher angeschaut, um ihre Mimik und Augen auf charakteristische Merkmale zu untersuchen. Viele hatten denselben Blick, Männer wie Frauen.

Körperhaltung und Gesten

Handbewegungen und Körperhaltungen liefern eindeutige Hinweise auf das, was jemand gerade denkt und fühlt. Beobachten Sie sich selbst einmal, dann wissen Sie auch mit großer Genauigkeit, was in wildfremden Menschen vorgeht, wenn sie bestimmte Positionen einnehmen.

Angenommen, ein Klient besucht Sie zum ersten Mal für

eine Tarotsitzung. Nachdem er Platz genommen hat, verschränkt er seine Arme vor der Brust, schlägt ein Bein über das andere und lehnt seinen Körper von Ihnen weg, zum Ausgang hin. Und Sie kreuzen daraufhin die Füße unter dem Tisch.

Sie beide haben eine defensive Haltung eingenommen. Da der Klient seinen Körper nicht nur »abgeschirmt« hat, sondern auch weglehnt, können Sie sicher sein, dass er Ihren Ausführungen nicht offen gegenübersteht. Ihre gekreuzten Füße sind eine automatische Reaktion auf das Misstrauen, das Sie spüren. Männer signalisieren ihre Empfänglichkeit gewöhnlich, indem sie ihre Jacken und Westen aufknöpfen; wenn sie allerdings – in angenehm warmen Räumen – zubleiben, können Sie sich auf Schwierigkeiten gefasst machen.

Doch zurück zur Sitzung: Im Angesicht dieser Abwehr bemühen Sie sich um eine lockere Beinhaltung und lehnen sich vor – aber nicht so weit, dass es zudringlich wirken könnte. Während Sie Ihre Fragen stellen und ihm alle Zeit der Welt zum Antworten lassen, bekunden Sie Ihr Interesse an seinem Problem, indem Sie die »Denkerhaltung« einnehmen und Kopf oder Kinn leicht mit der Hand abstützen. Mein Mann findet es manchmal geradezu unheimlich, wie viel mir von wildfremden Leuten erzählt wird. Aber ich schwöre, dass das nichts mit Hexerei zu tun hat, sondern einfach daran liegt, dass ich interessiert zuhöre und Fragen stelle, die ins Schwarze treffen, sodass sich die inneren Schleusentore öffnen und alles Aufgestaute aus den Leuten heraussprudelt.

Weibliche Klienten signalisieren ihre Abwehr, indem sie die Arme vor dem Herzen verschränken oder die Handtasche nicht weglegen. Sollten sie sie gegen die Brust drücken oder auf den Schoß setzen und beim Sprechen daran herumfummeln, können Sie wieder mit einer problematischen Sitzung rechnen.

Wenn Klienten ihre Hände die meiste Zeit in die Jacken- oder

Hosentaschen stecken, wollen sie etwas vor Ihnen verbergen. Beobachten Sie ihre Reaktionen im Lauf einer Sitzung. Auf den Tisch aufgestützte Ellbogen und Finger vor dem Mund bedeutet, dass etwas, das ihnen durch den Kopf geht, nicht ausgesprochen wird. Wer mit seiner Brille spielt, sie abnimmt und den Nasenrücken reibt und so weiter, will Zeit gewinnen und sich vor der ehrlichen Beantwortung Ihrer Frage drücken.

Ein Stift, an dem gekaut wird, ist ein weiterer Hinweis darauf, dass man etwas nicht preisgibt. Wenn ein Klient sich wiederholt ans Ohr greift oder Ihren Arm berührt, während Sie sprechen, liegt es nahe, dass er Sie unterbrechen will. Die Füße auf dem Tisch oder über dem Bauch verschränkte Hände signalisieren, dass jemand sich überlegen fühlt und Sie womöglich in eine Falle locken will. Händereiben ist eine Geste angespannter Erwartung; Händeringen oder Fäuste zeigen Nervosität an, manchmal auch eine totale innere Abwehr gegen Ihre Worte. Im Angesicht solcher Signale halten Sie inne und fragen sich: Worauf läuft das momentane Gespräch hinaus?

Unruhige Handbewegungen sind ein weiteres Zeichen von Stress. Kennen Sie Leute, die dauernd mit ihren Schlüsseln oder den Münzen in ihrer Tasche klimpern? Es liegt auf der Hand, dass sich ihr Sinnen und Trachten viel mehr um Geld dreht als den momentanen Gesprächsgegenstand.

Wie ein Mensch geht und steht, ist natürlich ebenso aufschlussreich. Eine zusammengesackte Körperhaltung verrät mangelndes Selbstbewusstsein, kann aber auch von einem Trauma zeugen, speziell wenn der Blick gesenkt ist und hin und her springt. Ein breitbeiniger Stand signalisiert Selbstbewusstsein und Stärke, kurzum: Standhaftigkeit.

Selbstverständlich können all diese Verhaltensweisen auch aus anderen Gründen an den Tag gelegt werden. Zum Beispiel stecken Leute ihre Hände in die Taschen, weil sie Warzen haben, und halten sich die Finger vor den Mund, um schlechte Zähne zu verbergen. Und die Frau, die ihre Handtasche an die Brust drückt, kommt möglicherweise gerade mit einer größeren Barauszahlung von der Bank.

Was Gesten zu bedeuten haben, wird meist erst durch Wiederholung ersichtlich, zum Beispiel im Fall des Klienten, der zum ersten Mal zu Ihnen kommt: Sie haben nun sein anfängliches Misstrauen entschärft, und er kommt Ihnen allmählich entgegen. Er hat beide Füße auf den Boden gestellt, sein Jackett aufgeknöpft und sich zu Ihnen gebeugt. Seine Pupillen sind erweitert, weil er jetzt mehr wissen will; ein Arm ruht auf dem Tisch, der andere liegt in seinem Schoß.

Plötzlich reibt er sich das Auge! Was soll das nun wieder heißen? Sie wissen, dass Sie nichts Sensationelles von sich gegeben haben, im Gegenteil, Sie haben aufmerksam zugehört, und vorher hat er frank und frei gesagt, was er denkt. Seine Stimmlage ist unverändert geblieben. Also ist das Augenreiben unbedeutend, es sei denn, es wird wiederholt und von anderen Gesten begleitet.

Manche Bewegungen sind eindeutig; andere erkennt nur ein geübter Beobachter. Menschenkenntnis wird uns nicht in die Wiege gelegt. Wie immer fängt man am besten bei sich selbst an. Machen Sie sich bewusst, was Sie durch Gestik und Mimik zum Ausdruck bringen. Es ist hochinteressant und macht Sie ohne viel Aufwand zu einem guten Gesprächspartner.

Die Verbindung von Körpersprache und Telepathie

Was hat die Wahrnehmung der Körpersprache mit der Entwicklung von telepathischen Fähigkeiten zu tun? Sehr viel. In beiden Fällen schnappen Sie wortlose Signale auf – und um diese Signale korrekt verarbeiten zu können, müssen Sie sich zunächst einmal programmieren, neue Informationen auf ungewohnten Wegen zu empfangen. Dieses Training läuft darauf hinaus, dass

Sie alles rings um sich her mit größerer Genauigkeit und Sensibilität wahrnehmen.

»Beobachtungsgabe« ist ein anderes Wort für die Fähigkeit, unterschwellige Botschaften mit den bewusst wahrgenommenen Signalen zu verknüpfen und die innere Sperre aus dem Weg zu räumen, die das Bewusste vom Un(ter)bewussten trennt. Wenn Ihnen das gelungen ist, können Sie jemanden anschauen und dabei bis auf den Grund seiner Seele blicken. Eine unbeschreibliche Fülle von Eindrücken offenbart sich Ihnen auf einen Schlag, und selbst wenn die andere Person sich nichts anmerken lässt, wissen Sie, dass ihr Unterbewusstsein Ihre Kontaktaufnahme zur Kenntnis genommen hat.

Was Sie im Hinblick auf Körpersprache gelernt haben, kommt Ihnen bei der Anwendung telepathischer Fähigkeiten zugute, denn das größte Hindernis ist die Angst, dass wir keine korrekten Schlüsse aus der Vielfalt der telepathisch übermittelten Eindrücke ziehen könnten. Sie können die erstaunlichsten Einblicke in eine Person haben, aber wenn sie standhaft leugnet, dass Sie ins Schwarze getroffen haben, verlieren Sie den Glauben an Ihre Kompetenz. Manche streuen Ihnen so geschickt Sand in die Augen, dass Ihnen entgeht, warum Ihr erster Eindruck korrekt war.

Lassen Sie sich nicht aufs Glatteis führen. Ich erinnere mich an einige Fälle, bei denen meine immer gleichen Eindrücke nicht verbal bestätigt wurden. Im Lauf von Wochen bemerken Sie beispielsweise, dass jemand erschöpft ist, worauf der Betreffende entgegnet: »Das haben Sie letztes Mal schon gesagt!« Damit gibt er Ihnen zu verstehen, dass Sie nicht durchblicken. Unerschütterlich sollten Sie erwidern: »Ich werde aber das Gefühl nicht los und wette, dass Sie nicht gut geschlafen haben!« Was auch jetzt nicht mit Worten gesagt wird, können Sie der Körpersprache entnehmen.

In einem ganz besonderen Fall fragte ich über Monate hinweg instinktiv bei jeder Begegnung ganz bestürzt: »Was ist los?« Die Klientin wurde schließlich äußerst ungehalten und bat mich, endlich damit aufzuhören. Viel später fand ich heraus, dass sie Alkoholikerin war und das Thema nicht mit einer flüchtigen Bekannten besprechen wollte – was man ihr natürlich nicht verübeln kann.

Sie müssen Ihrer Menschenkenntnis vertrauen, die Ihnen mitteilt, was mit jemandem los ist, und sie auch einsetzen, damit sie wachsen und noch tiefer werden kann. Dass Ihre Interpretation nicht immer ins Schwarze trifft, ist klar. Wie nahe Sie der Wahrheit in den meisten Fällen kommen werden, ist jedoch bemerkenswert.

Mitgefühl

Mitgefühl ist eine »gewöhnlichere« Form der Telepathie, bei der Sie sich in einen anderen Menschen hineinversetzen und dessen Gefühle »aufschnappen«. Dabei nehmen Sie weder die Gedanken noch die Körpersprache und Mimik des anderen genau wahr, weil Sie zu sehr mit der Verarbeitung der neuen Gefühlsflut beschäftigt sind. Es gibt Meditationstechniken, mit denen die feinstofflichen Kanäle für mitfühlende Identifikation geöffnet werden.

Meistens wird man regelrecht vom Mitgefühl übermannt. Haben Sie jemals neben einem völlig fremden Menschen gestanden und eine Woge der Lebensmüdigkeit gefühlt, obwohl Ihr Leben zur Zeit vollkommen in Ordnung war? Die Emotionen anderer schleichen sich oft so unmerklich in den eigenen Gefühlshaushalt ein, dass man geistig und körperlich reagiert, als hätte man sie selbst produziert. »Schild hoch!« ist das Erste, was man sich in solchen Situationen sagen muss. Als Nächstes macht man sich die Körpersprache der Leute ringsumher bewusst, sodass die Flut der aufgeschnappten Emotionen bewusst registriert und man nicht ebenfalls mitgerissen wird.

Wenn Sie sich von dem inneren Aufruhr Ihrer Freundin, deren Ehe gerade in die Brüche geht, überwältigen lassen und genauso kopflos werden wie sie, ist niemandem gedient. Ob sie Ihnen die Details von Japan aus per Telefon vermittelt, spielt dabei keine Rolle. Mitgefühl überbrückt räumliche und zeitliche Distanzen. Wenn man sich nicht vor der totalen Identifikation mit einem leidenden Wesen in Acht nimmt, indem man geistig auf Distanz geht, verschlimmert man nur den Zustand des anderen.

Da Gefühle stärker und schneller schwingen als verbale Gedankengänge, ist es wahrscheinlich, dass es sich bei Ihren ersten Erfahrungen mit Telepathie um eine Form von Mitgefühl, von Empathie handelt. Zudem sind Gedanken ohnehin oft ein Gemisch aus Bildern, Gefühlen und inneren Einstellungen, die im Geiste nicht in zusammenhängenden Wortfolgen formuliert werden.

Stimmlage und Betonung

Aus einer Stimme kann man enorm viel heraushören – wenn man nicht zu sehr mit der Vorbereitung der eigenen Antwort beschäftigt ist, während der andere spricht. Sie müssen kein Musiker sein, um die emotionalen Untertöne in einer Stimme zu registrieren, sondern lediglich das Geplapper in Ihrem eigenen Kopf ein wenig leiser drehen.

Wer viel Arbeit am Telefon erledigt, entwickelt ein Gehör für die subtilsten Hinweise in den Stimmen unsichtbarer, oft auch unbekannter Gesprächspartner. Um Ihre Hellhörigkeit auszubilden, können Sie beispielsweise den Videotextmodus im Fernsehen einschalten, sodass Sie kein Bild mehr sehen, und sich ausschließlich auf die Stimmen der Schauspieler konzentrieren. Sie werden staunen, wie viel Sie schon nach kurzer Zeit allein dem Tonfall der Sprecher entnehmen können.

Bei genauerem Zuhören verrät Ihnen der Dialekt bereits, aus welchen Verhältnissen eine Person stammt, wo sie die meiste Zeit ihres Lebens verbracht hat, welche Erziehung sie genossen hat, welcher Einkommensschicht ihre Familie angehört und in welcher Gesellschaftsschicht sie sich am wohlsten fühlt. Obwohl der so gewonnene Gesamteindruck natürlich nicht vollständig ist, liefert er viele Informationen, die Sie unter Umständen dringend brauchen können. Da viele Menschen sich leichter auf jemanden einlassen, der ihren Ton anschlägt, können Sie auch mehrere Dialekte und Sprachmuster »einstudieren«.

Gedankenübertragung

Unter Telepathie verstehen die meisten Menschen eine wörtliche Gedankenübertragung. Sie wissen jedoch bereits, dass es das nicht trifft: In Wirklichkeit schnappen wir permanent gefühlsmäßige und bildhafte »Gedankenbündel« von überall her auf, ob wir es nun merken oder nicht. Je feinfühliger Sie werden, desto deutlicher spüren Sie, dass Sie und alle Lebewesen ringsumher Sender und gleichzeitig Empfänger darstellen. Manche von uns sind bessere Sender, andere bessere Empfänger. Beides will geübt sein. Geben Sie nicht auf, wenn das eine Ihnen schwerer fällt als das andere.

Die Grundmaxime beim Austausch telepathischer Informationen ist Entspannung. Konzentrieren Sie sich nicht, strengen Sie sich nicht an. Entspannen Sie sich dagegen, öffnen Sie Ihre Energiezentren und stellen Sie sich vor, dass Sie sich an den Schaltkreis des kollektiven Unbewussten angeschlossen haben. Beim Aussenden besinnen Sie sich auf ein Bild, ein Gefühl oder eine Botschaft. Beim Empfangen nehmen Sie wahr, was Ihnen als

Erstes in den Sinn kommt, anstatt den logischen Gedankenprozess zu verfolgen, der sich daran anschließt.

Der erste Eindruck, den wir Hexen von jemandem haben, ist gewöhnlich der richtige, weil wir uns öffnen und die Essenz des Individuums ungehindert in uns eindringen lassen. Wir »durchleuchten« sie sozusagen Schicht um Schicht. Was immer uns unzensiert eingegeben wird, ist in einem Großteil der Fälle richtig – es sei denn, eine pauschale Vorprogrammierung mischt sich ein und verzerrt den Durchblick. Vorurteile wie »Alle Christen sind gleich« oder »Ich habe noch keine Karin ausstehen können« müssen als Blockaden erkannt und beseitigt werden, während ein Mensch »durchleuchtet« wird.

Schreiben Sie wahrheitsgetreu auf, was Sie mit all diesen Methoden erleben. Wenn Sie telepathische Experimente machen, müssen Sie wissen, dass das menschliche Gehirn in zehnminütigen Intervallen arbeitet, wobei die meisten von uns in der ersten und den letzten drei Minuten in Höchstform sind. Das ist ein Grund, warum langwierige Rituale manchen Teilnehmern so viel Energie entziehen.

Mit einem Partner zusammenarbeiten

Um Ihre telepathischen Fähigkeiten auf die Probe zu stellen, brauchen Sie irgendwann einen Partner – jemanden, dem Sie vertrauen können, damit Sie mit den Testergebnissen auch etwas anfangen können.

Nun hat jeder Mensch eine andere Schwingungsfrequenz, und mit manchen Partnern funktioniert die Übertragung von Zahlen, Mustern oder Farben wie geschmiert, während die Erfolgsquote bei anderen Partnern erheblich sinkt. Trotzdem werden Sie feststellen, dass auch dann gewisse Synchronizitäten, Fügungen und

Energieübermittlungen stattfinden, die Sie vorher nicht als solche erkannt hätten. Dies gilt nicht nur für telepathische Experimente innerhalb eines Teams, sondern für jedes magische Unternehmen.

Wenn jemand nicht »erreichbar« ist, darf man den Mut nicht verlieren. Es kann sein, dass der Empfänger seinem Unterbewusstsein nicht erlaubt, die Signale ins Bewusstsein treten zu lassen, oder er nimmt die Botschaften zwar wahr, scheut sich aber, sie auszusprechen, weil er es für lächerlich, peinlich oder dumm hält.

Telepathische Kommunikation beschränkt sich nicht auf menschliche Wesen. Auch Tiere und Pflanzen können kontaktiert werden und Ihnen sehr viel im Austausch geben. Bei Pflanzen halte ich es für ratsam, ihnen die Hände aufzulegen, um Verbindung mit ihrer Seele aufzunehmen. Bei Tieren hängt die Art der Kontaktaufnahme von den Umständen ab.

Ethische Überlegungen

Ist Gedankenlesen moralisch vertretbar? Da Gedanken sich von Natur aus vom einen auf den anderen übertragen, ist die Frage nur insofern relevant, wenn Sie jemanden durch Gedankenübertragung veranlassen, Dinge zu tun, die dem Betreffenden normalerweise nicht einfallen würden, oder wenn Sie telepathisch empfangene Informationen böswillig ausnutzen. Wie man weiß, kann man sich der Verantwortung für die eigenen Reaktionen auf solche Übergriffe ebenso wenig entziehen wie der Verantwortung für eigene Übergriffe. Trotzdem gibt es Zeiten, in denen Sie einfach nur spontan und unbedacht reagieren werden. Das ist menschlich.

Ist es möglich, den Lauf der Dinge durch pure Geisteskraft zu verändern? Jawohl, denn darum geht es letztlich in der Magie.

Um aber etwas mit purer Geisteskraft in Gang zu setzen, brauchen Sie empathisches Mitgefühl und telepathische Fähigkeiten.

Psychometrie

Die Fähigkeit, einem Objekt gefühlsmäßige und bildhafte Informationen über seinen Eigentümer zu entnehmen oder die Gedankenformen zu erkennen, die in dem Gegenstand gespeichert sind, nennt man Psychometrie. In einem Zustand hochgradiger Empfangsbereitschaft kann man Gegenstände in die Hand nehmen und sich dadurch mit Menschen, Orten, Handlungen und Situationen verbinden, die dem Material ihren energetischen Stempel aufgedrückt haben. Bei Ferndeutungen wird oft mit Psychometrie gearbeitet.

Selbst wenn ein Objekt in Ihrer Hand Ihnen absolut »nichts sagt«, nehmen Sie seine Ausstrahlung unbewusst in sich auf. Nachdem man feinstoffliche Informationen jahrzehntelang aus dem Bewusstsein verdrängt hat, kann man nicht erwarten, dass Bilderfolgen wie im Kino vor dem inneren Auge abrollen und Gefühle aufwallen, die eindeutig mit dem Objekt zusammenhängen. Dass der Schalter etwas rostig ist und Sie sich nicht sofort in die ätherische Datenbank einloggen können, ist nicht verwunderlich. Auch hier macht langjährige Übung den Meister.

Je älter ein Objekt, desto vielschichtiger die hinterlassenen Eindrücke. Bei einem Foto, das vor einer Woche geknipst wurde, ist es denkbar, dass Sie Eindrücke von folgenden Personen oder Orten erhalten: von der Fabrik, wo der Film hergestellt wurde; von dem Geschäft, in dem er verkauft wurde; von dem Labor, das ihn entwickelte; von dem Menschen, der das Foto knipste, und von der Person, die das Foto zuletzt in der Hand hatte. Jetzt stellen Sie sich vor, dass ein Foto vor 75 Jahren entstanden ist. Wie lang wäre die Liste wohl in diesem Fall?

Einschneidende Ereignisse können weniger starke »Energiestempel« überschatten. Sagen wir einmal, dass der letzte Eigentümer einer Kristallkugel eine sein ganzes Leben verändernde Vision beim Meditieren mit der Kugel hatte. In dem Fall würden die meisten Menschen, die die Kugel berühren, zuerst einen Eindruck von diesem Ereignis erhalten anstatt von etwas, das zwar erst vor kurzem stattgefunden hat, aber nicht halb so weltbewegend war.

Wiederholte Ereignisse springen Ihnen ebenfalls gewöhnlich zuerst entgegen. Ein antikes Schmuckstück, das über Generationen hinweg am Hochzeitstag von der Mutter auf die Tochter übertragen wurde, vermittelt Ihnen höchstwahrscheinlich als Erstes eine Gefühlsmischung aus angstvoller Erregung, Wehmut und so weiter. Oft allerdings heißt es, dass diese Dinge »verhext« seien, weil selbst unsensible Menschen durch den Kontakt mit dem Objekt in melancholische Zustände geraten. Bei Objekten, auf denen angeblich ein Fluch lastet, kann es sogar sein, dass der momentane Eigentümer unbewusst an die Schauergeschichte glaubt, die diesem Objekt nachgesagt wird, sodass er genau das erlebt, was seinen Erwartungen entspricht.

Negative Energiemuster können durch die Methoden entfernt werden, die Sie auch beim Läutern und Weihen Ihrer Werkzeuge anwenden. Wenn das nicht möglich ist, so tut es mitunter auch pure Geisteskraft, indem Sie sich vorstellen, dass Sie die Energie aus dem Objekt vertreiben und zu Boden sinken lassen, wo Mutter Erde sie neutralisieren kann.

Um sich in Psychometrie zu üben, können Sie ungeöffnete Post in die Hand nehmen und Ihre Eindrücke notieren, bevor Sie den Umschlag aufreißen. Oder Sie bitten einen Freund, ein paar Gegenstände aus seinem Familienbesitz mitzubringen, deren Vorgeschichte er sehr gut kennt, Sie aber nicht. Nehmen Sie eines der Objekte in die linke Hand und warten Sie ab, ob Sie Informationen über die Sache selbst oder ihren Eigentümer erhalten. Sprechen Sie aus, was Ihnen spontan in den Sinn kommt, und lassen Sie sich von Ihrem Freund sagen, was er darüber weiß. Es kann sein, dass es besser funktioniert, wenn Sie das Objekt nicht ansehen, es in die andere Hand nehmen oder auf Ihr drittes Auge über der Stirn halten.

Sie können den Freund auch bitten, Ihnen Fotos von Menschen und Orten zu geben, die ihm bekannt sind. Halten Sie die Fotos in den Händen und erforschen Sie, ob Sie herausfinden können, wo sie geknipst worden sind, wie alt sie sind und was die gezeigten Menschen zu jener Zeit empfunden haben. Notieren Sie all Ihre Eindrücke und besprechen Sie sie mit Ihrem Freund.

Psychometrie funktioniert auch im umgekehrten Sinne: indem Sie einem Objekt etwas einprägen – zum Beispiel eine Affirmation, die jemand, dem Sie das Objekt geben, im Gedächtnis behalten soll. Wenn Sie Kraft spenden wollen, können Sie einen Kristall gegen Ihr drittes Auge halten und ihn mit einer geballten Ladung Ihrer Kraft programmieren. Schmuckstücke für die Lieben erfüllen Sie mit bedingungsloser Zuneigung. Um zu verhindern, dass bestimmte Dinge aus Ihrem Besitz angefasst werden, prägen Sie ihnen ein energetisches Nicht-berühren-Schild ein, ein Warnsignal, oder laden sie so mit Energie auf, dass man sich die Finger daran verbrennt.

Geisteskraft

In diesem Kapitel wurden schon einige Umgangsweisen mit dem Bewusstsein und Unterbewusstsein besprochen. Doch wie mächtig ist der menschliche Geist nun wirklich? Kann er Realität aus der Illusion erschaffen, oder ist die Realität selbst nur eine Illusion?

Wer die vorangegangenen Kapitel studiert hat, sieht die Welt und ihre Realität nicht länger so wie bisher. Die Grundfesten sind ins Schwanken geraten, und die Grenzen fließen. Es gibt zwar plötzlich keine Geschwindigkeitsbegrenzungen mehr, dafür heißt es aber auch wachsam sein!

Sie sind nicht so wie die meisten anderen: Sie wissen, dass Sie selbst für Ihr Verhalten verantwortlich sind und Ihr Innenleben kontrollieren können. Womöglich gefällt Ihnen manches noch lange nicht, aber Sie treiben jedenfalls nicht willenlos im Strom der Ereignisse dahin. Sie wissen, dass Ihre Mühe belohnt wird, wenn Sie Ihr Bestes geben.

Vielleicht scheuen Sie sich manchmal davor, Ihre Fähigkeiten anzuwenden, weil Ihnen Ihre Moralvorstellungen im Wege stehen. Vielleicht kommen Sie sich wie ein Betrüger vor, wenn Sie Magie praktizieren, oder denken, dass Sie es sich zu leicht machen. Doch übersinnliche Kräfte sind dem Menschen von der Natur mitgegeben. Unnatürlich wird es nur, wenn Sie diese Kräfte unterdrücken oder jemandem gestatten, sie abzuwürgen. Das Universum bietet mehr als genug für uns alle; Sie nehmen niemandem etwas weg, indem Sie versuchen, Ihre Ziele zu verwirklichen.

Demnach sind die ärgsten Feinde des magischen Volks, von Druiden über Hexen bis zu Zeremonienmeistern, nicht andere Menschen, sondern das Denken. Ja, in den meisten Fällen haben wir uns unsere Erzfeinde sogar selbst aufgehalst, die da heißen: Zweifel, mangelndes Selbstbewusstsein, arrogantes Ego, falsche Selbsteinschätzung, Intoleranz (weniger im Hinblick auf Andersgläubige denn innerhalb der eigenen Reihen), Verzögerungstaktiken, Habgier, Eifersucht und so weiter – die Liste ließe sich beliebig fortsetzen. Unser Geist hat die Fähigkeit, uns in die tiefsten

Niederungen zu stürzen und zu den höchsten Höhen zu führen. Wo es langgeht, entscheiden wir.

In Anbetracht dieser Tatsache fragt man sich früher oder später, warum man nichts Besseres aus all diesen Geisteskräften gemacht hat, als es augenscheinlich in diesem Leben der Fall war. Noch lähmender ist allerdings die Befürchtung, man könnte versehentlich Unheil stiften, wenn man trotz unabsehbarer Konsequenzen und womöglich in Unkenntnis der eigenen, tieferen Beweggründe mit schöpferischen Mächten jongliert.

Es gibt Einwände, die selbst die eifrigsten Praktizierenden davon abhalten, ihre magischen Kräfte einzusetzen. Bedenken sind eine natürliche Reaktion; Sie sollten sich dabei aber immer ins Gedächtnis rufen, dass das Universum einen immanenten Plan enthält, dessen Einzelheiten und Zusammenhänge uns ewig verborgen sein werden. Vor diesem Mysterium stehen Sie nicht allein auf weiter Flur. Die Zweifel und Widerstände, mit denen Sie ringen, haben Unzählige vor Ihnen auf die Knie gezwungen, von den Priestern der Antike über die Druiden, die Templer, die Mitglieder des Roten Strumpfbandordens und des Ordens von der goldenen Dämmerung bis, dessen bin ich mir sicher, Raymond Buckland. Manche haben diesen Kampf begonnen und unterlagen, andere wiederum sind siegreich aus der Schlacht hervorgegangen.

Zudem glaube ich, dass der Große Plan uns Schranken setzt, wann immer wir sie brauchen. Wir müssen die Knüppel, die uns zwischen die Beine geworfen werden, lediglich beachten. Wunder werden nicht in rasender Eile vollbracht. Es ist ein langsamer Prozess, und solange Sie etwas krampfhaft erzwingen wollen, steuern Sie in die verkehrte Richtung.

Zaubern sollte Spaß machen, wie die folgenden Übungen beweisen, die allein mit Geisteskraft vollbracht werden.

Fokussieren

Wie macht man das, wenn man es richtig macht? Müssen Sie unverwandt auf etwas in der Hoffnung starren, dass Ihre Geisteskraft gebündelt genug ist, um die Erfüllung Ihres Wunsches in die Wege zu leiten?

Nein. Stellen Sie sich zwei Kreise links und rechts neben dem Objekt oder der Person vor, das oder die Sie fokussieren wollen. Jetzt halten Sie beide Zeigefinger geradeaus vor sich hin und bewegen den rechten Zeigefinger im Uhrzeigersinn im Kreis herum, während Sie Ihren linken Zeigefinger *gegen* den Uhrzeigersinn im Kreis drehen. Nun haben Sie zwei Kreise vor sich, die sich in entgegengesetzter Richtung drehen.

Und jetzt bringen Sie die beiden Kreise langsam zusammen – bis beide in der Mitte über dem Objekt verschmolzen sind. Stellen Sie sich vor, dass Sie die energetische Schwingung hören können, während sich beide Kreise im Uhrzeigersinn über dem Objekt drehen. An diesem Punkt haben Sie die Sache oder Person in den Brennpunkt Ihrer Geisteskraft gerückt und können Ihre Gedanken wie einen Laserstrahl auf sie projizieren.

Geistige »Reparaturarbeiten«

Sie müssen keine Ahnung von der Technik haben, um Maschinen reparieren zu können, ohne sie auch nur anzufassen. Im Gegenteil, diese Methode funktioniert am besten, wenn Sie lediglich wissen, dass das Ding auf Knopfdruck oder beim Umdrehen des Zündschlüssels läuft.

Angenommen, das Auto Ihres Nachbarn springt nicht an. Gehen Sie in sich und werden Sie ruhig. Schließen Sie die Augen und stellen Sie sich vor, dass alle Maschinenteile ordnungsgemäß funktionieren. Stimmen Sie sich innerlich auf den Motor ein. Sehen Sie ihn anspringen und hören Sie das Geräusch des perfekt laufenden Motors (das ist sehr wichtig). Und dann lassen Sie es gut sein. In den meisten Fällen wird das Auto anspringen – vielleicht nicht sofort, aber die Erfolgsaussichten sind hoch, auch bei Computern, Druckern, Kreissägen, Rasenmähern, Mikrowellen und anderen Geräten. Jawohl, ich spreche aus Erfahrung mit all diesen Dingen. Üben Sie sich in dieser Disziplin, dann stecken Sie nie in einem liegengebliebenen Auto fest!

Einen Parkplatz finden

Niemand möchte schwere Einkaufstüten kilometerweit zum Auto schleppen. Also visualisiert man lieber schon beim Einsteigen, wo man parken will – im untersten Geschoss des Parkhauses, in der ersten Reihe, gleich neben dem Geschäft und so weiter. Visualisieren Sie nur den leeren Platz. Bei großen Parkplätzen suche ich mir eine Reihe aus und stelle mir vier oder fünf Lücken in der Reihe vor. Es kommt äußerst selten vor, dass »mein Parkplatz« dann besetzt ist.

Verlorene Dinge wiederfinden

Visualiseren Sie den verloren gegangenen Gegenstand. Umgeben Sie ihn mit goldenem Licht und befestigen Sie ihn an einer Silberschnur. Ziehen Sie die Schnur im Geiste zu Ihnen hin, bis Sie den Gegenstand in der Hand halten. Dann denken Sie möglichst nicht mehr dran. Das Objekt wird im Lauf der nächsten Stunde auftauchen, aber es kann auch länger dauern. Vergessen Sie es einfach. Wenn Sie meinen, dass Sie nicht stark genug fokussiert haben, wiederholen Sie die Visualisierung an einem anderen Tag.

ANMERKUNG: Magische Steine darf man nicht zu sich zurückziehen. Sie gehen auf Wanderschaft, wenn Sie ihrer Hilfe nicht mehr bedürfen. Trösten Sie sich mit dem Wissen, dass ein geliebter Kristall oder Schmuckstein dahin gegangen ist, wo er am meisten gebraucht wird.

Ampeln zum »Grünen« bringen

Bevor Sie ins Auto steigen oder aber nach der fünften roten Ampel, dank der Sie nun schon zwanzig Minuten Verspätung haben, können Sie grünes Licht auf all Ihren Wegen visualisieren. Ein einfacher Kinderreim genügt schon:

> *»Bei eins beginne ich, nicht dumm,*
> *bei zwei springt jede Ampel um,*
> *bei drei macht Grün die Kreuzung frei!*
> *Ich zähl' nur eins und zwei und drei!«*

Dazu klopfe ich dreimal leicht mit der rechten Handfläche auf das Steuerrad und bekräftige:

> *»So möge es sein!«*

Dann fahre ich los und denke nicht weiter daran.

Liegen gebliebene Autos abschleppen

Sie stecken mit dem Wagen im Schlamm oder in Schnee und Eis fest – was nun?

Nur keine Panik, das ist oberste Priorität. Zweitens: Wühlen Sie sich nicht noch weiter hinein. Während Sie den Wagen behutsam vor und zurück schaukeln und nicht zu hart aufs Gaspedal treten, stellen Sie sich vor, dass vier gigantische Zugtiere (Eisbären, Wasserbüffel, was auch immer) mit silbernen Kabeln vor Ihr Auto gespannt sind. Sehen Sie zu, wie sie es aus dem Schlamassel ziehen, sodass Sie Ihre Fahrt fortsetzen können, als wäre nichts geschehen.

Lachen Sie jetzt nicht – sondern lieber später, wenn Sie auf steilen Bergstraßen bei schrecklichem Wetter all die liegen gebliebenen Fahrzeuge mit ihren Schneeketten und ihrem Vierradantrieb passieren.

Im Verkehr den Überblick behalten
Vor manchen Kreuzungen stockt einem der Atem, weil man nicht weiß, welcher Autofahrer dieses Mal heil davonkommen wird. Mein Vorschlag: Umgeben Sie sich mit einem Energiefeld, das alle übrigen Einmündungen blockiert und Abbieger von Ihnen fernhält, während Sie die gefährlichen Stellen passieren. Danach lösen Sie den Schutzwall wieder auf.

Das »universelle Telefon«
Denken Sie an jemanden, den Sie kontaktieren wollen, und lassen Sie der Person eine einfache Gedankenbotschaft zukommen:

> *»Wie geht es dir? Hier ist …* [Ihr Name]. *Ich habe lange nichts von dir gehört. Bitte melde dich bei der nächsten Gelegenheit.« Stellen Sie sich vor, dass die Zielperson ans Telefon geht oder Sie besucht. Senden Sie Ihre Botschaft wieder und wieder aus.*

Notieren Sie sich, wie lange es dauert, bis der Betreffende reagiert. Mit etwas Übung erhalten Sie innerhalb von 24 Stunden eine Rückmeldung von seiner Seite. Warum nicht sofort? Erstens, weil Sie sich hüten, Befehle zu erteilen, denn das wäre Missbrauch – ein Verstoß gegen den freien Willen. Und zweitens, weil die Leute oft dermaßen beschäftigt sind, dass sie zwar an Sie denken, aber nicht unbedingt Zeit haben, mit Ihnen zu plaudern. Bei meiner Freundin Sherry ist es jedenfalls so; oft ruft sie am nächsten Tag an und sagt: »Hat es dir nicht in den Ohren geklingelt? Ich wollte dich eigentlich schon gestern anrufen.« Oder ich sage: »Gut, dass du anrufst. Ich muss dir etwas erzählen …«

Sich in Erinnerung bringen
Wenn Sie wollen, dass eine Frau an Sie denkt, fokussieren Sie sie direkt und lächeln Sie. Dann lassen Sie Ihre guten Absichten wie

einen warmen Strom der Herzlichkeit zu ihr fließen. Bei einem Mann lächeln Sie nicht, während Sie ihn anvisieren, sondern teilen ihm in Gedanken mit, dass Sie keine Bedrohung darstellen und ihn nicht angreifen wollen, dass Sie aber von ihm respektiert werden wollen.

Im Umgang mit Fremden muss man bedenken, dass jeder Mensch mehrere Seiten hat. Wir bestehen aus vielen Facetten und stellen gewöhnlich nur zur Schau, was gesehen werden soll. Andere Persönlichkeitsaspekte bleiben im Hintergrund, bis sie »aus der Reserve« gelockt werden.

Bei der Begegnung mit einem Pärchen dürfen Sie dem Partner des anderen Geschlechts nicht zu viel Aufmerksamkeit schenken. Konzentrieren Sie sich als Frau ganz bewusst auf die andere Frau und als Mann vornehmlich auf den anderen Mann. Vermitteln Sie ihnen, dass sie nichts zu befürchten haben. Alles andere wäre eine Provokation.

Zusammenfassung

Sie arbeiten stetig mit geistigen Methoden an der Transformation Ihrer Innenwelt und Umgebung. Wie bei allen magischen Unternehmen fällt jedoch auch hier der Missbrauch unsichtbarer Kräfte auf Sie selbst zurück. Sie können nicht ungestraft in die Gedankenwelt anderer eindringen, spionieren und die so erhaltenen Informationen selbstsüchtig ausnutzen.

Die Macht des Geistes sollte nach bestem Wissen und Gewissen genutzt werden, das ist das Grundrecht der Hexen. Nur wenn wir unser volles Potenzial entfalten, ist Friede und Eintracht im Zusammenleben mit anderen möglich. Sie können ganz allein vieles bewirken; Sie müssen nur den Versuch wagen.

1992

Astralreisen, Bilokation und Krafttiere

In diesem Kapitel gehe ich davon aus, dass Sie die kreativen Visualisierungstechniken beherrschen und imstande sind, sich in tiefe Meditation zu versenken. Das Austreten aus dem physischen Körper wird als außerkörperliche Erfahrung bezeichnet. Bei einer Astralprojektion etwa verlässt der Energiekörper den physischen Körper und geht bewusst oder unbewusst »auf Reisen«. Der feinstoffliche Lichtkörper bleibt bis zum Tod der fleischlichen Hülle durch eine Silberschnur mit dem physischen Körper verbunden.

Außerkörperliche Erfahrungen finden gewöhnlich unbewusst im Schlaf statt, können sich aber auch im Lauf einer Meditation ereignen. Manchmal tritt der Energiekörper sogar beim Tagträumen ein Stück aus dem physischen Körper heraus.

Merkmale außerkörperlicher Erfahrungen

Folgende Gefühle und Eindrücke kennzeichnen außerkörperliche Erfahrungen:

1. Ein Schwebezustand zwischen Schlafen und Wachen, bei dem Sie das Gefühl haben, »unter der Decke zu schweben«. Unter Umständen kann der physische Körper von oben wahrgenommen werden, manchmal auch die Silberschnur.
2. Ein haltloses Schwindelgefühl wie in einem nach unten rasenden Fahrstuhl – dann ein abruptes Aufwachen im eigenen Körper.

3. Vorübergehende Bewegungsunfähigkeit beim Erwachen. Die Lähmung verfliegt meist sehr rasch, kann aber Panik auslösen, wenn man nicht darauf vorbereit ist.
4. Außerordentlich plastische Träume, zumeist von unbekannten Menschen und Landstrichen, in überzeichneten Farben.

Jeder begibt sich hin und wieder in die Astralwelt. Die Frage ist lediglich, ob man es bewusst wahrnimmt oder nicht. Manche sind so angestrengt darum bemüht, alle Aspekte ihres normalen Lebens unter Kontrolle zu halten, dass sie ihren Körper nur im Traumzustand verlassen und die Tatsache dann vor dem bewussten Verstand verschleiern. Das bedeutet nicht, dass sie auf einer niedrigeren Bewusstseinsstufe existieren – nur, dass sie sich erst von ihrer Angst vor einem Kontrollverlust befreien müssen.

Viele Psychologen und Therapeuten arbeiten mittlerweile mit außerkörperlichen Erfahrungen, weil alte Verhaltensmuster und Phobien in einem losgelösten Zustand sehr viel schneller und gezielter behandelt werden können, die Behandlungsdauer um Monate, wenn nicht gar Jahre verringert wird und der Therapeut dabei viel weniger mitwirkt, weil er das höhere Selbst des Patienten eingreifen lässt.

Schlafen wie ein Toter

Kennen Sie die Redewendung »schlafen wie ein Toter«? Damit ist ein Tiefschlaf gemeint, aus dem man nur sehr schwer erwacht und sich danach eher wie zerschlagen fühlt. Der Körper liegt tatsächlich wie ein »Toter« im Bett, weil der Astralleib und mit ihm das Bewusstsein auf Reisen gegangen sind. Solange das Bewusstsein nicht in den Körper zurückkehrt, können Sie jemanden in diesem Zustand nicht erreichen.

Es sei mir gestattet, eine Theorie loszuwerden: Meiner Meinung nach können Menschen ins Koma fallen, um absichtlich ihren Körper eine Zeit lang zu verlassen und an bestimmten karmischen Strukturen noch in diesem Leben zu arbeiten. So gesehen ist das Dilemma der Sterbehilfe bei Koma-Patienten noch größer für alle Beteiligten, als es das ohnehin schon ist.

Traumreisen

Sagen Sie sich vor dem Einschlafen, dass Sie sich an Ihre Astralreisen im Traum erinnern werden. Es kann zwei, drei Wochen dauern, bis Sie sich an Einzelheiten erinnern, aber irgendwann wird Ihr System den bewusst erteilten Befehlen gehorchen.

Falls es länger dauert, schreiben Sie tagsüber ein paar Affirmationen, die Ihre nächtliche Programmierung verstärken. Außerdem hilft es, wenn Sie beim Einschlafen meditieren. Halten Sie Notizblock und Stift neben dem Bett bereit, um Ihre Ausflüge zu dokumentieren.

Je mehr Sie im Gedächtnis behalten, desto leichter wird es, das Traumgeschehen zu beeinflussen. Irgendwann können Sie sich vornehmen, wohin Sie auf Ihren Astralreisen gehen, wem Sie begegnen und was Sie erreichen wollen.

Außerkörperliche Erfahrungen bei der Meditation

Im Zustand der Selbstversenkung haben Sie mehr Kontrolle über eine Astralprojektion als im Schlaf. Die Körperhaltung spielt nur insofern eine Rolle, als Sie sich tief genug entspannen können müssen, um »abzuheben«, aber wiederum nicht so tief, dass Sie einschlafen. Im Liegen fällt es den meisten Menschen leichter, ihren Körper zu verlassen, weil diese Position auch im Schlaf eingenommen wird. Andererseits bleibt man im Sitzen leichter wach. Wenn Sie Schwierigkeiten mit dem einen oder anderen haben, können Sie Musik auflegen oder Kassetten mit entsprechenden Suggestionen laufen lassen.

Jeder kann sich bewusst auf die Astralreise machen – diese Fähigkeit ist allen von uns gegeben, genauso wie die Zauberkraft. Das einzige Hindernis ist die Angst vor dem Unbekannten und die fälschliche Annahme, dass wir die Kontrolle über uns dabei verlieren könnten.

Übung

Begeben Sie sich an einen Ort, an dem Sie auf keinen Fall gestört werden – das ist Grundvoraussetzung. Atmen Sie mehrmals tief durch und entspannen Sie sich. Öffnen Sie alle sieben Chakren und dann auch die Energiezentren in den Händen und Füßen. Umgeben Sie Ihren Körper mit einer blauen Schutzaura. Sehen Sie ein goldenes Licht in Ihrem Körper pulsieren. Dies ist Ihr Lichtkörper. Lassen Sie ihn aufsteigen ... er ähnelt Ihrem physischen Körper bis aufs Haar. Vereinigen Sie Ihr Bewusstsein mit dem Lichtkörper in dem Wissen, dass Ihr physischer Körper in Sicherheit ist und ordnungsgemäß weiterfunktioniert, bis Sie zurückkehren. Weil Sie es denken, wird es so sein!

Nun haben Sie zwei Möglichkeiten: Sie können im Raum schweben und sich erst einmal mit Ihrem Astralkörper vertraut machen oder sofort auf Reisen gehen. Manche ziehen es vor, keinen Blick auf ihren physischen Körper zu werfen, weil sie Angst davor haben, ihn wie tot daliegen zu sehen. Allein das Gefühl des Abhebens kann Sie so ruckartig in den Körper zurückreißen, dass Sie keuchend und mit klopfendem Herzen »zu sich« kommen.

Damit kommen wir zu einem sehr wichtigen Punkt: Menschen mit Herzbeschwerden sollten keine Versuche mit bewusster

Astralprojektion unternehmen, weil sich Atmung und Herzschlag dabei völlig verändern können. Im Übrigen sollte sich auch niemand dazu zwingen, wenn ihn große Ängste davor warnen.

Astralreisen, die unternommen werden, um tiefere Zusammenhänge zu erkennen, nennen die indianischen Schamanen Vision Quest, Visionssuche.

Wozu dienen Astralreisen?

Das hängt von Ihrer Bewusstseinsstufe ab. Manche gehen aus Unterhaltungsgründen auf Astralreisen, aus Neugier oder Bequemlichkeit, weil physische Reisen zu aufwändig sind. Andere wollen tiefere Einblicke gewinnen, ihr Wissen vermehren. Es gibt Leute, die sich gegenseitig im Astralkörper besuchen oder Verabredungen im Astralreich treffen und dann gemeinsame Experimente machen.

Wenn der physische Körper gestört oder geweckt wird, werden Sie in ihn zurückgerissen und sehen die Umgebung dabei manchmal in Schwindel erregendem Tempo an Ihnen vorüberfliegen. Kein Grund zur Sorge, es ist eine phantastische Erfahrung. Ansonsten können Sie bei der Rückkehr erst noch ein Weilchen über dem Körper schweben oder sofort in ihn eintreten.

Außerdem sei darauf hingewiesen, dass man eine Stimme auch auf der Astralebene hat – vielmehr handelt es sich um eine starke, durchdringende Vibration, die Sie ausstoßen können, um sich zu schützen, wenn Sie sich bedroht fühlen. Auf der körperlichen Ebene hört es sich wie ein albernes Knurren an, aber auf der astralen Ebene kann die Schwingung ein unerwünschtes Wesen in Stücke reißen.

Übung macht den Meister

Suchen Sie sich einen öffentlichen Platz in Ihrer näheren Umgebung, den Sie im Astralkörper aufsuchen wollen, und machen sich auf die Reise. Nach Ihrer Rückkehr schreiben Sie alles auf, woran Sie sich erinnern – die Anordnung der Pflanzen im Blumenbeet, die Risse im Asphalt, das zerbrochene Fenster links oben im Haus ... Vielleicht ist Ihnen ein neues Geschäft in der Straße aufgefallen, ein ungewöhnliches Aushängeschild und so weiter.

Begeben Sie sich am nächsten Tag zur selben Tages- oder Nachtzeit an den reellen Ort und vergleichen Sie Ihre Notizen mit den tatsächlichen Gegebenheiten. Lassen Sie sich nicht beirren, wenn manches nicht übereinstimmt. Machen Sie weiter, bis Sie sich trauen, die nächste Übung in Angriff zu nehmen.

Treffen Sie mit einem vertrauenswürdigen Partner die Verabredung, dass Sie ihn innerhalb eines bestimmten Zeitraums in Ihrem Astralkörper besuchen werden. Während Sie Ihren Körper verlassen, achtet der andere bewusst auf alles, was er tut, was sich in seiner Wohnung abspielt und ob er Ihre Gegenwart spürt oder nicht. Später vergleichen Sie beide Ihre Notizen und tauschen die Rollen, sodass beide zum Zuge kommen und ihre Fähigkeiten gemeinsam fortentwickeln.

Bilokation

Die Fähigkeit, an zwei (oder mehr) Orten zur selben Zeit zu sein, wird Bilokation genannt. Bei der hier beschriebenen Variante verlassen Sie Ihren Körper nicht vollständig, sondern behalten die ganze Zeit über ein vages Bewusstsein von Ihrer physischen Umgebung: Sie hören also beispielsweise das Summen des Kühlschranks in der Küche, den Fernseher nebenan und so weiter, während Ihr Doppelgänger auf Reisen geht und Eindrücke empfängt, die Ihnen zugeführt werden.

Die folgende Übung machen Sie am besten im Sitzen. Gehen Sie in die Meditation, wie Sie es gewohnt sind, stellen Sie sich diesmal aber keinen Lichtkörper vor, sondern formen Sie einen Doppelgänger, der Ihnen gleicht, mit dem Sie sich jedoch nicht vollkommen identifizieren.

Lassen Sie den Doppelgänger, der mit einem Teil Ihres Bewusstseins ausgestattet ist, zur Tür gehen, aus dem Haus hinaus, in die Welt hinein ... und Rückmeldung erstatten. Nachdem Sie die gewünschten Eindrücke empfangen haben, ziehen Sie den Doppelgänger zurück und lassen seinen Körper mit Ihrem verschmelzen. Den Doppelgänger können Sie auch als »Beobachter« einsetzen.

Der Beobachter

Der Beobachter ist eine »Kopie« von Ihnen, die Sie losschicken, um Informationen einzuholen, während Sie anderweitig beschäftigt sind.

Setzen Sie sich hin, formen Sie einen Doppelgänger und sehen Sie ihn vor sich stehen. Geben Sie ihm den Auftrag, bestimmte Informationen zu sammeln und zu einem bestimmten Zeitpunkt zu Ihnen zurückzukehren, gleichsam wie zu einem »Mutterschiff«.

Gehen Sie nun Ihren Geschäften bis zu der verabredeten Zeit nach. Dann setzen Sie sich wieder hin, begrüßen den Beobachter und fragen die gewünschten Daten ab. Wenn Sie die Mitteilungen nicht verstehen, lassen Sie ihn mit sich verschmelzen und nehmen Sie so seine Informationen unterbewusst in sich auf – denn Sie wissen ja, dass das Unterbewusstsein vielschichtige Eindrücke schneller und effizienter sondiert als der bewusste Verstand. Nachdem die Daten unterschwellig assimiliert worden sind, wird Ihnen alles Wissenswerte spontan eingegeben, oft in Form von Erinnerungen. Der Beobachter-Doppelgänger ist keine neuzeitliche »Erfindung«: Seit Urzeiten schon haben okkult Praktizierende mit dieser Technik gearbeitet.

Vergessen Sie nicht, dass der Beobachter ein Teil von Ihnen ist, von dem Sie nichts zu befürchten haben. Sie lassen kein Astralwesen für Sie arbeiten, das einen freien Willen hat und Ihnen schaden könnte. Hier arbeiten Sie lediglich mit sich selbst.

Fern-Sehen

Man kann sich auch direkt an einen anderen Ort versetzen und sehen, was dort geschieht, ohne einen Doppelgänger zu formen oder im Energiekörper auf Astralreisen zu gehen. Es ist wie Fernsehen ohne Gerät. Sie setzen sich einfach hin, versenken sich in Meditation und nehmen den Ort, an dem Sie sein wollen, oder eine »Zielperson« ins Visier. Ein solches Fern-Sehen erspart Ihnen jegliches Kommen und Gehen. Das Bewusstsein braucht kein Transportmittel, um sich in etwas hineinzuversetzen. Dabei kann man auch mit einem anderen Menschen verschmelzen, doch ich rate aus verschiedenen – unter anderem ethischen – Gründen davon ab.

»Körperdoubles«

Fortgeschrittene Praktizierende haben die Fähigkeit, ihren Astralkörper dreidimensional sichtbar zu machen und nachweislich an verschiedenen Plätzen gleichzeitig zu erscheinen. Das erfordert ein Höchstmaß an Beherrschung und Konzentration, obwohl es am ehesten klappt, wenn man sich nicht bewusst darum bemüht.

Der Trick besteht darin, die feinstoffliche Form mit purer Geisteskraft so weit zu verdichten, dass sie grobstofflich in Erscheinung tritt. Gelegentlich nimmt der Doppelgänger oder Beobachter sichtbare Formen an. Bis auf seltene Ausnahmefälle geschieht das aber nur, wenn man lange und intensiv mit beiden Techniken gearbeitet hat.

Warum werden Kraft- oder Totemtiere in einem Kapitel über Astralreisen thematisiert? Weil Sie im Astralkörper mit Ihrem Totemtier verschmelzen und zu dem Tier werden können, ohne Ihr eigenes Bewusstsein dabei zu verlieren. Das nennt man Verwandlung. Viele Hexenzirkel haben ein geheimes Totemtier, ansonsten wird in der Zunft aber nicht so mit Krafttieren gearbeitet, wie man es etwa von den Indianern und anderen schamanistischen Traditionen her kennt: Hexen haben ihren eigenen »Umgang«: Die Katze auf dem Buckel ist sattsam bekannt, aber auch Hunde, Schlangen, Frettchen und andere kleinere Tiere stellen die Verbindung zu den Mächten des Tierreichs her.

Bei Krafttieren handelt es sich nicht unbedingt um Haustiere, die so genannten »Vertrauten«. Diese haben Kräfte, die das spirituelle Selbst ihres Eigentümers ergänzen und vervollständigen. Krafttiere sind dagegen oft Astralwesen, die Sie nicht im Haus halten können und deren Essenz von keinem Haustier wirkungsvoll verkörpert wird. Mit anderen Worten: Was ein Wolf oder Panther an psychischer Heilkraft vermittelt, besonders auf der Astralebene, kann kein Kaninchen oder Pudel ersetzen.

Viele Hexen suchen sich ein Krafttier aus, das ihre Lebensaufgabe repräsentiert oder die Energie (Medizin) ausstrahlt, die bei gewissen magischen Praktiken benötigt wird. Manche haben zwei, drei Lieblingstiere, arbeiten jedoch mit vielen verschiedenen Gattungen.

Ihre Krafttiere kommen zu Ihnen entweder durch eine Affinität zu dem Tier selbst oder durch Astralreisen und Meditation. Außerdem gibt es Medizinkarten, die Ihnen Hinweise auf Ihr Krafttier geben und als Orakel dienen können. Jedes Tier erfüllt eine spezielle Funktion und hat eine Uressenz. Deutungen können Sie Büchern entnehmen, aber eine direkte Einsicht in ihre

Wesensnatur gewinnen Sie nur, wenn Sie sich selbst in die Tiere hineinversetzen.

Begegnung mit Ihrem Krafttier

Es gibt zwei Arten, ein Krafttier auf der Astralebene zu kontaktieren. Sie können ein selbst verfasstes Ritual vollziehen, das die Essenz des Tieres beschwört, oder Sie gehen in Meditation und stellen sich vor, dass Sie durch eine astrale Landschaft wandern, in der Sie dem Tier Ihrer Wahl begegnen.

Ein Ritual kann eine Kette von synchronistischen Fügungen auslösen. Plötzlich taucht das Tier überall auf, im Fernsehen, auf einem Buchumschlag und so weiter. Sie spüren instinktiv, ob ihr beide füreinander bestimmt seid. Wenn Sie dem Tier im meditativen Zustand begegnen, stellen Sie ihm Fragen und bewegen die Antworten in Ihrem Herzen. Auf der Astralebene ist alles möglich. Gehen Sie in Meditation, um die Beziehung zu festigen und den Kontakt mit der Essenz des Krafttiers zu vertiefen.

Was leistet ein Krafttier?

Krafttiere fungieren als Berater. Oft repräsentieren sie unser eigenes höheres Selbst, dem wir nicht genug Beachtung geschenkt haben, und übernehmen die Funktion des weisen Helfers; zwei Tiere können auch zusammenarbeiten, wenn sie denn willens sind. Ich jedenfalls habe schon ungemein aufschlussreiche Gespräche mit meinem »Powergespann« geführt.

Krafttiere können Ihnen auch im Alltagsleben aus der Klemme helfen. Vielleicht versuchen Sie verzweifelt, jemandem etwas beizubringen, was der Betreffende nicht versteht oder einsehen will. Bitten Sie dann die Wölfin um ihren Beistand; sie ist eine hervorragende Lehrkraft.

Bitten Sie wiederum Bruder Fuchs um Rat, wenn Sie auf eine List sinnen. Falls Weisheit vonnöten ist, fragen Sie den Adler. Der Luchs beherrscht die Kunst der Geheimhaltung, und der Schwan geleitet Sie ins Astralreich. Der Panther ist ein guter Beschützer, trotz seiner ungerührten Gelassenheit. Reptilien und Insekten können ebenso hilfreich sein wie Säugetiere, besonders für noch unvoreingenommene Kinder. Meine jüngste Tochter hatte unvergessliche Erlebnisse mit einer Libelle, und zwar dem größten Exemplar, das mir je unter die Augen gekommen ist! Schwester Libelle weiß, wie man Illusionen durchschaut und Macht durch Träume und Wunschziele gewinnt. Sie lehrt das Streben nach höheren Dingen.

Das Krafttier ehren

Verehrung ist keine Vergötterung, sondern eine Würdigung der Tatsache, dass man es bei Krafttieren mit Brüdern und Schwestern zu tun hat, die uns ihre Kräfte bereitwillig zur Verfügung stellen. In unserer Überheblichkeit haben wir diese uns von Natur aus ebenbürtigen Kinder des Universums jahrtausendelang misshandelt und geringgeschätzt. Die Indianer streuen deshalb als Dankesgeschenk Tabak auf den Boden, wenn sie ihr Krafttier beschwören. Sie selbst können auch ein Räucherstäbchen zu Ehren Ihres Krafttiers verbrennen. Bei allen größeren Ritualen denke ich an mein Krafttier und gebe ihm etwas zurück. Ein Kristall oder Edelstein auf dem Altar kann ein solcher Liebesbeweis sein.

Verwandlung

Grob gesprochen gibt es zwei Arten von Verwandlung oder Gestaltwechsel: Bei der ersten verwandeln Sie Ihren Energiekörper im Astralreich in ein Tier Ihrer Wahl; bei der zweiten verwandeln Sie Ihren physischen Körper auf der materiellen Ebene in eine Tierform. Vielleicht ist letztere Methode der Ursprung der Legenden vom Werwolf. Sehr weit fortgeschrittene Schamanen sind offenbar in der Lage, die physische Gestalt von Wölfen, Krähen und anderen Tieren anzunehmen und sich in dieser Gestalt sichtbar fortzubewegen.

Dazwischen liegt ein Bereich, den man nicht übersehen darf. Im Verlauf gewisser Rituale und Tänze können Tiergeister die Teilnehmer in Besitz nehmen. Dabei findet keine vollständige, äußerliche Verwandlung statt, obwohl die Betroffenen die körperlichen Merkmale und Bewegungen der Tiere zur Schau stellen und auch ihre typischen Laute ausstoßen, also wie Vögel schreien, Raubkatzen fauchen und so weiter. Solange solche »Krafttänze« in einem magischen Schutzkreis stattfinden, besteht keine Gefahr einer vollkommenen »Übernahme« des Menschen durch das Tier. Innerlich verschmilzt der Tänzer jedoch mit dem Tier, worauf der Geruchssinn, die Sehkraft und das Gehör sich schärfen und die Gliedmaßen stärker und biegsamer werden. Oft stellt sich ein animalisches Machtgefühl ein, das der Wesensnatur des jeweiligen Tieres entspricht. Es ist ein atemberaubender und erleuchtender Vorstoß in das Zwischenreich.

Die Verwandlung in ein Tier im Astralreich ist ebenfalls nicht sonderlich gefahrvoll. Ich bin erst einmal in Schwierigkeiten geraten, und zwar in Gestalt eines Panthers, den ich erst unter Kontrolle bringen musste, damit er nicht meiner (oder seiner) ungezähmten Kraft die Zügel schießen ließ.

Schreiben Sie auf, was sich bei Ihren astralen Experimenten ereignet, einschließlich Datum, Uhrzeit, Mondphase, Wetterverhältnissen und Ihrem Zustand beim Antritt der Reise, damit Sie Ihre Fortschritte genau verfolgen können.

Reale Krafttiere

Wenn Sie einen Verbündeten aus dem Tierreich als Haustier halten dürfen, können Sie sich glücklich preisen. Suchen Sie sich Ihren »Vertrauten« mit größter Sorgfalt aus. Oder warten Sie – denn manchmal suchen sich diese Tiere auch ihren Herrn aus!

So ging es jedenfalls uns, als wir uns »unseren« Vertrauten anschaffen wollten. Zunächst einmal wurde mein Lieblingstier von der Liste gestrichen, leider – mein Mann ist allergisch gegen Katzen. Also vollzog ich ein Ritual und stellte mir eine Art Hirtenhund vor, weil diese Rasse so kinderlieb ist. Zwei Wochen lang visualisierte ich, dass der Hund vortrefflich in unseren magischen Haushalt passen würde; ich dachte dabei immer an einen Rüden, weil sich Weibchen erfahrungsgemäß nicht recht für mich erwärmen können.

Eines Tages erwähnte ein Kollege bei der Zeitung, die meine Artikel druckt, eine Annonce, in der ein junger Sheltie zum Verkauf angeboten wurde. »Was ist ein Sheltie?«, fragte ich. Ein kleiner Kläffer kam nicht in Frage, ebenso wenig ein Riesenkalb. »Eine Art Collie«, sagte mein Kollege. »Nur ein bisschen kleiner.«

Gegen Mittag rief ich den Hundebesitzer an und erklärte ihm, dass ich nach einem guten Spielgefährten für meine Kinder suchte. »Die Welpen sind alle für 200 Dollar pro Stück verkauft worden – bis auf einen«, sagte der Mann. Ich war enttäuscht: So viel Geld konnte ich selbst für den Hund meiner Träume nicht ausgeben. »Der Kleine ist vier Monate alt, gut erzogen und hat alle Impfpapiere«, fuhr der Besitzer fort. »Aber meine Frau will ihn aus dem Haus haben.«

Ich murmelte eine Entschuldigung und dass ich hoffte, er würde bald einen guten Käufer finden. »Oh! Sind Sie nicht interessiert?« – »Doch«, gab ich zu. »Aber 200 Dollar sind etwas zu viel für mich – womit ich nicht sagen will, dass der Hund nicht so viel wert wäre.«

Schweigen ... dann sagte er: »Kommen Sie heute Nachmittag zu mir.« Er erklärte mir, wie ich fahren müsse, während ich völlig verblüfft zuhörte. Ich hatte ihm doch gerade gesagt, dass ich mir den Hund nicht leisten konnte! Als ich dies wiederholte, unterbrach er mich: »Sie haben doch Kinder, oder?«

»So ist es ...«
»Und Sie möchten einen Hund, nicht wahr?«
»Ja.«
»Also holen Sie den Hund ab. Sie bekommen ihn umsonst.«
Überflüssig zu sagen, dass sich diese Hundeseele uns ausgesucht hatte und nicht umgekehrt.

Zusammenfassung

Die in diesem Kapitel beschriebenen Fähigkeiten erweitern Ihre Mobilität auf der physischen und astralen Ebene, lassen sich aber nur durch langes, unermüdliches Üben entwickeln. Voraussetzung dafür sind solide ethische Grundlagen. Hexen stecken ihre Nase nicht in Angelegenheiten, die sie nichts angehen.

Wenn Sie mit einem Partner experimentieren, müssen Sie ihn auf Ihre astralen Stippvisiten vorbereiten – sonst könnten Sie entsetzliche Kopfschmerzen bekommen, weil Sie mit Ihrem Astralkörper geradewegs gegen den psychischen Schutzwall, mit dem sich der Mensch im Normalzustand umgibt, rennen werden (obwohl Ihr Partner Sie nicht absichtlich fernhalten will).

Lassen Sie sich keine Angst vor astralen Phänomenen einjagen, aber seien Sie auch nicht so überheblich zu glauben, Ihnen könne absolut nichts passieren. Machen Sie sich klar, dass Ihr Geist keine Grenzen auf den Astralebenen hat und alle Impulse viel schneller manifestiert als auf der physischen Ebene. Gute Reise!

Das Sommerland: Tod und Wiedergeburt

Ein Platz im Jenseits

Alle Religionen haben ihre eigene Vorstellung davon entwickelt, wohin die Seelen nach dem Tod der fleischlichen Hülle wandern. In der Hexenzunft wird das Jenseits als »Sommerland« bezeichnet. Da wir an keine Hölle glauben, in der die Seelen der Verdammten ewige Pein erfahren, ist die Existenz einer jenseitigen Dimension die einzige Übereinstimmung mit den meisten anderen Religionen (abgesehen von unserem Glauben an die Wiedergeburt).

Die Mysterien von Geburt und Tod werfen Kernfragen auf: Wohin gehe ich nach dem Tod? Wann betritt eine Seele den menschlichen Körper? Warum bin ich überhaupt hier, auf diesem Planeten, zu ausgerechnet dieser Zeit? Die Antworten, die wir uns auf diese Fragen geben, rühren gewöhnlich von unserer Erziehung und unserer sozialen Umgebung her und entstehen bereits in früher Kindheit. Doch irgendwann beginnen wir unweigerlich in Frage zu stellen, was wir nicht selbst durch Erfahrung am eigenen Leibe bestätigen und akzeptieren können.

Auf Ihrer Suche nach der »Wahrheit« stellen Sie fest, dass die meisten Religionen an die zyklische Reinkarnation glauben, manche auch an Transmigration – dass also menschliche Seelen auch als Pflanzen oder Tiere wiedergeboren werden können. Die meisten Hexentraditionen halten die Reinkarnation für den einzig logischen Schluss, der aus den mit Vitalkräften beseelten Zyklen der Natur, angefangen bei den immer wiederkehrenden Jahreszeiten bis zur Erschaffung und Vernichtung von Galaxien, gezogen werden kann.

Was in Frage gestellt wird, ist demnach nicht die Realität der Reinkarnation an sich, sondern die Art und Weise, wie dieser Prozess im Einzelnen stattfindet – was zwischen den Lebenszeiten geschieht, wie oft sich individuelle Seelen inkarnieren und aus welchen Gründen und so weiter. Eine grundlegende Vorstellung ist, dass die Seelen selbst wählen, wann und wo sie sich inkarnieren, damit sie an ganz bestimmten Aspekten ihrer Entwicklung arbeiten können. So gesehen erfüllt alles, was in diesem Leben geschieht, einen höheren Zweck – auch all die Menschen, denen wir auf unserem Weg begegnen, bringen uns weiter. Denn was uns mit unserer *wahren* Familie verbindet, sind keine Blutsbande, sondern vielmehr gegenseitiger Respekt und freudige Anteilnahme am Leben des anderen.

Diese Theorie wäre eine Erklärung für die unwiderstehliche Anziehungskraft, die wildfremde Menschen gelegentlich auf uns ausüben. Viele Hexen glauben, dass sich Gruppen von Seelen zur selben Zeit in verschiedenen Erdteilen inkarnieren, um gemeinsam an einem übergeordneten Gesamtwerk zu arbeiten. Dann werden Sie von Hexen, denen Sie (soweit Sie wissen) noch nie begegnet sind, als »Bruder« oder »Schwester« bezeichnet und dementsprechend in Empfang genommen.

Viele Anhänger der Esoterik haben ähnliche Vorstellungen von Seelengruppen und Reinkarnationszyklen. Was zwischen den einzelnen Inkarnationen geschieht, ist jedoch weiterhin ein Rätsel: Schweben wir geisterhaft um Kind und Kegel herum? Werden wir zum Schutzengel eines Angehörigen »befördert« oder eher zu unbekannten Hilfsbedürftigen geschickt? Was sind Engel überhaupt? Sind sie Menschen auf höheren Entwicklungsstufen oder eine völlig andere Spezies? Gehen wir in eine paradiesische Dimension ein, wo göttergleiche Wesen existieren, oder landen wir womöglich auf einem anderen Planeten? Kann es sein, dass wir es uns einfach nur mit den lang vermissten Lieben, die vor uns gestorben sind, im Sommerland gemütlich machen und sie mit einer Berichterstattung über all unsere Lernerfolge und ignoranten Versäumnisse erheitern?

Meiner Ansicht nach liegt all das und mehr im Bereich des Möglichen. Man hat ein Mitbestimmungsrecht, solange man keinen groben Unfug mit seinen Geisteskräften auf Erden getrieben hat. Ich glaube zwar nicht an die Hölle, hoffe aber, dass es für wirklich schlimme Fälle so etwas Ähnliches gibt, um sie während der »Umerziehung« in Schach zu halten. Ansonsten gehe ich davon aus, dass die so genannten Höllenwelten eher hier auf Erden geschaffen werden, und zwar von und für uns selbst und unsere Mitmenschen.

Für mich ist es keine Frage, dass die meisten Menschen ins Sommerland eingehen – einer Art Durchgangsstation, wo die Seelen sich erholen und alles, was sie im letzten Leben gelernt haben, in Ruhe verarbeiten können. Im Sommerland wird auch entschieden, was man als Nächstes tun wird, zum Beispiel ob man als Helfer zurückkehrt, um etwas in Ordnung zu bringen, oder in weiterführende Astralwelten eingeht.

Es gibt keine Opfer, nur Täter – jedenfalls in dieser Hinsicht. Ich glaube, dass Sie sich Ihre Eltern vor der Geburt aussuchen können, ebenso wie die Gesellschaftsschicht, in der Sie sich inkarnieren, Ihren Arbeitsbereich, wem Sie helfen werden und was Sie erreichen wollen (daher das nagende Gefühl, unter Zeitdruck zu stehen, weil Sie eine Aufgabe erfüllen müssen, die Ihrem Bewusstsein entschwunden ist), und dass Sie im Voraus entscheiden, wann und wie Sie sterben werden. Zudem suchen Sie sich Ihre genetischen Strukturen und Ihre physische Verfassung aus – weshalb manche von uns Weltraumforscher werden und andere Künstler oder Sportler. Das heißt nicht, dass alle Einzelheiten unumstößlich festgelegt sind; vielmehr liegt es an Ihnen, ob Sie Ihrem Lebensplan nach der Geburt getreulich folgen wollen oder aber davon abweichen. So gesehen steuern Sie Ihren Lebenslauf selbst. Niemand wird benachteiligt, und alle Menschen haben das gleiche Recht, sich mit den Vor- oder Nachteilen des Menschseins auseinanderzusetzen.

Vor kurzem las ich einen Artikel, in dem behauptet wurde, dass heute mehr Menschen auf dem Erdball leben als in allen anderen Zeiten zusammengenommen. Wenn das so ist, erhebt sich die Frage, woher all die »neuen« Leute kommen und ob die Reinkarnationstheorie damit ad absurdum geführt wird. Meines Erachtens haben viele Seelen aus anderen Welten beschlossen, den blauen Planeten zu bevölkern. Die ständige Diskussion um außerirdische Phänomene würde mir Recht geben. Heutzutage hat doch jeder Zweite schon ein UFO gesehen. Ist es wirklich so unwahrscheinlich, dass zahllose Seelen von anderen Planeten und aus Dimensionen hierhergesandt wurden – vielleicht, um die Erde vor der totalen Vernichtung zu bewahren und die spirituelle und wissenschaftliche Entwicklung der Menschheit voranzutreiben?

Außerdem glaube ich, dass eine Kerngruppe von »alten Seelen« unter uns weilt – Menschen, die schon oft wiedergeboren wurden und sich eigentlich nicht noch einmal inkarnieren müssten, sondern aus freien Stücken zur Erde zurückkehren, um anderen zu helfen, die nächsthöhere Entwicklungsstufe zu erreichen und den Kreis zu schließen.

Der ewige Kreislauf von Geburt, Tod und Wiedergeburt wird bei vielen magischen Zeremonien gefeiert – etwa bei unseren Sabbaten, die jeweils einen bestimmten Wachstumszyklus würdigen, den auch der Mensch unzählige Male durchläuft, sowohl geistig als auch physisch.

Bei genauerer Betrachtung haben die meisten von uns keine Angst vor dem Tod, sondern »nur« vor dem Sterben. Niemand will Schmerzen leiden, und so macht sich jeder seine eigenen Vorstellungen von einem wünschenswerten Tod und auch von dessen Gegenteil. Wie unterschiedlich diese Visionen sein können, ist bemerkenswert. Ich mag Todesangst davor haben, von einem Löwen gefressen zu werden, während Ihnen ein Element wie Wasser oder Feuer den größten Schrecken einjagt. Woran liegt das? Es gibt drei Theorien. Erstens: frühe Kindheitstraumata. Zweitens: Wir sind auf diese Weise schon in einem früheren Leben gestorben. So werde ich nie vergessen, wie mein jüngster Sohn im Alter von drei Jahren beschrieb, dass er sterben musste, als sein Flugzeug ins »große Wasser« fiel: »Niemand ist gekommen und hat mich rausgeholt ...« Drittens: Wir wissen, dass wir in diesem Leben auf diese Weise sterben werden, und wollen dem entsprechenden Szenario deshalb entfliehen.

Die damit verbundenen Emotionen sind real und haben durchaus Konsequenzen. Es gibt Menschen, die sich nicht in die Nähe größerer Gewässer wagen und kein Schiff, geschweige denn ein Kanu, besteigen. Andere fürchten sich vor großen Höhen, vor dem Fliegen, vor engen Räumen, vor Menschenmassen, vor bestimmten chronischen oder tödlichen Krankheiten und so weiter. Eine solche Angst kann zu einer Phobie ausarten, bei der alles rationale Denken zum Stillstand kommt und das Gemüt von nackter Panik überwältigt wird.

Mit Selbsthypnose, Regressionen in frühere Lebenszeiten und Meditation kann man Phobien auf den Grund gehen und sie vom eigenen Bewusstsein heilen lassen. In schwereren Fällen braucht man allerdings professionelle Hilfe; viele unserer modernen Seelentherapeuten verzeichnen beim Aufarbeiten von Problemen im gegenwärtigen Leben des Klienten die besten Erfolge mit Rückführungen in frühere Leben.

Warum kann man sich bestenfalls an vage Bruchstücke aus früheren Leben erinnern, wenn Reinkarnation wirklich eine Tatsache sein sollte? Eine Erklärung wäre, dass ein Schutzmechanismus dafür sorgt, dass Schuldgefühle und unerträgliche Leidenserfahrungen aus den bewussten Gedächtnisarchiven »gelöscht« werden, damit man seine Aufgaben in diesem Leben besser bewältigen kann.

Gibt es Dinge, die Sie einfach nicht mit ansehen können – wie die Misshandlung von Kindern oder die Verhöhnung eines Krüppels –, und sei es auch nur im Kino? Eine Erklärung dafür wäre, dass verschüttete Schuldgefühle in Ihnen erwachen, sobald Sie mit Verhaltensweisen konfrontiert werden, die Sie selbst in früheren Leben an den Tag gelegt haben, heute aber vehement verabscheuen, weil Sie sich davon entfernen wollen.

Mir zum Beispiel war das »Kindsein« eine Last. Bevor ich jemals von früheren Lebenszeiten gehört hatte, grübelte ich darüber nach, warum ich mich nicht damit abfinden konnte, »schon wieder« ein Kind zu sein. Dabei hatte ich keine schreckliche Kindheit; im Gegenteil. Meine Eltern waren zwar nicht reich, aber keineswegs mittellos. Sie nahmen keine Drogen oder tranken, verprügelten mich nicht, und wenn es Streit gab, dann nie in meiner Anwesenheit.

Trotzdem empfand ich eine ohnmächtige Wut, dass mir die Wahrheit vorenthalten wurde. Was uns in der Sonntagsschule erzählt wurde, war verkehrt, das ganze Weltbild stimmte nicht, so viel war mir klar. Aber ich konnte meine Gefühle in diesem Alter nicht in Worte fassen, um sie mit meinen Eltern zu diskutieren. Als Kind ist man ohnmächtig. Man zappelt im Netz elterlicher, schulischer und gesellschaftlicher Erziehung. Deshalb darf man nie vergessen, was es bedeutet, ein Kind zu sein. Als Erwachsener sollten Sie es sich zur Pflicht machen, sich in die Gefühlswelt von Kindern hineinzuversetzen und sich daran zu erinnern, wie es Ihnen ergangen ist, als Sie noch klein waren.

Die Erinnerung an frühere Leben kann durch Rückführungen wachgerufen werden, entweder mit Hilfe von Seiten einer anderen Person oder von eigens dafür konzipierten Tonkassetten. Grundsätzlich entspannt man sich und begibt sich zurück in die Vergangenheit – bis man ein Ereignis erreicht, an dem man einhält, weil es starke Gefühlsaufwallungen auslöst. Einschneidende und nicht vollständig verarbeitete Ereignisse in früheren Leben hinterlassen Eindrücke im Gedächtnis, der Rest wird nur verschwommen wahrgenommen, wenn überhaupt. Das Bewusstsein sortiert aus, was Sie zur Zeit brauchen, und lässt den Rest in der Versenkung verschwinden. Oft ist es eine Krise in diesem Leben, die das Tor zu viel älteren Erfahrungen zu demselben Thema öffnet. In meinem Fall war der Tod meiner Mutter der Auslöser für die bewusste Suche nach Antworten für bisher unerklärliche Zusammenhänge.

Es gibt auch Tarotkarten, mit deren Hilfe lang verschüttete Erinnerungen wachgerufen werden können, aber ich rate Ihnen, es zunächst einmal mit einer Visualisierung zu versuchen. Zum Beispiel mit dieser:

Nachdem Sie Ihre Chakren geöffnet und sich auf die gewohnte Art geschützt haben, visualisieren Sie einen Tempel, zu dem nur Sie Zugang haben. Vielleicht können Sie ihn nur durch einen unterirdischen Geheimgang erreichen oder er befindet sich unter dem Meeresspiegel und kann nur durch eine goldene Flügeltür betreten werden, die Sie mit einem Zauberwort öffnen. Dahinter liegt eine andere Welt, in der sich Ihnen das Wissen um frühere Leben erschließt. Vielleicht begegnen Sie einem Wesen, das Ihnen mitteilt, was Sie wissen wollen, oder Sie finden ein altes Buch, das die gewünschten Informationen enthält.

Eine andere Methode ist, einen Fluorit in die Hand zu nehmen. Dann öffnen Sie Ihre Chakren und lassen sich vom höheren Selbst leiten. Wenn Sie Kontakt zu Ihrem höheren Selbst aufgenommen haben, fragen Sie: »Auf welchem Erlebnis beruht mein momentanes Problem in Wirklichkeit? Bitte zeig mir den ursprünglichen Auslöser für mein Verhalten.« Wenn man weiß, aus welchen Gründen man Schwierigkeiten hat, kann das Problem in einen logischen Zusammenhang gestellt und zum Teil sehr rasch gelöst werden. Manchmal offenbart sich ein Zusammenhang auch in schlagartigen Geistesblitzen. Szenen aus früheren Existenzen werden in Sekundenschnelle noch einmal durchlebt und fügen sich in einen Erkenntnisprozess ein.

Wie gesagt, man braucht sich nicht an eine ganze vergangene Lebenszeit zu erinnern, sondern nur an das, was unmittelbaren Einfluss auf die momentane Lebenslage hat – obwohl es natürlich interessant wäre, Namen und Daten zu erfahren, damit sie auf ihre Richtigkeit überprüft werden können.

Ohne einen Auslöser – etwa eine problematische Situation mit jemandem, der mir nahe steht –, fällt mir nichts aus früheren Leben ein. Wenn ich mehr über die Zusammenhänge wissen will, besinne ich mich mit einem Fluorit in der Hand auf das Problem. Der Stein hat ähnlich starke Wirkungen wie Kristalle oder Rosenquarz und ist erst seit relativ kurzer Zeit Teil des Arsenals okkulter Praktizierender. Das Wissen, das ich auf diese Art erhalten habe, war unglaublich klar und weitreichend.

Mit den genannten Techniken rufen Sie Informationen ab, um Klarsicht zu gewinnen; aber Regressionen in frühere Leben können Ihnen auch anderweitig auf die Sprünge helfen. So ist es möglich, auf diese Weise eine verloren gegangene Fähigkeit wiederzufinden und schlummernde Talente zu erwecken. Mentale Blockaden auf bestimmten Gebieten, wie Schreiben, Rechnen und so weiter, können dem höheren Selbst im meditativen Zustand unterbreitet werden, mit der Bitte um die Herstellung eines bewussten Zugangs zu den jeweiligen Talenten. Das funktioniert auch bei magischen Kräften, die Sie weiterentwickeln wollen, zum Beispiel Hellsicht und prophetische Gaben. Bitten Sie Ihr höheres Selbst, die Schleusentore in Ihrem Unterbewusstsein zu öffnen, damit Sie einen bewussten Zugang zum kollektiven Unbewussten finden können.

Ziehen Sie Ihre eigenen Schlüsse

Hören Sie sich an, was andere zum Leben vor und nach dem Tode zu sagen haben, und ziehen Sie dann Ihre eigenen Schlüsse. Was Sie davon glauben wollen und was nicht, bestimmen Sie. Und Sie haben jederzeit die Möglichkeit, Ihre Ansicht zu ändern.

Wenn man in diesem Zusammenhang über »echte« und »falsche« Erinnerungen diskutiert, darf man die Theorie vom »genetischen Erinnerungsvermögen« nicht vergessen, das für instinktive Reaktionen aller Art verantwortlich sein und uns möglicherweise von den Affen oder Außerirdischen in die Wiege gelegt worden sein soll.

Es gibt so viele Theorien wie lebende und dahingeschiedene Denker. Am besten fährt man mit einem offenen und unvoreingenommenen Geist.

Der Tod

Die Tarotkarte dieses Namens steht normalerweise für einschneidende Veränderungen, nicht für den physischen Tod. Wir betrachten den Tod als dunklen Engel im Lumpengewand mit zerzausten Flügeln und sehen uns Horrorfilme in der Hoffnung an, dass wir nicht auf dieselbe Art ums Leben kommen werden, sondern dass dieser »erfundene« Tod unserem zukünftigen Tod etwas von seinem Schrecken nehmen wird.

Obwohl die meisten Menschen so wenig wie möglich mit dem Tod zu tun haben wollen, tut das der Faszination des Themas keinen Abbruch. Wie tief diese Faszination geht, wurde mir bei einem Abendessen angesichts einer Frau bewusst, die sich einem anwesenden Leichenbestatter buchstäblich an den Hals warf und nicht locker ließ, bis sie die morbidesten Einzelheiten seines Berufslebens aus ihm herausgepresst hatte. Vielleicht hoffte sie, sich den Todesengel durch den Kontakt mit einem »Fachmann« vom Hals halten zu können? Ich für meinen Teil war froh, als das Tischgespräch eine amüsantere Wendung nahm.

Dennoch möchte ich uns allen ein paar Friedhofsbesuche ans Herz legen, vorzugsweise in einer Vollmondnacht möglichst im Herbst – vielleicht sogar allein, damit wir unsere Angst überwinden können und eine Auseinandersetzung mit dem Tod möglich wird, bevor er tatsächlich nach uns greift. Ich fand es spannend und sehr bewegend, als mein Vater mich auf mehrere alte Friedhöfe in Massachusetts mitnahm, wo wir Grabsteine abpausten. Zwei dieser Werke hängen heute noch in meinem Esszimmer, was manche Gäste geradezu befremdend finden; aber sie gehören zu unserem Lebenslauf und sind Andenken an ein gemeinsames Abenteuer.

Wie Hexen mit dem Tod umgehen

Zwei Hexensabbate konzentrieren sich auf den Tod: Samhain – zur Zeit der letzten Ernte, wenn der Schleier zwischen den Welten selbst für Ungeübte transparenter wird – und die Wintersonnenwende – wenn der Holunderkönig (der stirbt) vom Eichenkönig (der wiedergeboren wird) im Kampf besiegt wird.

Der Kontakt mit verstorbenen Seelen wird von Hexen des zweiten oder dritten Grades hergestellt, nicht von »gewöhnlichen« Eingeweihten, weil man seine Ängste weitgehend überwunden und erschreckende Phänomene unter Kontrolle haben muss, bevor man diese Art von Geistern herbeizitiert. Nicht alle Toten sind nett oder auch nur halbwegs intelligent.

Abgesehen davon steht es jedem frei, sich auf die Vorfahren zu besinnen, ihnen vielleicht sogar einen Platz am Tisch einzuräumen. Die für den Samhain traditionellen Kuchen und Biere können nach dem Totengedenkritual zu Ehren der Verstorbenen eingenommen werden. Mein Mann und ich lassen ausgehöhlte Kürbisse mit brennenden Kerzen in den Fenstern stehen und schalten das Licht im Wohnzimmer aus. Außerdem zünden wir schwarze Kerzen an und lassen sie vollständig herabbrennen, bis sie von selbst erlöschen.

Am Samhain kann man auch besonders gut in die Zukunft sehen. Wenn Sie wollen, können Sie mit einem Partner ein Ouija-Brett befragen, ansonsten eignet sich natürlich auch jede Orakelmethode, mit der Sie als Einzelgänger gearbeitet haben.

Zur Wintersonnenwende geht es nicht in erster Linie um die Toten, sondern um den Kreislauf von Tod und Wiedergeburt. Mistelzweige werden an diesem Tag gesammelt, weil man ihnen magische Fähigkeiten im Hinblick auf diesen Zyklus zuschreibt.

Wie man sieht, liegt der Schwerpunkt all unserer Feste im Jahreslauf auf dem Phänomen der ewigen Wiederkehr, weil wir den Tod als solchen nur als vorübergehende Phase in den Zyklen unseres Daseins begreifen. Samhain, der Totengedenktag der Hexen, zelebriert einen kleinen Ausschnitt im Lauf zahlloser Umdrehungen des Lebensrads.

Es gibt einen Prozess der Trauer, mit dem der Tod eines geliebten Menschen überwunden wird; gerade Hexen haben oft einen siebten Sinn für Personen, die gerade diese Trauerarbeit leisten. Ein Todesfall im Freundeskreis ist oft der Anlass, bei dem Hexen zum ersten Mal um ihren Einsatz gebeten werden. Trotz meines Einzelgängerdaseins vollziehe ich des öfteren Trauerfeiern: Das beinhaltet, dass ich viel Zeit mit den Trauernden verbringe und die verstorbene Person mit einem speziellen Ritual würdige. In meiner Funktion als Priesterin öffne ich die Pforten zum Totenreich und beschwöre die Göttin, die Botschaften der Lebenden ins Jenseits zu tragen.

Ein anderer Brauch ist, zur Wiederkehr des Todestages eines geliebten Menschen Kerzen anzuzünden und uns in Liebe und Dankbarkeit auf alles zu besinnen, was der Verstorbene uns zu Lebzeiten gegeben hat.

Die Priesterfunktion

Selbst als Einzelgänger werden Sie wahrscheinlich irgendwann gebeten, in die Rolle des Hohen Priesters oder der Hohen Priesterin bei einer Hochzeit, einer Taufe oder einer magischen Trauerfeier zu schlüpfen, darauf können Sie sich jetzt schon gefasst machen. Ihre Ausstrahlung ist spürbar, Sie sind etwas Besonderes, und so erwarten die Freunde und Verwandten, dass Sie die Rolle der »guten Fee« spielen und »Ihren geistlichen Segen« bei besonderen Anlässen geben, während Leute, die nicht an Ihre Hexenkünste glauben, vorsichtshalber doch keinen Mucks tun, weil sie nicht verflucht werden wollen (obwohl Sie wirklich Besseres zu tun haben).

Ob eine von Ihnen vollzogene Trauung rechtmäßige Gültigkeit in Ihrem Land oder Staat hat, müssen Sie selbst herausfinden. Ich bin der Meinung, dass eine Wicca-Trauung viel »heiliger«

ist als jede staatliche oder religiöse Zeremonie. Dabei wird nämlich eine Vereinigung besiegelt, die dieses Leben überdauert. Weil dieser Akt so gravierend ist, kann er traditionsgemäß nach einem Jahr wiederrufen werden. Falls beide Partner es dann noch für richtig halten, wird nach Ablauf dieser Frist zeremoniell bestätigt, dass ihre Bindung über Raum und Zeit hinweg fortbesteht.

Bei der Taufe werden Sie gebeten, einen magischen Namen für ein Neugeborenes zu finden und diesen zeremoniell auf das Kind zu übertragen. Das bedeutet, dass Sie die Herkunft des Kindes recherchieren müssen und im Lauf einer speziellen Meditation um eine Eingebung für den passendsten Namen bitten. Mit der Übertragung des Namens ist ein Geschenk von Ihnen an den Täufling verbunden – ein energiegeladener Talisman, der dem Kind in die Wiege gelegt wird und es als Glücksbringer und Kraftspender durch das ganze Leben begleitet. Als Hexe geben Sie keine Babysachen – das überlassen Sie anderen Leuten –, sondern etwas wirklich Wunderbares.

Was haben Hochzeit und Taufe in einem Kapitel über Tod und Wiedergeburt zu suchen? Eine Eheschließung beinhaltet den Tod eines Teils des bisherigen Selbst (wohlgemerkt nur eines Teils) und die Geburt einer neuen Lebensform – die der vereinten Seelen. Bei einer Namensgebung wird die Wiederkehr eines Verstorbenen in unsere Mitte zelebriert. Als Erwachsener hat man von nun an die Pflicht, die wiedergeborene Seele zu beschützen, bis sie selbst dazu imstande ist; man übernimmt die Funktion des Paten.

Das Zeitgefühl

Bisher haben wir die Zeit wie einen linearen Ablauf behandelt, bei dem ein Ereignis dem anderen folgt. Das menschliche Gehirn hat diese Zeitvorstellung übernommen beziehungsweise erfunden, damit es das Leben in logische Sequenzen unterteilen und bestimmte Aufgaben innerhalb dieser Zeiträume vollenden kann.

Eine geübte Hexe hingegen bewegt sich vorwärts und rückwärts in der Zeit und kann den Zeitlauf nach Belieben verlangsamen oder beschleunigen. Das funktioniert, weil es die Zeit, wie sie gewöhnlich wahrgenommen wird, ganz einfach nicht gibt.

Vergangenheit, Gegenwart und Zukunft existieren nämlich gleichzeitig, und so ist auch jede Zeitform »jederzeit« erreichbar. Wie man sich in frühere Lebenszeiten zurückversetzt und altes Wissen oder Talente in die Gegenwart holt, habe ich bereits erklärt. Dasselbe können wir auch mit zukünftigen Inkarnationen tun.

Sind Sie je auf die Idee gekommen, dass das legendäre Atlantis nicht unbedingt in der Vergangenheit liegen muss, sondern in unserer Zukunft existieren könnte? Jedenfalls wäre dies eine Erklärung dafür, warum wir keine Überreste von »passenden« Metropolen finden – sie wurden einfach noch nicht gebaut. Ich behaupte nicht, dass diese Theorie hieb- und stichfest ist, aber es lohnt sich, darüber nachzudenken. Vieles von dem, was vor vierzig oder fünfzig Jahren von Science fiction-Autoren erfunden wurde, ist schließlich mittlerweile Realität ... Kann es sein, dass die Muse diese Schriftsteller in die Zukunft blicken ließ?

Wie jeder weiß, war Leonardo da Vinci seiner Zeit weit voraus und nicht nur ein genialer Künstler, sondern auch ein Baumeister und Erfinder, dessen Entwürfe für Luft- und Wasserschiffe unsere heutigen Transportmittel vorwegnahmen. Vielleicht hatte seine Muse ihm eingegeben, der Mona Lisa ihr rätselhaft wissendes Lächeln zu verleihen. Womöglich lächelt sie darüber, dass der Mensch im linearen Zeitgefühl stecken bleibt, während alles Wissen gleichzeitig existiert. Vielleicht hat Leonardo seine genialen Entdeckungen auch selbst aus der Zukunft abgerufen.

Mit den bewährten Meditationstechniken können Sie sich in die Zukunft begeben, nur stellen Sie dieses Mal einen Kontakt zu Ihren zukünftigen Inkarnationen her, sprechen mit ihnen und lassen sich von ihnen auf Entdeckungsreise entführen. Auch die Dampfschwaden über dem Hexenkessel können Einblicke in kommende Lebenszeiten gewähren. Und wenn Sie einen Rat brauchen, bitten Sie ganz einfach das Selbst, das Sie in zehn oder zwanzig Jahren sein werden, und fragen es, wie es mit Ihren momentanen Schwierigkeiten fertig geworden ist.

Den Zeitlauf verändern

Sie können die Zeit unter Ihren Willen zwingen. Angenommen, Sie sitzen im Auto und müssen in siebzehn Minuten einen Treffpunkt erreichen, von dem Sie zwanzig Minuten weit entfernt sind. Was tun? Zunächst beruhigen Sie sich, anstatt Vollgas zu geben. Mit einem Verkehrsunfall ist niemandem gedient. Zweitens entscheiden Sie sich bewusst für die Überzeugung, dass Sie rechtzeitig ankommen werden. Lassen Sie sämtliche logischen Einwände fallen und glauben Sie felsenfest daran, dass Sie Ihren Zielort zur rechten Zeit erreichen. Hören Sie Musik, denken Sie an andere Dinge beim Fahren, lassen Sie keine Panik aufkommen. Sehen Sie nicht auf die Uhr und fahren Sie nicht wie der Henker durch die Gegend.

Erst am Zielort blicken Sie auf die Uhr. Wenn Sie rechtzeitig angekommen sind, haben Sie die Zeit gebeugt. Wenn nicht, wiederholen Sie die Übung, bis es klappt. Beim nächsten Versuch zwacken Sie der Zeit eine halbe Minute mehr ab und dann noch eine halbe Minute und so fort ... so lange, bis Sie die Kunst beherrschen.

Zusammenfassung

Der Kreislauf von Geburt und Tod ist ebenso qualvoll wie erhebend. Wir müssen lernen, die Höhen und Tiefen zu ertragen, ohne den Blick auf übergeordnete Perspektiven zu verlieren. Unser Wissensdurst über das Leben jenseits der physischen Seinsbereiche muss ebenfalls befriedigt werden. Auf manches mag uns nie eine Antwort gegeben werden, aber wir können zumindest so viel Wahres entdecken, dass ein einsichtsvolles Verhalten möglich wird.

Jedes Individuum sucht sich seine eigene Betrachtungsweise aus. Es gibt keinen Blickwinkel, der alles für jeden Menschen erklärt.

Die Zeit ist ein Gedankenkonstrukt. Die Menschheit hat sich ihre spezifische Zeitvorstellung geschaffen, um sich in ihren individuellen Zyklen zu verankern und gesetzmäßige Reihenfolgen erkennen zu können. Doch in Wirklichkeit hören wir das Ticken einer nicht vorhandenen Uhr, denn es gibt keine zeitlichen Grenzen, außer denen, die wir selbst für unumstößlich halten. Sie können die Zeit nach eigenem Gutdünken umformen, sie krümmen, umgehen, vor- und zurückschrauben und transzendieren. Was Sie brauchen, ist nur ein wenig Übung.

Es gibt keine weißen Hexen

Ich hatte die Zunft etwa zwei Jahre lang studiert, als mein Mann zu mir sagte: »Es gibt keine weißen Hexen. Das ist ein Wunschtraum, der nicht existiert.«

Da hat er Recht. Begriffe wie »schwarze Magie« und »weiße Hexen« wurden irgendwann in die Welt gesetzt, um »finstere, undurchsichtige« Absichten beim Zaubern von den »lauteren, geistig hellen« Beweggründen wohlmeinender Praktizierender abzugrenzen. Das eine absorbiert das Licht der Erkenntnis, das andere strahlt es aus.

Ob Ihre Praktiken für schwarze oder weiße Magie gehalten werden, hängt von Ihrer Umwelt ab. Die Powwow-Religion Pennsylvanias hämmert seit über hundert Jahren in die Köpfe der Leute ein, dass sie weiße Magie bei ihren Geistheilungen praktiziert, und da das reine Gute nicht ohne sein genaues Gegenteil existieren kann, muss es auch schwarze Magie geben – die dann eben den Hexen angehängt wird. Derart lieb gewonnene Überzeugungen kann man den Leuten beim besten Willen nicht austreiben.

Nahezu jeder magische Text wird Ihnen nahe legen, dass Sie die Finger von negativem Zauber lassen sollen. Denn eine alte Hexenregel besagt, dass das, was man aussendet, nicht nur doppelt, sondern dreifach zu einem zurückkehren wird. Vergessen Sie das nie. Irgendwie leuchtet es durchaus ein, dass das Leben wie ein Bumerang funktioniert und Sie dreifach für eine gute Tat belohnt, Sie aber auch dreimal so hart bestraft, wenn Sie Böses getan haben.

Am Anfang der magischen Laufbahn neigt man dazu, alles in

zwei Kategorien einzuordnen: Richtig oder Falsch. Das ist sauber und ordentlich. Damit weiß man Bescheid und kann sich durch den Wirrwarr neuer Eindrücke und Lehrstücke lavieren. Mit fortschreitendem Studium verschiebt sich das Bild jedoch zusehends, die Grenzen zwischen Richtig und Falsch verschwimmen, und wenn Sie nicht zu den auf Erden wandelnden Heiligen gehören, wird es von nun an immer schwieriger, das Entweder fein säuberlich vom Oder zu trennen. Sie kommen nicht umhin, Fehler zu machen, ja zum Teil gigantische Irrtümer zu begehen, denn als Mensch unter Menschen werden Sie fast zwangsläufig in Dinge verwickelt, deren Konsequenzen Sie nicht überblicken können.

Eines der größten Probleme für Hexen ist die christliche Doktrin »Halte auch die andere Wange hin«. Dieses Märtyrer-Ideal steckt in den Köpfen zahlloser Wahrheitssucher und ermahnt sie nun ständig, bitte recht stillzuhalten, wenn Backpfeifen ausgeteilt und Leute übers Ohr gehauen werden. Immer mehr Jugendliche wenden sich vom Christentum ab und suchen in der Zunft nach Antworten, bringen aber solche eingebläuten Lebenseinstellungen mit, die dem Weltbild der Hexen widersprechen.

Die Welt wird aber nun einmal nicht von den Demütigen regiert, und wer »arm im Geiste ist«, wird kein Weltreich erben. Die Doktrin als solche ist weniger problematisch als die Verhaltensformen, die sie hervorbringt. Wenn wir uns alles gefallen lassen, tun wir unseren Nachfahren damit bestimmt keinen Gefallen.

Gewissensfragen beantworten

Sie ziehen alle Dinge aus bestimmten Gründen zu Ihnen hin (oder werden von ihnen angezogen). Fragen Sie sich zunächst einmal, aus welchen Gründen Ihnen etwas Unangenehmes passiert. Was ist logisch? Was sagt Ihr gesunder Menschenverstand? Denn wenn wir die Vernunft zum Untertan unserer übersinnlichen Kräfte machen, sind wir von vornherein schief gewickelt.

Kann Ihre Frage mit einem simplen Ja oder Nein beantwortet werden? Gut, dann nehmen Sie ein Stück Papier und schreiben »Pro« auf eine Seite und »Contra« auf die andere. Unter Pro notieren Sie alles, was dafür spricht, dass Sie Ihren Plan wie bisher weiterverfolgen, unter Contra das, was dagegen spricht. Hier ist schonungslose Ehrlichkeit und eine wahrheitsgetreue Einschätzung der jeweiligen Situation gefordert.

Jetzt denken sie über die Dinge nach, die Sie niedergeschrieben haben. Sollte die Lösung noch immer nicht auf der Hand liegen, nehmen Sie das Blatt in die linke Hand und gehen in Meditation. Kontaktieren Sie Ihr höheres Selbst oder die Allmacht und bitten Sie darum, dass Ihnen die bestmögliche Lösung eingegeben wird. Entfaltet sich die Offenbarung auch dann nicht, stecken Sie das Papier in die Tasche und gehen Ihrem Tagewerk nach wie gewohnt. Vor dem Schlafengehen legen Sie das Papier unter Ihr Kopfkissen und tragen Ihrem Traumselbst auf, Ihnen bei der Suche nach einer Lösung zu helfen. Wenn Ihnen das bestmögliche Verhalten in Ihrer Situation in den Sinn kommt, bedanken Sie sich, zerreißen das Papier und streuen die Fetzen in alle Winde.

Bei Deutungen für Hexen werde ich oft in kleinlautem Ton gefragt: »Kommt das daher, dass ich im letzten Leben schlecht gehandelt habe?« Zu viele Leute sind bereit, eine unangenehme Situation zu akzeptieren, weil sie sie als Strafe für ihr »sündhaftes« Verhalten in einem früheren Leben interpretieren. Merkwürdigerweise wird es dadurch offenbar leichter, mit den Schwierigkeiten umzugehen und sie duldsam hinzunehmen. Wir sind gute Menschen, die alles dem Allmächtigen überlassen und kein großes Getöse veranstalten, wenn unsere Hoffnungen und Träume mutwillig zerstört werden. »Ich muss es wohl verdient haben« ist aber nicht unbedingt die korrekte Reaktion.

Karma ist keine Entschuldigung für Duckmäuserei in Krisenzeiten. Das Gesetz von Ursache und Wirkung ist nur eines unter vielen im Weltall. Es gibt auch andere Gesetze. Sie sind hier, um Ihre Lektionen zu lernen, wohl wahr. Darüber hinaus haben Sie allerdings auch noch die Aufgabe, anderen Lektionen zu erteilen und ihnen auf die Sprünge zu helfen. Nicht alles, was Ihnen angetan wird, ist eine gerechte Strafe, genauso wenig wie jeder Mensch, der Einfluss auf Ihr Leben hat, ein alter Bekannter aus früheren Inkarnationen ist.

Wenn Sie Schwierigkeiten mit jemandem haben, müssen Sie die Situation aus so vielen Blickwinkeln wie möglich betrachten, bevor Sie Ihre Wut an der Person auslassen. Welcher Blickwinkel ist der optimistischste? Die Antwort auf diese Frage liefert in den meisten Fällen auch die eleganteste Lösung. Glauben Sie keinen Gerüchten, keinem Klatsch und Tratsch, und geben Sie die Giftspritze auch nicht weiter. Bevor Sie zu den allgemeinen Missverständnissen beitragen, wenden Sie sich lieber direkt an die Betreffenden und fragen sie selbst, was wirklich los ist.

Nun muss man bedenken, dass jeder seine eigene Wahrheit hat. Wenn das Gespräch in einen Streit ausartet, kann man innerlich einen Schritt zurücktreten und beobachten, welche Gefühle aufwallen und warum. Seien Sie ehrlich; Verschleierungstaktiken verstricken alle Beteiligten nur in immer größer werdende Schwierigkeiten. Machen Sie sich klar, dass Sie den anderen nicht in Ihrer Gewalt haben. Sie können sich nur selbst beherrschen.

Nehmen Sie Ihre Körpersprache wahr. Nachdem Sie erkannt haben, was Sie in Rage versetzt, können Sie das Augenmerk auf den anderen richten. Ergründen Sie, was ihn oder sie erzürnt hat. Handelt es sich um ein Missverständnis oder lässt der andere eine aufgestaute alte Wut an Ihnen aus? Haben Sie sich als Zielscheibe angeboten? Fühlt der andere sich schuldig oder haben Sie Schuldgefühle, weil Sie wissen, dass Sie die Person verletzt haben?

In völlig festgefahrenen Situationen kann man die Diskussion in ruhigem Ton auf später verschieben, aber geben Sie sich nur nicht vorzeitig geschlagen. Lassen Sie den anderen aufbrausen und halten Sie dagegen, solange keine Gefahr besteht, dass Sie physisch attackiert werden. Unterwerfen Sie sich nicht bei rein verbalen Konfrontationen und nehmen Sie keine defensive Haltung ein, sondern seien Sie offensiv. Tun Sie Ihre Meinung mit ruhiger, leiser Stimme kund. Je lauter der andere schreit, desto leiser wird Ihre Stimme, bis sie nur noch ein Raunen ist. Das funktioniert. Irgendwann geht der »Dampfwalze« die Puste aus, weil das Bewusstsein sich auf das Zuhören konzentrieren muss und der Wut die Aufmerksamkeit entzieht. Am Ende steht der andere sprachlos da und kann sich mit seinen eigenen Abwehrmechanismen auseinandersetzen.

Fragen Sie sich, ob es sich überhaupt lohnt, den Brocken, der Ihnen hingeworfen wird, aufzunehmen. Ist es die Mühe wert, auf eine Beschuldigung oder Beleidigung zu reagieren, oder ist es reine Zeitverschwendung? Manchmal lassen wir uns in höchst überflüssige Streitereien verwickeln und tragen Schlachten aus, die im Grunde nicht unsere sind.

Bei Zaubersprüchen für andere Personen, telepathischen Interventionen, Bannzaubern und allem, was in einen Machtkampf ausarten könnte, muss man sich vorher fragen: Lohnt sich das? Was die verschiedenen Traditionen und Orden innerhalb der Zunft dazu sagen, variiert von Fall zu Fall. Manche Hexen knöpfen sich x-beliebige Zielpersonen für einen Liebeszauber vor und haben ein blütenreines Gewissen dabei. Andere weisen Bittsteller darauf hin, dass man Liebe erst einmal in sich selbst entfalten sollte. Was Sie tun, wenn derartige Bitten an Sie herangetragen werden, ist eine Frage der Konsequenzen. Bei Ihren magischen Praktiken entscheiden Sie sich für eine Strategie, und ob sie richtig oder falsch ist, steht an diesem Punkt nicht zur Debatte. Doch was tun Sie, wenn unfreiwillig Negativität in Form von Wut, Eifersucht oder Rachegedanken in Ihnen aufsteigt? Das ist die Frage.

Da wir nicht unfehlbar sind, muss jeder von uns mit solchen Gefühlen fertig werden. Selbst der liebevollste und friedfertigste Mensch wird hin und wieder böse! Das ist unvermeidlich, und es ist gesund. Wir müssen unsere Wut am rechten Platz herauslassen, um psychologisch im Gleichgewicht zu bleiben. Aber Wut am falschen Platz kann ebenso nachteilige Auswirkungen haben wie ein negativer Zauberspruch, unter Umständen sogar noch verheerender sein, weil die rohe Gewalt des spontanen Gefühlsausbruchs mehr Durchschlagskraft besitzt als eine planmäßige Strategie. Also sitzen wir alle in dieser Zwickmühle. Wie aber entrinnen wir dem Dilemma?

Werfen Sie einen Stein in einen stillen See und betrachten Sie die Kreise, die er weiter und weiter zieht. Der Stein ist der Auslöser, die Kreise sind die Reaktionen. Manche von ihnen sind klar umrissen, andere verschwimmen, sind kaum voneinander zu trennen. Jetzt stellen Sie sich vor, dass der Auslöser eine gute Tat war. Beobachten Sie, wie alles ringsumher unter den Auswirkungen vibriert und positive Kreise zieht. Und nun werfen Sie einen zweiten Stein ins Wasser und stellen sich vor, dass es sich um eine Bosheit handelt, während Sie die Folgen betrachten. Kindern leuchten Demonstrationen wie diese weit eher ein als irgendwelche Vorträge über abstrakte Reaktionen auf irgendwelche Handlungen.

Als Hexe tragen Sie die Bürde Ihres ständig wachsenden Wissens. Alles, was Sie sind und tun, hat Auswirkungen auf zahllose Dinge.

Was das magische Volk betrifft, so glaube ich, dass wir auf ein Gleichgewicht zwischen den weiblichen und männlichen Aspekten zusteuern. Frauen suchen nach ausbalancierten Männern, Männer suchen nach ausgeglichenen Frauen, die Göttin vereint sich mit ihrem Gefährten – und dabei wird Yin und Yang in seiner Gesamtheit erkannt, als das Eine in allen Erscheinungsformen. Diese Erkenntnis wird sich nie wieder so verzerren, dass das eine Geschlecht das andere unterjocht. Dazu ist es zu spät. Sie werden beide ebenbürtig nebeneinander existieren.

Unterdessen findet der Niedergang der patriarchalischen Religionen statt. Die Zeichen sind gesetzt, überall sehen Sie die Herrschaftsstrukturen bröckeln. Der Erlöser der Christen wird endlich seine Braut finden – und zwar nicht in der Kirche, so eifrig diese es auch beteuern mag, sondern in der lebendigen Göttin, welche Form auch immer sie als Braut anzunehmen beliebt. Der eifersüchtige und allein herrschende Gottvater wird der Vergangenheit angehören.

Dass die Grundfesten des Christentums durch die Esoterikbewegung ins Wanken geraten sind, geben selbst christliche Fundamentalisten zu. Dass sie aber ihrem eigenen Niedergang Vorschub leisten, indem sie den »freizügigen« Lebenswandel der New-Age- und Esoterik-Jünger als gotteslästerlich anprangern, indem sie ihn detailliert beschreiben und damit interessant machen, entgeht ihnen offensichtlich.

Wie ich es sehe, waren Frauen für den Siegeszug der Esoterik verantwortlich, und zwar in erster Linie christlich erzogene Frauen. Zu lange hatten die Kirchen ihnen Geld, Zeit und rückhaltlose Unterstützung abgefordert, ohne ihnen dafür etwas Vergleichbares zurückzugeben. Der Karrierefrau, die Beruf, Kinder und Haushalt managen muss, vermochte die Kirche keinen Halt zu bieten – geschweige denn eine Gottheit, in der sie sich selbst wiederentdecken konnte.

In vielen Fällen werden Frauen regelrecht dafür verdammt, dass sie arbeiten gehen, um ihren Lebensunterhalt zu verdienen, anstatt für ihre Kinder und den Ehemann zu sorgen. Dem Ehemann wird jede Sünde vergeben, während Frauen sich in ihr Schicksal fügen müssen, ganz gleich, wie ungerecht sie behandelt werden. Mal ehrlich: Wozu brauchen wir noch eine Hölle, wenn wir eine Religion wie diese haben? Die Frau schmort ja bereits zu Lebzeiten im Fegefeuer, doch irgendwann wird sie ihre Leidensrolle satt haben und sich nach einer anderen Weltanschauung umsehen, in der Frauen nicht nur unterstützt, sondern sogar als gleichwertige Menschen akzeptiert werden. Und damit sind wir bei der Esoterik und den Neuen Hexen angelangt.

Aber auch den Männern bleibt Frust nicht erspart. Die Gemahlin oder Freundin hat sich den Betthasen abgeschminkt und ist zur Kriegerin mutiert. Sie überholt ihn im Beruf, verlangt, dass er sich an den Hausarbeiten beteiligt und obendrein auch noch die Verantwortung für die Kinder mitübernimmt. Er muss überdies sensibel sein, aber bitte nicht schwach. Und er darf sie nicht länger auf die Macho-Art behandeln. Wenn er laut wird und so tut, als habe er die sprichwörtlichen Hosen im Haus an, wird er sich in Acht nehmen müssen – und das nicht nur vor ihr, sondern auch vor ihren Freundinnen, ihrer Mutter, ihren Schwestern und anderen Frauenzimmern, von denen er noch nie etwas gehört hat.

Es gab eine Zeit, da der Mann eine Ehefrau und eine Geliebte haben konnte, ohne dass die beiden sich je in die Quere gekommen wären. Mehr noch, weder Hausfrauen noch Geliebte hatten das Recht, irgendeine andere gesellschaftliche Rolle zu spielen, das gehörte sich nicht; so etwas duldete kein guter Christ. Heute dagegen übernimmt die Frau so viele Rollen, wie sie lustig ist, und wenn ein Mann sich nicht damit abfinden kann, sind seine Tage in der Regel gezählt.

Ich glaube, dass auch die Männer nicht genügend Halt in den vorhandenen religiösen Strukturen finden. Sie müssen sich entscheiden, ob sie mit dem Strom der Emanzipation schwimmen wollen oder eisern an den letzten Resten ihrer Macht im Geschlechterkampf um die Rollenverteilung festhalten. Ihre Religion sagt ihnen nicht, wie sie mit einer Frau umgehen sollen, die morgens den Kindern eine Mutter ist, tagsüber ihren Geist schult und nachts mit raffinierten Liebesspielen aufwartet. Ihre Religion sagt ihnen nur, dass sie diesem Treiben ein schnelles Ende machen müssen.

Das ist ein Fehler. Und es ist nicht nur das Christentum, das unverändert fortbestehen will; die Mohammedaner klammern sich ebenso erbittert an überholte Dogmen wie andere einseitige Weltreligionen. Doch nur, was wandlungsfähig ist, wird überleben. Und was sich verwandelt hat, wird am selben Strang ziehen. Was aber nicht verändert werden kann, wird zerstört. Ich glaube nicht, dass ich es in dieser Inkarnation erleben werde, aber meine Kinder sind vielleicht noch auf Erden, wenn alle Religionen plötzlich einsehen, dass sie im Grunde in ein und dieselbe Richtung streben (was eine Tatsache ist), und eines Tages eins sein werden.

1992
SILVER
RavenWolf

An die Öffentlichkeit treten

Das Geheimnis lüften

Irgendwann kommt man an einen Punkt, an dem man sein Hexendasein nicht länger geheimhalten will. Dabei sollte man aber darüber nachdenken, wie stark die eigenen Überzeugungen sind: Werden sie dem Ansturm standhalten? Was haben Sie zu verlieren, wenn sie mit Familienmitgliedern, Freunden, Arbeitskollegen, der örtlichen Kirchengemeinde über die Zunft diskutieren? Was werden Sie durch Ihr »Outing« gewinnen?

Als ich anfing, dieses Buch zu schreiben, wusste niemand außer meinem Mann, dass ich Hexerei praktiziere. Mit dem Buch wuchs meine Zivilcourage. Ich begann, meinen Kindern und Freunden ein paar Geheimtipps zu verraten – und auch den Menschen, die nun meine Hilfe suchen.

Es war ein langsamer Prozess, dieser Aufstieg aus der Versenkung, in die mein Glaube mich verbannt hatte. Ich lebe nicht in einer Großstadt, und so bin ich von Leuten umgeben, die man keineswegs als aufgeschlossen bezeichnen kann. Es war nicht leicht. Ich habe meinen Job verloren und ein paar so genannte Freunde – dafür aber mehrere Seelenbrüder und -schwestern gefunden. Jetzt bin ich ein Individuum, das keinem gehört, aber vieles mit vielen teilt.

Zuerst offenbarte ich mich meinem Vater, dann meinen Kindern und meinen zwei besten Freunden; etwas später habe ich mich anderen langjährigen Freunden zu erkennen gegeben und schließlich in aller Öffentlichkeit zur Zunft bekannt. Meinem neuen Arbeitgeber sagte ich die Wahrheit, bevor ich sein Angebot annahm. Dennoch war ich die ganze Zeit so vorsichtig und zurückhaltend, wie man unter diesen Umständen nur sein kann, damit meine Kinder nicht unter den Folgen meines Bekenntnisses zu leiden hatten.

Vor einem Monat kommentierte ein neuer Freund: »Du bist ja so normal!« Genau. Darum geht es. Mit den Jahren und viel Übung kommen Sie irgendwann an den Punkt, wo Sie so sehr mit der Zunft verwachsen sind, dass Ihnen egal ist, »was die Leute davon halten«. Magie ist für jedermann; ein Lebenswandel als Hexe aber bleibt einigen robusten Seelen vorbehalten, die das Wissen in ihren Alltag integriert haben und es weitervermitteln wollen, bis es endlich von der Allgemeinheit akzeptiert sein wird. Dann ist die Zeit des Wartens vorüber, und die Neuen Hexen werden Dinge vollbringen, die unsere kühnsten Träume übersteigen.

Früher oder später kommen die Leute Ihnen ohnehin auf die Schliche, weil Sie »irgendwie anders« sind (Selbstbewusstsein hat eben solche Folgen). Wahrscheinlich sind Sie feinfühliger, einsichtiger, gelassener geworden – glücklich, gesund, womöglich sogar wohlhabend. Sie verwirklichen Ihre Träume, während andere ihr Leben lang nur Hoffnungen hegen. Eines Tages fragen sich die Leute, was, zum Teufel, Sie nur richtig machen!

Unter Umständen haben sie Angst vor Ihnen. Nicht, weil Sie sie bedroht haben, sondern weil Sie offensichtlich nicht die gleichen Tragödien erleben wie sie. Wenn Sie ihnen nicht verraten, was Sie tun, werden sie ernstlich misstrauisch. Hexen sind Wahrsprecher und -sager; viele Menschen leben nicht nach der Wahrheit und werden sich nicht darum scheren, dass Sie es tun. Sie sind jetzt kein Schaf mehr. Sie sind ein Wolf.

Fragen

Am Anfang fällt es den meisten von uns schwer, Fragen zu unserem Glauben zu beantworten. Sie wollen die Wahrheit sagen, können sich jedoch ausrechnen, dass man Sie nicht verstehen wird. Oft wollen die Leute als Erstes wissen: »Woher wissen Sie eigentlich, dass Sie eine Hexe sind?«

Dumme Frage. Trotzdem kann sie Sie in Verlegenheit bringen. Wie man weiß, werden Hexen nicht mit bestimmten religiösen Praktiken in Verbindung gebracht, sondern mit historischen Daten und finsteren Mächten. Die beste Antwort ist eine Gegenfrage: »Bist du ein religiöser Mensch?« Und wenn ja: »Woher weißt du, dass dein Glaube der richtige für dich ist?« Atheisten fragen Sie, woher ein Christ weiß, dass er ein Christ ist, oder ein Muslime, dass er den Muslimen angehört.

Fragen wie »Was machen Hexen?« muss man sehr vorsichtig beantworten, wenn man es mit Fremden zu tun hat. Am besten lässt man sie erst einmal über sich sprechen und gibt sich selbst bedeckt. Dabei werden die Leute den Eindruck gewinnen, dass Sie ein interessanter Mensch sind, weil Sie ihnen zugehört haben.

Ansonsten sollte man sich erkundigen, was sie im Einzelnen wissen wollen. Meistens sind ihre Fragen so vage, dass Sie mit gleichsam vagen Antworten davonkommen und ihr Lieblingsthema anschneiden können: wer sie sind und was sie von Gott und der Welt halten. Wenn Sie aber das Gefühl haben, dass jemand eine ausführliche Antwort verdient, können Sie ein Telefongespräch oder Treffen arrangieren, sodass Sie beide Zeit für das Thema haben.

Ein Gespräch im »richtigen« Leben verläuft meist anders als im Kino, wo die Gesprächspartner gewöhnlich beim Thema bleiben und nicht vom Hundertsten ins Tausendste kommen. In Wirklichkeit plappern die Leute drauflos, lassen Zwischenschritte aus und platzen mit Seitenhieben heraus, die kein Mensch erwartet hat. Wenn Sie nicht aufmerksam verfolgen, was emotional in Ihren Gesprächspartnern vor sich geht, können Sie plötzlich ziemlich alt aussehen.

Mir ist das letztes Jahr bei einer Gesprächsrunde unter verschiedenen Autoren passiert. Ehe ich es mich versah, hatte einer den sternförmigen Anhänger auf meiner Brust in die Hand genommen (kein Pentagramm, aber doch mit Energie geladen) und rasselte sein gesamtes Allgemeinwissen herunter, weil er ein satanisches Symbol an meiner Halskette entdeckt haben wollte.

»Quatsch!«, schnappte ich in meiner Verblüffung zurück. »Doch!«, rief er. Und so ging es eine Weile hin und her wie im Kindergarten, ohne dass Argumente ausgetauscht worden wären. Bis heute ist mir unklar, warum ich mich so provozieren ließ; immerhin verteidigte ich meinen Glauben und ließ damit die Maske fallen: Ich outete mich auf die Art endgültig.

Im Endeffekt war es gut so. Die meisten Mitglieder der Autorengruppe akzeptieren mich als Hexe oder Person mit okkulten Interessen; andere vermeiden jeden Kontakt mit mir. Mein Widersacher hat die Gruppe inzwischen verlassen. Ich meinerseits habe meine Lektion gelernt. Wenn Sie magische Insignien in der Öffentlichkeit tragen oder anderweitig aus dem Raster fallen, müssen Sie damit rechnen, dass Sie Aufsehen erregen.

Manche von den Neuen Hexen kommen nicht über diese Phase hinaus. Stets in das unvermeidliche Schwarz gekleidet und klirrend von magischen Schmuckstücken, wandeln sie durch die

Einkaufszentren. Jeder von uns durchläuft diese Entwicklungsstufe, aber nicht alle bleiben darin stecken. Wenn Ihr ganzes Erscheinungsbild so aufmerksamkeitsheischend ist, müssen Sie sich auf Schwierigkeiten gefasst machen.

Dieses Buch war ein weiterer Schritt aus der Versenkung für mich und meine Familie. Obwohl viele wussten, dass ich ein Buch schreibe, wollten sie nichts Näheres wissen; erst nachdem der Verlag mein Manuskript angenommen hatte, hieß es überall: »Wovon handelt Ihr Buch?« Ich wusste nicht, was ich sagen sollte. Zuerst wich ich aus: »Davon, wie man ein besseres und sinnvolleres Leben lebt.« Das stimmte zwar, klang aber ziemlich lahm. In dem Sommer, bevor ich meinen Verlag fand, fügte ich mich, so gut es ging, in unsere Landgemeinde ein und zeigte den Leuten, dass ich keine Bestie bin. Allmählich wurde ich forscher: »Ich schreibe über okkulte Praktiken, mit denen Sie positive Dinge bewirken können.« Aber das hörte sich ein bisschen hochtrabend an, also gab ich auf und sagte irgendwann klipp und klar: »Es geht um Hexerei.« Von da an ließ ich die Leute reagieren, wie sie wollten.

Hilfeleistung

Als »geoutete« Hexe halte ich es für ratsam, jeden Hilferuf zu beantworten, sei es mit magischen oder ganz normalen Methoden, solange man nicht selbst total überlastet ist. Andererseits darf man nie etwas versprechen, was man nicht einhalten kann. Man muss sich selbst und die anderen mit der gleichen Fairness behandeln.

Manche Hexen ziehen es vor, ihr Wissen vor allen bis auf einige wenige Auserwählte geheimzuhalten – zum Teil das ganze Leben lang. Auch das hat Vor- und Nachteile. Ein Freund von mir meint, dass er nicht die Aufgabe hat, Unwissende zu belehren, und tauscht seine Erfahrungen in der Zunft nur mit anderen eingeweihten Hexen aus. Wie in allen Dingen tut auch bei uns eben jeder, was er für richtig hält.

Ihr eigener Zirkel

Irgendwann kommen viele Einzelgänger an den Punkt, wo sie sich nach der Zusammenarbeit mit magischen Weggefährten sehnen. Als ich die erste Fassung dieses Buches fertig hatte, kam ich ins Gespräch mit einer Nachbarin und stellte hoch erstaunt fest, dass wir die gleichen hexischen Interessen hatten. Wir fingen an, miteinander zu arbeiten, und bald darauf gesellte sich eine sehr gute Freundin der Nachbarin dazu. Ein paar Wochen später schloss sich eine meiner Schülerinnen unserem Zirkel an – und unser magischer Kreis wuchs und wuchs und wuchs ...

Mittlerweile nennen wir uns die »Hexen der Tafelrunde« und treffen uns einmal die Woche, um zu plaudern, zu arbeiten und uns gegenseitig zu inspirieren. Unsere »Tafelrunde« hat zur Zeit über zwanzig Mitglieder. Nein, nicht alle sind Hexen, aber trotzdem haben wir so etwas wie einen »Gruppengeist« entwickelt.

Da wir in einer Kleinstadt leben und Hexen in der näheren Umgebung rar gesät sind, beschloss ich am Anfang, den Zirkel für alle spirituell oder religiös orientierten Menschen zu öffnen, die teilnehmen wollten. Bemerkenswert ist, dass wir uns alle für gleichwertig halten. Die Hexen sind nicht besser als die Katholiken, und auch die Freigeister sind den Hexen nicht überlegen. Wir bemühen uns um positive Veränderungen, die allen zugute kommen. Also lassen Sie den Mut nicht sinken, wenn Sie auch meinen, in einem Kaff hinter dem Mond zu wohnen. Sie sind nicht allein: Wir Neuen Hexen sind überall ...

Bilden Sie sich weiter, üben Sie und lesen Sie Bücher, vielleicht über das Arbeiten mit den Seelen der Toten, sexuelle Magie, Wetterzauber und die weiblichen Mysterien. Wenn Sie alle Übungen und Experimente durchgeführt haben, die hier beschrieben wurden, können Sie sich mit Fug und Recht als Mitglied der Zunft betrachten: Nun sind Sie eine Hexe.

Jetzt sind Sie eine natürliche Hexe, weder an Titel noch Tradition gebunden, nur an Ihre eigenen Prinzipien und Taten.
Möge Ihnen die Weisheit auf dem Weg der Erleuchtung zur Seite stehen.

Silver RavenWolf
alias Jenine E. Trayer

Anhang

Unsere jüngste Geschichte

Wer dieses Buch durchgearbeitet hat, gehört zu den Neuen Hexen. Einige meiner Leser werden sich irgendwann einem kleinen Zirkel anschließen, andere den großen Wicca-Kirchen, die jetzt überall entstehen, und wieder andere werden ihr Leben lang allein praktizieren. Außerdem gibt es immer ein paar Hexen, die später zu anderen Religionen übertreten.

Die Neuen Hexen sind die Jüngsten in einer langen Reihe von magischen Vorfahren, die ihnen vorangegangen sind und ihr Leben in den Dienst der Zunft gestellt hatten. Es seien wenigstens einige beim Namen genannt, die sich mit rückhaltlosem Einsatz um unseren Glauben verdient gemacht haben. Jeder von ihnen hat einen außerordentlichen Beitrag zur Entwicklung unserer Gemeinschaft geleistet und lange und hart für die Grundrechte gearbeitet, die wir heute für selbstverständlich halten.

Margot Adler
Raymond Buckland
Zsuzsanna Budapest
Laurie Cabot
Deirdre und Andrus Corbin
Scott Cunningham
Janet und Stewart Farrar
Das Ehepaar Frost
Selena Fox
Donald Michael Kraig
Dr. Leo Martello
Rosegate Coven

Pete Pathfinder
Lord Serphant of Serphant Stone
Starhawk
Diane Stein
Doreen Valiente
Marion Weinstein
Otter und Morning Glory Zell

Am 22. Mai 1988 hat die »Kirche aller Welten« folgende Resolution auf der Versammlung der Alten Religionen in Nordkalifornien verabschiedet. Obwohl dieses Dokument zunächst heftig umstritten war, hat die Mehrzahl der größten heidnischen Organisationen und Hexenorden innerhalb der Zunft die letzte Version des mehrfach umgeschriebenen Traktats irgendwann anerkannt. Dort heißt es unter anderem:

> »*Wir, die Unterzeichnenden, praktizieren eine positive, lebensbejahende Religion, die unsere Heilung und die des Planeten zu ihrem höchsten Ziel macht. Als Gläubige der Erdreligion befürworten wir keine Aktivitäten, die anderen schaden, selbst wenn sie legal sind. Da es eines unserer Grundprinzipien ist, niemandem Böses zu tun, verurteilen wir jedwede Form der Kindesmisshandlung, des sexuellen Missbrauchs und alle sonstigen Maßnahmen, die den Körper, den Geist und die seelische Integrität eines Individuums verletzen. Wir unterstützen die Opfer solcher Verbrechen mit Gebeten und therapeutischen Heilmitteln. Wir erkennen die göttliche Wesensnatur der Mutter Erde an und verehren sie, und wir vollziehen unsere Riten und Andachten auf ethische, mitfühlende und vom Grundgesetz geschützte Weise. Den christlichen Teufel erkennen wir in unseren Pantheons nicht als existente*

Wesenheit an, noch huldigen wir dieser ›satanischen Gottheit‹. Wir lassen nicht zu, dass unsere Gebetsstätten, Gläubigen oder Glaubensgemeinschaften verleumdet und verfolgt werden, und sind bereit, unsere Bürgerrechte mit allen Rechtsmitteln zu verteidigen.«

Die »Unterzeichnenden« waren Hexen und Heiden aller Richtungen, und damit zeigt dieses Traktat, dass es genug Aktivisten unter uns gibt, die gewillt sind, ihr Ego hintanzustellen und einträchtig für das Gemeinwohl zu arbeiten. Gleichzeitig sei aber auch darauf hingewiesen, dass wir selbst unsere ärgsten Feinde sind.

Der letzte Satz gilt nämlich nicht so sehr den Verfolgern und Verleumdern, mit denen wir uns seit Jahrhunderten auseinandersetzen müssen. Sie sind auf den zweiten Platz zurückgefallen und schieben sich nur vorübergehend immer wieder an die erste Stelle. Nein, die größten Schwierigkeiten entstehen durch das eifersüchtige Gerangel in den eigenen Reihen. Ich weise deshalb darauf hin, damit Sie nicht schnurstracks in dieselbe Falle tappen wie ich. Als die Resolution herausgegeben wurde, dachte ich: Großartig, all diese Leute arbeiten gemeinsam daran, ein positives Image von der Zunft zu verbreiten. Nicht, dass solche Bemühungen zum ersten Mal stattfanden, aber die Allgemeinheit schluckt die nüchterne Wahrheit nicht so leicht wie sensationslüsterne Lügengeschichten, und insofern ist jede Aufklärungsaktion besser als trotziges Stillschweigen.

Zu meinem Erstaunen löste die Proklamation eine Protestwelle in unseren eigenen Reihen aus, und ich sah ein, dass unsere Gemeinschaft doch nur wie jede andere ist – zerstritten, zwiegespalten, typisch menschlich eben. Wo aber bleiben all die hehren Grundsätze, die wir auf unsere Fahnen schreiben? Was wird aus der allumfassenden Liebe und unserer vorgeblichen Weisheit, auf die wir doch so stolz sind?

Jeder hat seine eigene Wahrheit. Ich habe gesehen, wie prominente Mitglieder der Zunft von weniger prominenten verunglimpft wurden; aber beide Seiten hatten wenigstens ihre Prominenz. Ich habe mit angesehen, wie Hexenorden und Nachrichtenorgane von Neid, Selbstgefälligkeit und Machtgier in verschiedene Lager aufgespalten wurden. Da werden Schlachten um Führungspositionen ausgetragen. Wer setzt sich an die Spitze der Organisation, wem werden die Füße geküsst? Ist eine Gruppe zu einflussreich, scheffelt sie das Geld, zieht sie zu viele Anhänger an? Und wenn man sie nicht auf konventionelle Art in Misskredit bringen kann, dann kommen eben subversive Taktiken zur Anwendung. Ich war Zeuge von Hetzkampagnen in unseren Nachrichtenblättern, die nur ein Ziel verfolgten, nämlich eine Person oder eine Splittergruppe aus dem Weg zu räumen. Oft waren die Verfasser zu feige dazu, ihre Schmähbriefe mit ihrem Namen zu unterzeichnen.

Wenn Sie meinen, dass das alles Kinderkram ist, haben Sie völlig Recht. Aber er passiert. In den dichter bevölkerten Landstrichen, wo drei oder mehr verschiedene Gruppen die Zunft ausüben, finden Machtkämpfe statt; in größere »Hexenkriege« kann sogar die ganze Gemeinschaft verwickelt werden, wenn die Betreiber es wirklich darauf anlegen. Welch eine Zeit- und Energieverschwendung!

Unsere großen Namen arbeiten weiter daran, die Alte Religion vor Angriffen von außen zu bewahren, doch wie sollen sie Hader und Zwietracht in den eigenen Reihen beenden, ohne den Streithähnen unter uns mehr oder minder hart auf die Füße zu treten? Das ist keine ganz leichte Aufgabe.

Im Sommer 1989, kurz nach der Resolution, gab die »Kirche aller Welten« eine Broschüre heraus, die unsere Hexerei gegen Satanismus und Ritualverbrechen abgrenzt. Der Text erklärt unsere Position und hat einen Dialog zwischen der Mehrzahl der amerikanischen Hexen/Heiden und dem weltweiten Publikum in Gang gesetzt. Die erste Auflage war rasch vergriffen. Die Broschüre liegt in Polizeiwachen, Bibliotheken, Redaktionen, Schulen, Regierungsbehörden und Kirchen aus und wird von offiziellen Stellen empfohlen. Die Einnahmen aus diesem Projekt fließen unter anderem in Therapien für die Opfer von Ritualverbrechen.

Pete Pathfinder von der »Aquarian Tabernacle Church« darf ebenfalls in diesem knappen geschichtlichen Abriss nicht vergessen werden. Seinem unermüdlichen Einsatz verdanken wir es, dass wir seit 1990 drei Sitze im »Glaubensrat von Oregon« haben, wo viele große Religionen seit langem vertreten sind.

Der Rosegate Coven aus Rhode Island wiederum war der erste Hexenorden, dem es gelang, den Status einer gemeinnützigen Organisation zu erlangen. Seitdem schießen vergleichbare Organisationen von Hexen und Heiden überall in diesem Land aus dem Boden.

Zsuzsanna Budapest, Starhawk, Doreen Valiente, das Ehepaar Farrar und Marion Weinstein haben Bestseller geschrieben und sind im ganzen Land herumgereist, um die Mythen zu zerstreuen, die in den Köpfen der Leute über uns herumspuken. Mit ihren Worten und Taten haben sie Tausenden weitergeholfen.

Margot Adler zerbrach das Siegel, das unsere Geschichte verschloss und öffnete ihre Tore so fachkundig wie einfühlsam; Raymond Buckland und Scott Cunningham wagten sich vor und zeigten der magischen Gemeinde, dass man keinen starren Regeln folgen muss, um die Zunft ausüben zu können; Donald Michael Kraig, Autor und ehemaliger Redakteur der Zeitschrift *Fate*, schrieb einen ausgezeichneten Leitartikel über die Verunglimpfung von Hexen in Florida und erreichte damit die breite Öffentlichkeit.

Wer eine führende Position in unserer Gemeinschaft einnehmen will, muss in Kauf nehmen, dass das Gute nicht ohne sein Gegenteil einhergeht. Sie dürfen keine voreiligen Schlüsse ziehen und übler Nachrede keinen Glauben schenken, und vor allen Dingen müssen Sie einen ausgeprägten Gerechtigkeitssinn entwickeln. Auf unserem Spielplatz tummeln sich ebenso viele Kindsköpfe wie Erwachsene, und es sind genug Plastikeimer für alle da, die mitmischen wollen! Wir sind selbst verantwortlich für unsere Taten.

Unsere Geschichte wird jeden Tag ein kleines Stückchen weitergeschrieben. Nicht jede Hexe trägt etwas Großartiges dazu bei, aber jeder von uns sollte einen klaren Kopf bewahren, wenn er sie liest. Da wir alle die Dinge unterschiedlich sehen, müssen wir das Für und Wider gründlich abwägen, bevor wir unsere eigene Meinung in den brodelnden Hexenkessel dazuwerfen.

Bezugsadressen für Hexenzubehör

Belladonna Magickal Arts
Winterhuder Marktplatz 7b
22299 Hamburg
Tel. 0 40/48 37 55
www.belladonna.de

Tao Buchhandlung
Lister Meile 19
30161 Hannover
Tel. 05 11/31 79 54

Wotan
Magic-Accessoires
Karl-Mons-Str. 19
34637 Schrecksbach
Tel. 0 66 98/17 97

Castanea
Humboldtstr. 6
40789 Monheim am Rhein
Tel. 0 21 73/96 57 80
www.castanea.de

Hexenküche
Esoterik und Zauberhaftes
Blitzenweg 1
51545 Waldbröl
Tel. 0 22 91/33 81

Esoterische Quelle
Königstr. 20
70173 Stuttgart
Tel. 07 11/2 26 86 88

Rainbow
Pforzheimer Str. 348
70499 Stuttgart
Tel. 07 11/8 87 68 63

Hexenstüble
Bücher, Mineralien, Hexenbedarf
Salzgasse 1
74206 Bad Wimpfen
Tel. 0 70 63/67 11

Sandra's Hexenladen
Lindwurmstr. 205
80337 München
Tel. 0 89/78 65 41

Surja's Hexenladen
Siegfriedstr. 8a
80803 München
Tel. 0 89/38 79 92 62

Literatur

Andrews, Lynn: *Die Medizinfrau. Der Einweihungsweg einer weißen Schamanin*, Econ 2001

Aswynn, Freya: *Die Blätter von Yggdrasil. Runen, Götter, Magie, Nordische Mythologie und Weibliche Mysterien*, Edition Ananael ^{3}1998

Bach, Richard: *Illusionen. Die Abenteuer eines Messias wider Willen*, Ullstein o. J.

Budapest, Zsuzsanna: *Herrin der Dunkelheit, Königin des Lichts. Das praktische Anleitungsbuch für die neuen Hexen*, Bauer ^{7}2000

Campbell, Joseph: *Die Kraft der Mythen. Bilder der Seele im Leben des Menschen*, Artemis 1994

Carey, Ken: *Sternenbotschaft*, Bd. 1, Falk ^{8}1999

Conway, D. J.: *Die Zauberwelt der Kelten*, dtv 2001

Conway, D. J.: *Kerzen, Kräuter, Zauberstein. Handbuch für Hexen*, Scherz 2001

Cunningham, Scott: *Das große Buch von Weihrauch, Aromaölen und magischen Rezepturen*, Goldmann 2001

Cunningham, Scott: *Wicca. Eine Einführung in weiße Magie*, Econ 2001

Denning, Melita, und Osborne Phillips: *Psychischer Selbstschutz. Die Entwicklung positiver Kräfte*, Bauer ^{3}1997

Dunwich, Gerina: *Hexerei für jeden Tag. Rituale und Feierlichkeiten richtig begehen*, mvg 2001

Farrar, Janet und Stewart: *Acht Sabbate für Hexen und Riten für Geburt, Heirat und Tod*, Bohmeier 1994

Fenton, Sasha: *Im Zeichen des Mondes. Emotionale Kräfte im Spiegel des Horoskops*, Edition Astroterra 1991

Frater, V. D.: *Schule der Hohen Magie*, Ansata 2001
Griscom, Chris: *Zeit ist eine Illusion*, Goldmann o. J.
Hand Clow, Barbara: *Plejadisches Kursbuch. Fahrplan für das Zeitalter des Lichts*, Goldmann 1997
Starhawk: *Der Hexenkult als Ur-Religion der Großen Göttin. Magische Übungen, Rituale und Anrufungen*, Goldmann 1999
Sutphen, Dick: Das Orakel in Dir, Silberschnur [2]1997
Walker, Barbara: *Die geheimen Symbole der Frauen. Lexikon der weiblichen Spiritualität*, Hugendubel 1997
Walker, Barbara: *Die spirituellen Rituale der Frauen. Zeremonien und Meditationen für eine neue Weiblichkeit*, Hugendubel 1998

Die International Wiccan/Pagan Press Alliance (WPPA)

Die International Wiccan/Pagan Press Alliance grüßt Sie. Wir würden uns freuen, von jedem zu hören, der an dem weiten Feld positiver Magie und positiver alternativer Religionen interessiert ist. Bitte vergessen Sie nicht, jedem Schreiben an uns oder unsere Mitglieder einen adressierten und frankierten Briefumschlag beizufügen.

Die Geschichte der WPPA

Unser Verlagsunternehmen wurde 1984 gegründet. Damals wurden die meisten Rundschreiben noch zu Hause auf der Schreibmaschine verfasst. Nur wenige von uns besaßen einen Computer, und nur eine Hand voll von Herausgebern benutzte überhaupt Druckerpressen. Silver erkannte die Notwendigkeit der Vernetzung von Herausgebern als Möglichkeit, miteinander zu kommunizieren, Informationen weiterzugeben und mehr über die magische Gemeinde generell zu erfahren. Seit damals ist die WPPA sprunghaft gewachsen und umfasst alle Mitglieder der Gemeinde. Mit dem Erscheinen von Silvers Büchern stieg die Popularität von WPPA ungeheuer an. Wir können Silvers amerikanischem Verlag Llewellyn Worldwide nicht genug für die Unterstützung danken, die sie WPPA haben zuteil werden lassen. Silver hat immer daran geglaubt, dass man Erfolg auch teilen kann, und magische Autoren, Verlage und Reporter in ihren mannigfachen Unternehmungen unterstützt.

Treten Sie der WPPA bei; wir garantieren Ihnen, dass Sie Ihr Geld zurückerhalten, wenn Sie mit unseren Leistungen nicht zufrieden sind. In unserem monatlichen Rundschreiben, dem *Midnight Drive,* erfahren Sie alles über den Unterschied zwischen verschiedenen Rundschreiben und Journalen, über wichtige Fälle von Diskriminierung sowie Nachrichten, die für magisch Praktizierende von Interesse sind. Wenn Sie selbst schreiben möchten, werden Sie Unmengen von Informationen darüber finden, wie Sie an Verlage herantreten können. Die Jahresbeiträge belaufen sich in Europa auf 27 Dollar.
Die WPPA repräsentiert Verlage mit heidnischen Programmen, die speziell auf magisch Praktizierende ausgerichtet sind. Sie sind nicht mehr allein.

Black Forest Publishing
WPPA
P.O. Box 1392
Mechanicsburg, PA 17055-1392
USA

Register

Z